台湾法入門

蔡秀卿・王泰升 編著
SAI shukei　OU taishou

Taiwanese Law

法律文化社

はしがき

　法学界において、比較法（または外国法）研究のうちアジア法研究は、従来、独仏英米法と比べ、周縁的な存在にすぎませんでしたが、近年、様々なレベルのグローバル化を含む国内外の諸背景の変化やアジア法研究の先駆者たちの尽力などにより、徐々にそれへの関心が増しています。また、短中期的にグローバル化によりもたらされた諸課題に対応するためにも、長期的にアジアの平和・共存的発展に寄与するためにも、アジア諸国の法との相互理解が求められるようになっています。本書は、このような目的意識の下で比較法研究・アジア法研究の発展に貢献することを目指して企画したものです。

　本書は、台湾法を紹介する入門書です。そもそも台湾法の位置づけがいかなるものかという疑問がまず投げかけられることでしょう。ここではまず、本書の立場について述べておきたいと思います。第2章で紹介するように、台湾が国際法上、独立主権国家として認められるかについては今なお定かではありません。しかし、少なくとも1992年（第2期国民代表の全面改選による統治構造の台湾化）あるいは1996年（台湾人民による総統の直接選出）以降の台湾は、その名称がどうであれ、中華人民共和国とは異なる、もう1つの独立主権国家となっており、したがって台湾法は、現代中国法の一部ではなく、台湾人民の自由意志により自主的に作り上げられた主権国家法であると本書は考えています。

　台湾法を概説する本書は、法学入門書のように憲法をはじめとする各法分野・法源・司法制度のほか、あまり知られていない「台湾法の歴史」と「台湾の法的地位」に加え、法実務に役立つと思われる「弁護士」、共通課題の解決に寄与するための「大学における法学教育」も含めた構成となっています。もちろん、この構成で台湾法のすべてをカバーするものではなく、例えば社会保障法、知的財産法や情報法など、比較法研究に好材料ともなりうる諸分野については割愛せざるをえません。また、各章の内容については、なるべく日本法との比較を念頭におきながら、台湾法の特徴的な点をわかりやすくまとめるよう心がけました。

　また、本書の特徴の1つといえるのが執筆者の陣容でしょう。執筆者（邦訳

者を含む）15名のうち、国籍別でみると、14名が台湾出身の、1名が日本人の先生となっています。すなわち、本書は台湾出身の先生が日本語で共同執筆したもの（日本人の先生による第11章を除く。第1章と第2章は台湾漢語の原作を邦訳したもの）であり、外国法入門書ではきわめて珍しいといえましょう。このような執筆体制を可能にしたのが、執筆陣の学歴です。執筆者の最終学歴をみますと、11名が日本の大学博士（法学）取得者（修士1名を除く）、2名が米国の大学博士（法学）取得者であり、1名と唯一の日本人1名が台湾大学博士（法学）取得者です。米国の大学博士（法学）取得の2名の先生を除き、すべて日本法と台湾法を研鑽している先生方です。他方で、言うまでもなく日本語表現の正しさが懸念材料となります。このような懸念を払拭するために、すべての章は、宮畑加奈子教授（第14章を除くすべての章）および中野俊一郎教授（第14章）に丹念に日本語チェックをしていただきました。厚くお礼申し上げます。微力ながら編者もすべての章を確認いたしました。とはいえ、原著作内容の尊重という原則の下、日本の法学書並みないしは完璧な日本語表現を目指して全力投球はしたものの、それに達するにはとうてい及ばず、限界があるということも十分に認識しております。不十分あるいは誤った日本語表現がなお残っている場合は、ご容赦のほどお願い申し上げます。

　本書各章は各分野の専門の先生に執筆していただいたものであり、それぞれの内容の妥当性については、各著者に学術的責任を負っていただく点も、あらかじめご理解いただければ幸いです。また、法学用語の表現については、比較法的観点（ないし比較法文化的観点）から、なるべく台湾法の原語のままとし、初出箇所に日本語を付しております。ただ、台湾法の原語が日本語として難解であろうと思われるものについては、逆に日本法の表現によるものとし、初出箇所に台湾法の原語を付する、という表現方法を採りました。本書を通じて、台湾法と日本法との表現の微妙な相違を知り、あるいは比較法文化の研究材料を見出していただければ幸いです。各章の内容、法学用語の表現および日本語表現を含めて、どこまでご理解いただけるのか、不適切な点や誤りはないかなど、ドキドキしながら読者の皆様のご指摘を待ち望んでいるところです。

　本書の理念にご賛同くださり、執筆・邦訳をご快諾いただいた先生は13名にも上ります。企画から1年半で出版にまでこぎ着けることができましたのは、執筆者・邦訳者の先生方の多大なご協力の賜物といえましょう。最後に、この

場をお借りして衷心よりお礼を申し上げます。そして本書の企画趣旨にご賛同くださり、出版まで有益なアドバイスや暖かい励ましのお言葉をいただいた法律文化社田靡純子社長に心より厚く感謝申し上げます。

2016年6月

蔡　秀卿
王　泰升

目　次

はしがき

第1章　台湾法の歴史 ─────────────── 1

- Ⅰ　美しき島から植民地へ（17世紀）……1
- Ⅱ　清朝時代の伝統中国法（17世紀～1895年）……3
- Ⅲ　日本統治時代（1895～1945年）……5
- Ⅳ　日本法制から中華民国法制へ（1945～1949年）……8
- Ⅴ　中華民国法制＝台湾法（1949年～現在）……10

第2章　台湾の法的地位 ─────────────── 12

- Ⅰ　問題の起源および背景……12
- Ⅱ　3つの主張……13
  　　独立主権国家説　　中国領土説　　法的地位未定説
- Ⅲ　争点の分析……16
  　　中国代表権の問題　　中国の主張と国際社会の反応：「一つの中国の原則」の分析　　台湾の主張と立場の分析
- Ⅳ　結　論……23

第3章　裁判の根拠となるもの（法源） ─────────── 25

- Ⅰ　制度上の法源……25
  　　憲法および司法院大法官解釈　　条　約　　法律および法規命令　　判例および司法院解釈　　地方自治立法
- Ⅱ　事実上の法源……35
  　　判　決　　公務員懲戒委員会決議　　最高法院決議および最高行政法院聯席（合同）会議決議　　学　説

第4章　国の統治のしくみおよび人権保障 ─────────── 37

- Ⅰ　台湾社会における2つの憲法史観……37
- Ⅱ　国の統治のしくみ……39
  　　中華民国憲法史観の支配下における統治のしくみ（1945～1991年）　　中華民国憲法の改正による統治制度の変遷（1991～2005年）　　実質的な台湾憲法の下での統治制度（2005年以降）
- Ⅲ　人権保障……50

中華民国憲法における人権保障と「非常法制」による人権侵害（1948～1991年）　「非常法制」の廃止による人権保障の回復（1991年以降）　司法院大法官解釈による人権保障の展開

第5章　司法システム ──── 54

I　台湾司法制度の特徴：「司法四元」……54
　　「司法四元」とは　「司法院」の位置づけおよび司法制度をめぐる論議
II　大法官……57
　　大法官の位置づけ等　違憲法令審査制度　法令統一解釈制度　大法官解釈の効力
III　普通法院および行政法院……63
　　普通法院　行政法院　知的財産法院・少年及び家事法院
IV　公務員懲戒委員会……65

第6章　行政と法 ──── 66

I　行政法の歴史的展開……66
　　形式的法治国の時期（1945～1990年）　実質的法治国の時期（1991年～現在）
II　現行台湾行政法の特徴および行政法の基本原理……68
　　現行台湾行政法の特徴　行政法の基本原理
III　主要な行政通則法律……73
　　行政手続法　政府情報公開法および個人情報保護法　行政執行法および行政罰法　訴願法および行政訴訟法

第7章　地方自治のしくみと法 ──── 79

I　地方自治法制の歴史……79
　　権威主義時代における地方制度（1945～1991年）　憲法改正による地方自治法制の変遷　地方制度法の制定（1999年以降）
II　地方制度法の重要内容……83
　　地方自治団体　住民の権利　地方自治団体の事務　自治立法　国と地方との関係

第8章　環境と法 ──── 88

I　環境法の基本原則……88
　　予防原則　汚染者負担原則（Polluter-pays-principle）　協働原則
II　環境法体系……89

Ⅲ　主要な環境法制……91
　　　　　環境基本法　　環境影響評価法　　環境汚染規制法
　　　Ⅳ　環境法における公益訴訟制度……96
　　　　　行政訴訟法における公益訴訟および公益団体訴訟　　環境法における公益訴訟（市民訴訟）

第9章　土地と法 ———————————————————— 100

　　　Ⅰ　土　地　法……100
　　　　　沿革と全体の構造　　重要内容
　　　Ⅱ　耕地三七五減租条例（耕作地小作料軽減条例）……102
　　　　　耕地三七五減租条例の概要　　現行耕地三七五減租条例の主な問題点
　　　Ⅲ　土地使用の規制と土地使用に関する法律……104
　　　　　都市土地使用の規制　　非都市土地使用の規制　　国家公園区域土地使用の規制
　　　Ⅳ　土地税法……107
　　　　　地価税　　田賦（農地税）　　土地増価税

第10章　財産と法 ——————————————————— 112

　　　Ⅰ　総　則　編……112
　　　　　「人」　法律行為
　　　Ⅱ　債　権　編……116
　　　　　総　則　　各種の債権
　　　Ⅲ　物　権　編……118
　　　　　総　則　　所有権　　用益物権　　担保物権　　占　有
　　　Ⅳ　消費者保護……123
　　　　　消費者保護法　　金融消費者保護法

第11章　親族と法 ——————————————————— 126

　　　Ⅰ　概　　　説……126
　　　Ⅱ　各章の概要……126
　　　　　通則（967条～971条）　　婚姻（972条～1058条）　　父母子女（親子）（1059条～1090条）　　監護（後見）（1091条～1113条の1）　　扶養（1114条～1121条）　　家（1122条～1128条）　　親族会議（1129条～1137条）

第12章　企業と法 ——————————————————— 139

Ⅰ　会社法の沿革と基本構造……139
　　　　　会社法の沿革　　日本会社法との比較
　　Ⅱ　会社の種類および公開会社の特則……140
　　　　　各種の会社　　証券市場における公開会社の特別規制
　　Ⅲ　外資系企業および企業買収……145
　　　　　外資系企業とその法的規制　　企業買収（M＆A）

第13章　労働と法 ―――――――――――――― 148

　　Ⅰ　労働法の沿革と歴史……148
　　　　　個別的労働関係法　　集団的労働関係法
　　Ⅱ　現行労働法の特徴およびその基本原理……149
　　　　　個別的労働関係法――労基法を中心に　　集団的労働関係法

第14章　紛争解決のしくみ ―――――――――― 159

　　Ⅰ　概　　観……159
　　Ⅱ　裁判外の紛争解決方法（ADR）……160
　　　　　調停（原語：調解）　　仲　裁
　　Ⅲ　法院による紛争解決……164
　　　　　調停前置（強制調停）　　少額手続と簡易手続　　通常の訴訟手続
　　　　　再審と第三者取消訴訟　　特別手続　　渉外民事訴訟

第15章　犯罪と法 ―――――――――――――― 174

　　Ⅰ　沿　　革……174
　　Ⅱ　中華民国刑法の基本構造……175
　　Ⅲ　刑法総論（「総則」）の概要……175
　　　　　基本原則　　犯罪論の基本構造　　現行刑法の特徴
　　Ⅳ　刑法各論（「分則」）の概要……180
　　　　　総　説　　国家法益に係る罪　　社会的法益に係る罪　　個人的法益に
　　　　　係る罪　　コンピュータ使用を妨害する罪

第16章　犯罪と法的手続 ――――――――――― 189

　　Ⅰ　刑事手続の沿革とその構造……189
　　　　　日本法の影響　　特色ある独自の発展
　　Ⅱ　捜　　査……191
　　　　　捜査機関と捜査の原則　　捜査の流れと被疑者身柄の送致　　被疑者取

調べの規制
- Ⅲ 捜査の終結と公訴の提起……193
  検察官による起訴裁量　強制起訴制度　公訴提起の特徴と起訴審査制度
- Ⅳ 公　　判……195
  簡易公判手続と司法取引　厳格な証明と当事者進行原則　さらなる法改正の課題
- Ⅴ 上　　訴……198
  覆審と法律審　非常救済手続
- Ⅵ 刑事私訴とその他……200
  刑事私訴　附帯民事訴訟　国民による司法参加

第17章　弁　護　士 ── 203

- Ⅰ 弁護士の資格および養成……203
  弁護士制度の沿革　弁護士の資格　司法修習　弁護士研修
- Ⅱ 弁護士公会……206
  弁護士の弁護士公会の加入義務　弁護士公会
- Ⅲ 弁護士倫理……208
  弁護士倫理　弁護士の懲戒
- Ⅳ 法律扶助……210
- Ⅴ 外国法弁護士（国際法律弁護士）……212
  外国の弁護士資格を取得した者　国際法律事務に従事する弁護士（国際法律弁護士）
- Ⅵ 弁護士の現状と課題……214

第18章　大学における法学教育 ── 216

- Ⅰ 法学教育機関の起源および発展……216
  日本統治時代における大学法学教育機関　非常法制時期における法学教育機関　1990年代以降の法学教育機関の発展
- Ⅱ 法学教育の変遷……220
  日本統治時代における法学教育　非常法制時期における中華民国史観支配下の法学教育　民主化・台湾化後の法学教育　法学教育改革の新たな試み　法学教育と法曹養成・法曹試験
- Ⅲ 法学教育の課題……225

台湾主要立法および法史関連事項年表……227
台湾法学習のための文献案内……230

執筆者紹介 （50音順、＊は編著者）

＊蔡 秀卿（さい しゅうけい） 第3～7章、
　第8章（共同執筆）、第2章邦訳
　1961年生まれ、名古屋大学博士（法学）
　現在　立命館大学政策科学部教授、行政法
　主要著作
　「東アジアにおける行政法の共通基本原理の形成可能性—行政に対する法的拘束の基本原理の普遍性と特殊性」名古屋大学法政論集255号（2014年3月）、「行政事件訴訟の類型の再構築—台湾の行政訴訟類型の改革の経験から」紙野健二ほか編著『行政法の原理と展開〈室井力先生追悼論文集〉』所収（法律文化社、2012年）、「台湾における行政訴訟法および環境法上の公益訴訟」大阪経済法科大学法学論集69号（2011年3月）

＊王 泰升（おう たいしょう） 第1章（台湾漢語執筆）
　1960年生まれ、ワシントン大学博士（法学）
　現在　台湾大学法律学院教授、台湾法史
　主要著作
　『台灣法律現代化歷程：從「內地延長」到「自主繼受」』（台湾・中央研究院台灣史研究所、台大出版中心、2015年）、『台灣日治時期的法律改革〔修訂版〕』（台湾・聯經出版、2014年）、『台湾法における日本的要素』（台湾・台大出版中心、2014年）

王 正嘉（おう せいか） 第15章（共同執筆）
　1970年生まれ、台湾大学博士（法学）
　現在　中正大学法律学科副教授、刑法

黄 士軒（こう しけん） 第15章（共同執筆）
　1980年生まれ、東京大学博士（法学）
　現在　中正大学法律学科助教授、刑法

黄 昭元（こう しょうげん） 第2章（台湾漢語執筆）
　1962年生まれ、ハーバード大学博士（法学）
　現在　台湾大学法律学院教授、憲法・国際法

徐 婉寧（じょ えんねい） 第13章
　1975年生まれ、東京大学博士（法学）
　現在　政治大学法学院副教授、労働法

陳 運財（ちん うんざい） 第16章
　1961年生まれ、神戸大学博士（法学）
　現在　成功大学法律学科教授、刑事訴訟法

陳 洸岳（ちん こうがく） 第10章
　1958年生まれ、東京大学博士（法学）
　現在　政治大学法学院副教授、民法・消費者保護法

陳 立夫（ちん りっふ） 第9章
　1955年生まれ、神戸大学博士（法学）
　現在　政治大学地政学科教授、土地法

宮畑加奈子（みやはた かなこ） 第11章、第1章邦訳、代表日本語校閲
　1963年生まれ、台湾大学博士（法学）
　現在　広島経済大学経済学部教授、台湾法史

頼 宇松（らい うすん） 第8章（共同執筆）
　1971年生まれ、一橋大学博士（法学）
　現在　東華大学財経法律研究所副教授、環境法・行政法

劉 志鵬（りゅう しほう） 第17章
　1956年生まれ、東京大学修士（法学）
　現在　フォルモサン・ブラザーズ法律事務所経営シニアパートナー、弁護士、労働法・破産法

廖 大穎（りょう だいえい） 第12章
　1962年生まれ、神戸大学博士（法学）
　現在　中興大学法律学科教授、会社法

林 素鳳（りん そほう） 第18章
　1955年生まれ、北海道大学博士（法学）
　現在　中央警察大学法律学科教授、行政法

王 欽彦（わん ちんいぇん） 第14章
　（日本語校閲：神戸大学大学院法学研究科 中野俊一郎教授）
　1973年生まれ、神戸大学博士（法学）
　現在　静宜大学法律学科教授、仲裁法・国際私法・民事訴訟法

第1章

台湾法の歴史

　本章では、特定の政治的および社会的な環境下における、各時期の台湾法の主な内容について概説し、本書の各章の理解に資するものとする。なかでも、台湾法の内包する原住民族（訳注：先住民。台湾では「原住民」の語は差別的な意味をもたず、公式に使われている。以下同）の法および伝統中国法が、西洋の個人・自由主義に立脚した近代法に転化される経緯については、特に重きをおくものとしたい。

【学習ポイント】
　台湾法がいかにして戦前の日本植民地法制となったか、続く中華民国時期の中華民国法典がいかにして継受され、そしてそれらが台湾社会の要求に応える現行法にいかにして変容したかが、本章のポイントである。

I　美しき島から植民地へ（17世紀）

　台湾は、波濤滾る西太平洋に位置する島嶼である。その東側は見渡す限り果てしなく、ハワイ諸島を経て遥かアメリカ大陸まで達し、西側は台湾海峡を隔ててアジア大陸に隣接する。その距離約100マイル（約160km）にも及び、南側は200マイル（約320km）を隔てたフィリピン諸島、北側は700マイル（1120km）離れた日本諸島である。

　大洋に囲まれた環境の下、最も早く島の住民となったのは、現在のフィリピン人、マレー人等オーストロネシア語族（Austronesian language family）と同一語族に属する、現在の呼称でいう「原住民族」である。世界と距離を保ち独立した台湾本島は、長期にわたり外来の政治的強権の侵略や占拠を受けることなく、近隣で勢力をもつ中華・儒教文化、インド・仏教文化の影響からも隔絶されていた。原住民族は外敵の脅威にさらされることなく、海洋、草原や林野といった自然資源を利用し、部落単位で生計を立てたが、資源をめぐる互いの争いは免れえなかった。それゆえ、祖霊あるいは神霊崇敬の念が生じ、部落の生活経験を通じて積み重ねられた、あるいは世代から世代へと言い伝えられた各

種の慣習や禁忌（タブー）が形成され守られることとなった。実質的に原住民社会を規律するこれらの慣習や禁忌は、現在の言葉で表現するならば、「原住民法」と称しえるもので、これこそが最初の台湾法であった。

　この台湾本島において初めて全面的に政治的権威を構築したヨーロッパ人は、大航海時代以降に発展した武力により、遥か彼方のヨーロッパ大陸から大海原を経て台湾に到達し、その西部沿海地域を占領した。17世紀においては、元、明の王朝がアジア大陸に近接する澎湖諸島(ぽんふー)を領有するにとどまり、歴史上の中国や日本の各政権が、大洋の阻隔を克服し台湾本島の領有に成功することはなかった。しかし、ヨーロッパの海上強権であるオランダは、1624年に台湾西南部の海岸に位置する現在の台南に上陸し、ほどなくヨーロッパ人の国際法によって台湾の領地に対し主権を擁することを宣言した。また、前近代的なヨーロッパ封建法に基づき、台湾長官が大領主であるオランダを代表して台湾を統治する一方で、原住民族の部落から選出した長老に、オランダの属民として原住民族村落内の一般人を統治する権力が委ねられた。東アジアの海洋覇権をめぐってオランダと凌ぎを削るスペインもまた、1626年に台湾北部沿岸に上陸し、占領地に対する主権を宣言したが、1642年にはオランダに駆逐された。

　オランダ人はその後1662年まで台湾統治を継続した。台湾で植民統治を行ったオランダ東インド会社は、経済的利益を獲得するために、現在の中国福建省や広東省に当時居住していた漢人を台湾に引き入れ、土地の開墾や耕作を行わせ、米や蔗糖(しょとう)の生産に従事させた。漢人移民は、オランダ当局に権利金を納付したうえで原住民族部落との交易も行っていた。その意味では、漢人移民もまたオランダ政権と共同で原住民族を植民し、それにより台湾において前近代的なヨーロッパ型都市の法律生活を経験したともいえよう。

　一方、東アジアの海域上で漢人・鄭 成 功(チェンチェンコン)（国姓爺(こくせんや)）の率いるもう１つの海上強権が、1661年にオランダの在台拠点を攻撃した。その翌年、オランダ政権は植民地産業を明け渡した後、台湾からの撤退を余儀なくされた。日本における幕府の将軍に類似する鄭成功とその意志を継ぐ息子・鄭 經(チェンチン)は、台湾本島と澎湖諸島を拠点とし、中国の土地を占拠して樹立した満人・清朝を明朝皇帝のために撃退しようと試みたが、最終的には失敗に終わっている。しかしながら、中国福建省沿海地域から興った鄭氏政権は、漢族中心の観念に基づき原住民族を野蛮な人々（「番」）とみなすことも含め、漢人として初めて伝統中国の

法制を台湾に持ち込んだのであった。

　原住民族の中には、オランダやそれに続く鄭氏政権に服従する者も一部存在し、一定の自治を維持しながらも、すでに外来民族の文化の影響を受けていたことから、後に漢人からは「熟番」（訳注：「漢化」した原住民を指す）または「平埔族」（訳注：平野部に住む原住民。「埔」は平野の意）と呼ばれるようになる。他方で、外来政権の干渉を受けず、依然として固有の原住民法に基づく生活を送る原住民族もいた。このように当時の台湾法は、原住民法、前近代西洋法および伝統中国法の三者が併存し、かつ相互に容認し合うものであったといえよう。

II　清朝時代の伝統中国法（17世紀～1895年）

　鄭氏政権による台湾占領は、当時の中国を統治する陸上強権であった清朝にとって一種の挑戦でもあった。清朝は、この海上の脅威を覆滅するために、1683年に鄭氏政権を台湾（台湾本島および澎湖島）から駆逐した。また、鄭氏政権のような敵対勢力が再び出現することを抑止するために、翌年から台湾に官府を設けて統治した。このように、清朝は敵対勢力の抑止のために台湾を統治したのであり、必ずしも台湾漢人社会の繁栄を期待するものではなかった。このため、漢人の台湾移入には官府の許可が必要とされ、家族の同伴は認められず、妻子同伴または無職で身寄りのない単身者の台湾への移入も禁止され、漢人と原住民の婚姻も禁じられた。漢人は熟番から土地を購入することはできず、賃借のみが可能であった。また統治領域外の「生番」、すなわち漢化されていない原住民族の居住地域に入ることも禁止された。清朝は漢人を対象とする中国内地の規律を全面的に台湾に施行し、在台漢人と熟番を統治したが、「番界」外の生番統治を行うことはなかった。1875年に至り、清朝は海上の西洋強権と日本こそが脅威であり、台湾を中国の東南各省をさえぎる海防要塞として統治・建設する必要があることをようやく理解し、前述した「敵対勢力の抑止のための台湾統治」政策や規律を転換したのであった。

　一方で、清朝による台湾統治の開始後、オランダや鄭氏統治時期のような西洋世界との往来はすでに途絶えていた。19世紀後半に至り、清朝自身が西洋海上覇権国家の要求を阻止しえず、貿易港を開放せざるをえなかった。1860年以

降、海上活動における台湾の優位性を活かしつつ、台湾漢人の中には、近代西洋資本主義経済により発展してきた商事法に触れる機会をもつ者もみられた。

212年の長きにわたる清朝統治時代において、台湾法は次第に伝統中国法系の一部となっていった。漢族文化に立脚した伝統中国法（「中華帝国法」とも呼ばれる）では、文武官僚を統帥する皇帝を最高の政治的権威とし、各地に派遣された父母官（官僚）を現地住民の長として、君臣、官民間の上下服従が要求されたほか、男尊女卑の規律も随所にみられた。一方で、皇帝が官僚に頒布した『大清律例(たいしんりつれい)』等の成文規定に対しては、その順守は必ずしも厳格には要求されなかった。最高権威である皇帝はこれらの規定に拘束されず、官僚は皇帝の支持を得てさえいれば、律例等の官府規定の新設、変更または排除が可能であったからである。規律の執行に際してのこのような不確定性や、帝国の辺境に位置する台湾の地理的要因により、すでに述べたような台湾への移入規制や原住民と漢人の隔離等といった官府の規定が厳格に執行されることはなかった。

18世紀になると漢人移民は絶えず台湾に流入し、最多数を占める族群（訳注：エスニック・グループ）となった。これらの漢人は、福建省からの泉州人・漳州人、広東省からの客家人(はっかじん)を主としたが、清朝による台湾統治がまもなく終焉を迎える19世紀晩期には、熟番はすでに大量の土地を流失し、ひいてはそのアイデンティティまで失ってしまっていた。また、犯罪懲罰に対する官府の威信は低下し、清朝末期の台湾社会は、盗賊、分類械闘(ぶんるいかいとう)（訳注：出身地の異なる移入者間の武力闘争）、人民蜂起といった禍害に見舞われた。

伝統中国法には今日の「民事」概念は存在しなかったが、『大清律例』には、条文数こそ多くはないものの、「戸婚田土銭債」（訳注：戸籍、婚姻、土地、金銭債務を指す）に相当する規定をいくつかおいていた。ただ、前述したような執行上の不確定性により、戸婚田土銭債をめぐる紛争については、福建省あるいは広東省から移入した在台漢人の出身地の慣習、または台湾での土地の新規開拓に対応するために形成された慣習に基づき処理された。紛争が生じた際に民間で行われる調停が機能せず、政治的権威に助けを求める場合、今日のような「行政と司法の分立」観念のないなかで、地方の各種政務を掌理する父母官（地方行政機関の長）が、官府の規定、地方の慣習または情理（訳注：義理人情に類する）等を総合的に判断して決定し、紛争当事者がその決定への順守の意思を表明することにより争いが終息するものとされた。このため、地方官の行

う決定は、現今の裁判官が法により裁判を行うのとは異なり、その決定の正当性は、すべての者が法律に従うことを目的として法律が定められるという理にあるのではなく、むしろ父母のような権威に基づき、子としての民に説示することにより、互いの譲歩が求められることにあるとみなされた。これは外観上、今日の調停に類似するが、実際には官府による強制を本質としていた。

清朝はかつて台湾統治晩期において、「開山撫番（訳注：山を開墾して原住民を撫する。実際には、原住民族を教化して支配し、漢人移民による開拓を奨励することを指す）」という名目で、元来は境界外にあった生番の居住地域にまで官府の統治権力を拡張し始めた。その一方で、現在「高山族原住民族」と呼ばれる生番は、清朝統治が終結する1895年まで、その多くが原住民の規律に基づく部落自治の生活を送っていたのである。

Ⅲ 日本統治時代（1895～1945年）

1895年、日本は日清戦争終結後の下関条約により台湾（台湾本島および澎湖諸島）の主権を取得したが、実際には武力鎮圧をもって台湾統治を開始した。日本との統合時に県を設置して統治した琉球とは違い、日本内地とは情況が異なると目された台湾では、法律上の統治体制のやや特殊な「台湾地域」、すなわち政治的意義における「植民地」として、以下に述べるような台湾法が施行された。

明治維新後に西洋法制を継受した日本は、下関条約の規定に基づき、1897年に日本国籍を選択した、在台漢人および平埔族原住民からなる「本島人」、すなわち「台湾人」に対して、内地法（訳注：日本内地法を指す）の名目により、近代西欧の個人・自由主義に淵源をもつ近代法、すなわち日本法を徐々に施行していった。法律上、「蕃人」または「高砂族」と呼ばれた高山族原住民は、当初1897年の国籍選択によって日本国籍を取得していなかったが、1915年に日本当局が武力でその大半を降伏させた後、帰順した蕃人については日本国民としてようやく認められるに至った。しかし、警察部門が集権方式により統治を行ったため、近代法への接触はきわめて少なかった。

日本帝国憲法は形式的には台湾で施行されていたが、実際には近代的立憲主義の原則が台湾で実施された部分は限定的であった（訳注：形式的立憲主義の

意)。明治憲法の立憲君主制の下で、天皇から任じられた台湾総督は台湾地域の行政権および軍事権(軍事権については、1919年以後、台湾軍司令官に帰属するものとされた)をもっており、また、ほとんどの場合、武官が就任した。文官の総督就任は、わずかに1919年から1936年の間にみられたのみであり、権威主義的統治の色合いが濃かった。また、帝国議会の協賛を経た日本内地の法律を台湾に施行するには、帝国政府の勅令（訳注：国家法規の効力をもつ天皇の命令）による指定が必要とされたが、勅令により台湾で施行された日本法の数は、日本統治時期前半においては、きわめて限定的であった。しかし、1919年の「内地延長」政策への転換にともない、1923年以降、多くの日本法が台湾で施行されることとなった。他方で、台湾総督は、勅裁（訳注：天皇による裁可）、実際には内閣会議の賛同を経て、台湾地域で法律と同一の効力をもつ「律令」を発布することができ、必要に応じて「旧慣」と呼ばれる清朝統治時期の台湾法（訳注：台湾慣習法）を採り入れることができた。しかし律令はまた、内容的には近代西欧型の法規範を採り入れることを可能にするものでもあった。このように、台湾総督は、台湾において律令制定権による自主的な近代司法体系を構築したため、日本内地の裁判所は台湾の司法案件を審理することはできなかった。また、総督は司法行政の監督権を除き司法裁判権はもたなかったことから、在台判官（内地では「判事」と呼ばれた）は憲法により独立して裁判を行うことができた。さらに、憲法が保障する臣民の基本的権利は、日本統治前期においてきわめて少数の在台日本人のみがこれを援用した。1920年代以降、台湾人エリートも自由民主を追求したものの、その成果は限定的であった。1945年に至り、法律により台湾人に衆議院議員の選挙権が付与されることとなったが、ほどなく日本は敗戦により離台したため、選挙が実施されることはなかった。

　また、近代西欧の行政法は、前述した法制度の下で、日本統治下の台湾に導入された。1920年には、行政組織法上において当時の台湾の生活圏の情況に合わせ5州2庁（後に澎湖庁を増設）の行政区に区分され、西洋における中央および地方政府制度を初めて継受し、地方公共団体を創設して、地方分権を実施した。また、1935年と1937年の改革により、地方自治の水準はさらに高まり、州・市・街庄を「固有事務」（訳注：自治事務）を処理することができる法人としたうえ、その住民により「半数民選、制限選挙」という方式で選出される代

議士から構成される当該地方自治団体の議決機関（州・市）または諮問機関（街庄）を設置することとなった。

　ただし、庁の協議員、州・庁・市・街庄の行政機関の長については、すべて官選であった。さらに甚だしいのは、選挙制度の設計を通じて、台湾全人口の6％を占めるにすぎない在台日本人が、権力の比較的強い州会や市会で多数の議席を占めていたのに対し、全人口の9割を超す台湾人は、最も低い位階、最も弱い権力の街庄協議会で多数の議席を占めていたという点である。また、上層部の行政官員は、最初からすべて日本人であった。このように、不公平な族群政治によって台湾人は二等国民とされたのである。このほか、戦前の日本における各種各様の行政作用法はおおむね台湾で施行され、台湾に近代的な生活をもたらしたほか、植民母国に経済的利益を供給し、日本人アイデンティティを形成した。近代的行政救済法制について、日本の帝国政府は行政訴訟制度の台湾への施行を終始拒絶し、植民地における行政権の優越は貫徹された。

　西欧に倣った近代刑法典は、日本による台湾統治の初期から施行されたが、その一方で、武装抗日勢力や盗賊を鎮圧し制圧するために、近代刑法の原則に反する『匪徒（ひと）刑罰令』も制定された。また、裁判所制度については、近代的裁判所において検察官（内地では「検事」と呼ばれた）による捜査・起訴、判官による審理・判決といった刑事訴訟手続が導入されたが、台湾の検察官には日本内地にはない被告の勾留権が付与された。さらに植民地の司法経費を節約するために、台湾の地方官員が軽微な罪について裁断する清朝統治時期の「旧慣」が踏襲され、台湾独自の「犯罪即決」制度が創設された。この制度は大部分の刑事事件につき、庁長に代わって警察高官が簡単な証拠調べによって犯罪を言い渡すものであった。犯罪の言い渡しを受けた者は、法院（訳注：裁判所。以下同）に対し正式な裁判を請求することもできたが、実際に請求した者はきわめて少なかった。

　これに対して、日本統治時期前半においては、台湾人の他に関係者のない民事事項および土地に関する権利については「旧慣に依る」ことが一貫して規定されていた。これらの民事事項は、在台の日本の司法機関および行政機関の認めた台湾人の慣習法により処理された。また、日本の近代民商法は1923年から台湾に施行されたが、台湾人の親族および相続に関する事項は引き続き慣習法によるものとされ、身分法部分の近代化はやや限定的であった。さらに、日本

の統治当局は、近代的裁判所において法による裁判という民事訴訟手続を導入する一方で、父母官（地方行政機関の長）による紛争解決という「旧慣」を維持し、台湾特有の「民事争訟調停」（民事紛争調停）制度を創設した。この制度は、地方政府内の調停官が庁長に代わり、官の権威をもって紛争当事者に対しその説示した解決方案への同意を求めるものであった。ただし、日本統治下の台湾人においては、民事法院を利用して紛争解決を図る者の方が、民事紛争調停を利用する者より多くみられたのも事実である。

Ⅳ　日本法制から中華民国法制へ（1945～1949年）

　1945年、中国の国民政府は、戦勝同盟国を代表して日本統治下の台湾を接収し、同年10月25日よりその「中華民国法制」を台湾に施行した。国際法上の台湾の主権問題については、1952年発効のサンフランシスコ平和条約によりようやく処理されるに至った。しかし、この条約では日本の台湾に対する主権の放棄について明記されたものの、台湾の主権を譲り渡す国家については言及されておらず、曖昧で議論の余地が残されていた。にもかかわらず、中華民国法制を1945年10月25日より台湾に直ちに施行することが宣言され、その法規範は、台湾の人、事、物につき、事実上一貫して拘束力をもたらし続けてきたのである。

　当時の中華民国法制は、中国の清朝末期に始まった法制度の近代化の最終的な産物であり、戦前の日本法の影響を強く受けたものであった。中国の清朝政府は20世紀初めに西欧法制を継受することを決定し、近代法典を起草する際に多くの日本人学者を招聘する一方で、近代法学を学ぶために日本に人を派遣した。1912年の中華民国成立後、刑法典を除き北洋政府が中国で近代法典を成立させるまでには至らず、依然として『大清律例』に関連する規定を民事実体法としていた。したがって、新たに導入された法院が近代法を援用する際には、通常は日本法を参考としたため、日本の重要な法学論著の多くが翻訳された。その後、国民党が樹立した国民政府が1928年に中国を統一し、1929年から1935年にかけて、中華民国の近代法典を相次いで公布、施行していった。「六法体系」を構成するこれらの中華民国法典は、基本的にヨーロッパの最新の立法例に倣ったものであったが、法学者や司法官員は当時すでにこれらの法典を根拠

に解釈し適用する能力を備えていた。しかしながら、これらの法解釈の知識の淵源は、戦前の日本の学界を踏襲したものでもあった。とはいえ、国民政府が『中華民国訓政時期約法』（訳注：中華民国憲法の前身）により確立した「以党治国」（国民党をもって国を治める）体制や「党化司法」（訳注：国民党化した司法）の諸策は、当時の日本や西欧国家とは異なるものであった。

　国民政府が台湾を接収した後、元来中国で制定された中華民国の近代法典は、ことごとく台湾に施行されることとなる。清朝統治時期において自らを「天朝（訳注：天子の王朝の意）」とみなす清朝が中国内地法を台湾に施行したのと同様に、中華民国国民政府もまた既存の法律すべての効力が直ちに台湾に及ぶことを宣告したのである。中華民国法制および法学は、日本の要素をその淵源に具えており、日本統治を経験した台湾在住者にとってその衝撃はそれほど大きくはなかった。しかし、両国の法制間の差異、例えば中華民国法にはない日本の不動産質等においては、台湾在住者の権利が損なわれたし、日本統治下で近代法治経験を欠いていた高山族原住民にとってはとりわけ適応し難いものであった。このため、台湾は中華民国の一「省」とされ、日本統治時期の台湾人（福佬人、客家人および平埔族原住民）および戦後「山胞」と呼ばれた高山族原住民は、ともに台湾省籍をもつことにより「本省人」と呼ばれ、中華民国のその他の省籍をもつ「外省人」と対比された。台湾接収後の政府高官のほとんどは中国本土から来た外省人であり、歴史的経験の差異によって本省人と外省人間の軋轢は激化し、国民党政権が本省人を武力で鎮圧した1947年の「二・二八事件」を惹起する結果ともなった。これはまた、日本統治下の台湾における族群政治（訳注：統治者である日本人と被統治者である台湾人による政治体制を指す）にも類似した現象の再現ともいえよう。

　戦後初期の中国でも政局の混乱が続いていたが、1947年には自由主義や立憲主義の精神を具備した『中華民国憲法』が公布・施行された。1948年5月20日、当該憲法により選出された総統が就任し、その後新憲法により五院が設立され、それまでの国民政府はその権限を総統および五院に移譲し、廃止されるに至る。西欧の個人・自由主義に立脚した法規範により構成される中華民国法制は、民国時代の中国での展開は困難であったが、意外にも歴史的背景を異にする台湾においては、以下に述べるような新たな生命を得ることとなった。

V　中華民国法制＝台湾法（1949年〜現在）

　1949年には、重大な政治的変局が勃発した。同年10月1日に、すでに中国領土の大部分を手中に収めていた中華人民共和国政府が成立し、それまで中国を統治していた中華民国政府に取って代わった。このような政府の変更について、米国等の諸国の承認は当初得られなかった。しかし1971年に至り、中華人民共和国を中国政府とすることがついに国連で承認された。なお、成立から60余年を経た現在に至るまで、中華人民共和国が台湾を統治したことはない。また一方で、1949年12月9日には、それまで中国で政権を執っていた蔣介石の掌握する中華民国中央政府の行政院が、台湾の台北市において新たに施政を開始したのであった。

　1949年12月9日から今日まで、台湾は、台湾島、澎湖島に本来中国福建省に属していた金門および馬祖の領域を加え、この領域に居住する者を人民として、対外的に独立し、かつ対内的には最高の主権政府を構築し運営しており、すでに事実上の（de facto）国家を確立している。台湾がいまだ法理上の国家ではないのは、当時台湾に移転した蔣介石政権が、中国に帰還し執政することを大義名分として、法律上は中華民国政府を標榜し、中国での施行を目的として制定された中華民国法制を引き続き台湾で施行したことに起因する。これと同時に、中華人民共和国もまた、台湾を併合するための口実として、台湾は中国の一部であると宣言しているのである。

　1949年以降、中華民国法と台湾法とは実質的にすでに一体化している。というのは、中華民国法が台湾（台湾・澎湖・金門・馬祖）以外の地域では規範作用を有しておらず、台湾において国家法秩序として存在するものが中華民国法制だからである。台北に存する中華民国政府は、本来「中国の合法的政府」という大義名分を維持するために、法律上その領土は中国までに及ぶとした。しかしながら、1970年代以後、国際社会の多くの国々は中華民国を中国の合法政府として承認せず、中華民国法制におけるこのような領土宣言への関心も次第に薄れていった。例えば中央民意代表（訳注：国民大会代表、立法委員および監察委員を指す）については、1970年代の「定数追加」（訳注：台湾人民代表定数の追加）から1990年代の全定数に至るまで、台湾人民のみによって選出され、中国大陸

の人民が投票に参与することはまったくなかった。また1996年以降は、総統についても中国大陸の人民を含まない「全国人民」、すなわち台湾人民が選出することとなった。ただし、中国の武力による威嚇により、法理上において台湾が国家であることを宣言することは許されず、米国もこの点を考慮して、台湾が現在の領土（訳注：中国大陸を含む）を変更する宣言を行うことを支持してはいない（第2章参照）。ゆえに、台湾法には今もなおいわゆる「大陸地区」が存在しており、中国や米国の政治力を反映する側面が存在することも否定できない。

とりわけ1990年代の台湾の民主化以後において、「中華民国法」とも称される台湾法は、台湾の政治、経済、社会および文化の変遷と要求に合わせてその規範内容を形成し、70年前に中国法として初めて台湾に施行された中華民国法制とはまったく異なるものとなっている。このようなことは、1949年以後、台湾が自らの国家法秩序として、自由かつ民主的な憲政体制を採用する米国、日本およびドイツ等の法律ならびに法学を自主的に継受することに有利なものとなってきた。台湾の現行法の内容については、以下の各章において詳細に紹介していこう。

【主要参考文献】

王泰升「國民黨在中國的『黨治』經驗－民主憲政的助力或阻力？」中研院法學期刊5期69-228頁（2009年9月）

王泰升「四個世代形塑而成的戰後台灣法學」台大法學論叢40卷特刊1367-1428頁（2011年10月）

王泰升『台灣法律史概論（第4版）』（元照出版、2012年）

王泰升『台灣日治時期的法律改革（修訂版）』（聯經出版、2014年）

王泰升著、鈴木賢・松田恵美子・西英昭・黃詩淳・陳宛妤・松井直之・阿部由理香訳『台湾法における日本的要素』（臺大出版中心、2014年）

王泰升『臺灣法律現代化歷程：從「內地延長」到「自主繼受」』（臺大出版中心、2015年）

王泰升・曾文亮・吳俊瑩「論清朝地方衙門審案機制的運作：以《淡新檔案》為中心」中央研究院歷史語言研究所集刊86本2分421-469頁（2015年6月）

王泰升・阿部由理香・吳俊瑩『台灣人的國籍初體驗：日治台灣與中國跨界人的流動及其法律生活』（五南圖書、2015年）

王泰升「台灣法律史上的原住民族：作為特殊的人群、領域與法文化」台大法學論叢44卷4期（2015年12月）

第 2 章

台湾の法的地位

　本章では、戦後台湾の国際法的地位について解説する。まず、台湾の法的地位をめぐる議論、各見解の国際法上の根拠とその問題点を紹介し、次に、それらの議論に関連する、中国代表権との関係、台湾の民主化による影響、近年の国際社会の動向といった論点にも触れることとしたい。

【学習ポイント】
　戦後台湾の法的地位の問題は、国際法的にも国際政治にも長年の懸案となってきた。台湾政府自身の立場の変化、台湾社会の民主化、国際情勢の変化に関連しながら展開してきたため、解決の糸口がみえない論議が続いてきた。この問題の深層を理解するには、前掲の諸要素を念頭におきながら国際法的視点で考えることがポイントとなろう。

I　問題の起源および背景

　1895年から1945年まで、台湾（澎湖を含む）は日本の植民地であった。1943年12月、米国、英国および中国の3カ国の領袖が会したカイロ会議において、日本は台湾・澎湖を中国に返還すべきとする共同声明が発表された（カイロ宣言）。第二次大戦後の1945年10月、中国（中華民国）は、同盟軍最高指令官同年9月2日の1号命令に基づき、同盟国を代表して台湾および北緯16度以北のフランス領インドシナ（French Indo-China）を接収して、その後も台湾を統治し続けてきた。1949年10月、中国共産党は中国の内戦に勝利し、北京において中華人民共和国を樹立した。これまで中国を統治してきた中華民国は、同年12月に台湾へ撤退し、台湾を統治し続けてきた。1950年6月、朝鮮戦争が勃発し、米国は台湾海峡において中立の立場に立ち、両岸（中台）敵対政権による戦争の勃発を防ぐために巡回艦艇を台湾海峡に派遣したが、台湾の法的地位については未定のままであり、適切な手続による国連の決定に委ねるとした。そして1952年4月発効のサンフランシスコ平和条約では、日本が台湾に対する主権を放棄することが定められたものの、台湾領土の主権の帰属については明記され

なかった。そのため、台湾の法的地位の不確定性という問題が生じたのである。

にもかかわらず、1949年以降、中華人民共和国を統治する中国は、台湾が戦後中国に返還されたことを終始主張し、今もなおその立場を変えていない。また、台湾を統治する中華民国は、1990年代まで、自らを中国で唯一の合法政府としながらも、台湾を中国の一部とした。ところが、1990年代以降、台湾の民主化の進展にともない、台湾所在の中華民国政府も台湾の法的地位についての自らの立場を見直し始め、中国（中華民国）という枠にこだわらず、台湾のために一定の国際的地位を求めることを試みるようになった。他方、台湾独立を主張する声も次第に台湾社会内部の政治的立場の1つになりつつあり、近年、台湾はすでに独立主権国家であるとする主張もみられるようになっている。

このように、台湾の法的地位の問題は、上述の歴史背景や政治の変遷を受けて、数十年経った今も絶えず議論が繰り返され、国際法の教科書においても、国家資格（Statehood）に関する重要事例として扱われている。以下では、法解釈論を用いて戦後台湾の国際法的地位をめぐる議論を紹介したうえで検討する。この問題と関連する、中国代表権、承認、国格の主張といった論点を分析し、21世紀の今日における、台湾の法的地位に関わる国際社会の動向および展望につき説明する。

II　3つの主張

戦後の台湾の国際法的地位をめぐっては、従来、①独立主権国家説、②中国領土説、③法的地位未定説の3つの主張がある。

1　独立主権国家説

この見解は、現実において台湾はその領土（約3万6000km^2)、人民（約2300万人）および自ら統治する政府を擁しており、また、20余りの国家と正式な外交関係をもつ。したがって、国際法上の国家資格の客観要件を満たす独立主権国家であり、中国（中華人民共和国）とは異なる国家である、というものである。英語圏諸国における国際法の学説の中には、一部この見解を支持するものもある。米国においても、台湾が独立国家であることを肯定した裁判所判決もみられる。しかし、国際社会において、台湾を独立国家として正式に承認した重要

国家または政府間の国際組織はいまだ存在しない。

　理論的には、現在の国際法の学説では、国家資格の要件については承認を要しないと解するのが多数説の見解である。したがって、外交承認が欠如しているからといって、直ちに台湾の国家資格を否定することにはならない。とはいえ、外交承認の欠如や国際社会からの一般的不承認という状態は、台湾の国家としての二国間または多国間関係の公式な国際活動の可能性が、客観的にみて制限されることも自明である。このように台湾の他国との往来の可能性が制限されるために、国家資格の客観要件のすべてを完全に満たすとは言い難いとする見解もある。また、台湾を実際に統治する中華民国政府は、1990年代以前において、自らが中国で唯一の合法政府として、中国と異なるもう１つの国家資格を有する可能性につき主張することはなかった。1990年代以降ようやく台湾政府は自ら主権国家であるとする主張を始めたが、2008年以降は再び従前の「一つの中国」の立場に逆戻りしている（後述）。このように、台湾は、持続的かつ一貫して独立主権国家であることを自己主張（self-claim of statehood）してこなかったために、国家としては認められないとする見解もある。

2　中国領土説

　第二次大戦後において、台湾領土の主権を主張する唯一の国家は中国である。この主張は、国際法上、中国のみが中国を代表する主権国家であり、戦後台湾は中国領土の一部であるとするものであり、その主たる法的根拠は、1943年のカイロ宣言（Cairo Declaration）等の戦時声明にある。1971年、国連において中華人民共和国が中国を代表する唯一の合法政府であるとの議決（中国代表権決議）がなされ、それによって台湾は正式な国際外交空間のすべてを失うことになった。冷戦後、中国の政治力・経済力の台頭により、この見解は次第に多数の国家（ただし米国、日本等を除く）に承認または尊重されるようになっており、今日の現実の国際社会における最有力説となっている。

　しかしながら、一般的にはカイロ宣言等の戦時宣言は政治的声明（statement of intention）にすぎず、法的拘束力を有しないため、条約と同等な効力を有する法的根拠となるものではないと解されている。それとは逆に、戦後締結されたサンフランシスコ平和条約においては、日本に台湾の主権を放棄するよう要求するにとどまり、台湾領土の最終的な帰属先についてはあえて明記されな

かった。このことは、意図的にこの問題を見送る趣旨だと解されなければならないであろう。また、1945年10月、中国（中華民国）が同盟軍最高司令官命令に基づき台湾を日本から接収したことは、戦後の過渡期に軍事接収および占領を行ったにすぎず、終局的に領土主権を移転したものではない。したがって、台湾領土を中国（中華民国）に合法的に移譲したものと解することはできないであろう。さらに、1971年の国連総会における決議の内容および効力は、中国代表権（どの政府が中国を代表するか）に関するものであって、台湾の法的地位とは次元の異なるものであることも自明である。他の諸国が台湾を中国領土の一部とすることも、国際法上の領土の変動の合法的根拠（例えば条約、先占、取得時効等）となるものでもない。したがってこの主張は、強い政治力により支持されてはいるものの、法的根拠についてはきわめて薄弱であり、ひいてはサンフランシスコ平和条約の趣旨にも反するものといえよう。

3　法的地位未定説

　この見解は、以下のようなものである。1952年4月のサンフランシスコ平和条約に基づく日本の台湾および澎湖諸島に対する主権の放棄まで、台湾の主権は国際法上も名目上も依然として日本にあり、中華民国は、単に同盟国（日本の主権を実際に行使する者）を代表して台湾に対する管理権を事実上行使したにすぎない。サンフランシスコ平和条約においては、日本が台湾・澎湖の主権を放棄することしか定められず、台湾から中国に移譲される旨や台湾主権の最終的な帰属先についてはまったく明記されず、そのためそれ以降、台湾の主権は未定の状態となっており、中華民国政府が事実上、同盟国を代表して統治権を行使し続けている。したがって台湾の主権の最終的な帰属先は、適切な国際監督の下（例えば国連）で、台湾人民の自決の原則（Self-Determination）により決められるべきものである。

　国際法においては、この見解はサンフランシスコ平和条約に依拠するものであり、国際法的根拠が最も明確なものといえる。1970年代までに、西洋諸国（例えば米国、英国、カナダ等）は正式にこの見解の立場に立っていた。しかし、1970年代半ば以降、国際政治的要因により、多数の国々は次第に台湾の法的地位未定の見解を公に明言することを避け、それによりこの見解は、国際社会による明確な支持を失いつつある。今なおこの見解を支持する重要国家はごく少

数であり、例えば米国が「台湾関係法」を制定することで示したように、これを台湾政策の法的立場として、黙示的にこの見解を支持している。また、1990年代以降、台湾の民主化が進み、台湾政府（中華民国政府）はようやく中国の代表権の主張を放棄し、中国と異なるもう1つの国際的地位を模索し始めるのと同時に、台湾社会内部においては台湾が独立すべき、ないしはすでに独立しているという見解も出現している。これらの台湾政府の表明と台湾人民の自由意志からみれば、台湾の法的地位未定論という従来の見解は台湾社会の現状とかけ離れたものとなっており、台湾社会の現状を十分に反映するものではないといえよう。さらに、この見解を主張した陳隆志教授も、1990年代以降、台湾の民主化、台湾人民による総統の直接選出等を根拠に、台湾人民がすでに一連の有効な人民自決（effective self-determination）という手段を用いて独立を実現しているとする新たな主張を展開している。この主張は、台湾の法的地位を従来の未定論から独立国家の確立へと改めるものであり、法的地位未定論を進化させたものといえよう。

III　争点の分析

　戦後台湾の法的地位の問題が複雑であり、かつその解決の糸口がみえない理由については、その背景や要因として、中国国内の内戦と東西冷戦の対峙（例えば朝鮮戦争）という内外の二重構図と重なったこと、承認、国格の主張、国家資格等をめぐる国際法上の論争と関わっていること、台湾の民主化や台湾人民のアイデンティティの変容と関わっていることなどがある。以下、いくつかの主な争点を分析し、問題の所在を明らかにしたい。

1　中国代表権の問題

　1945年10月以降、台湾を実際に統治した中華民国政府は、1949年以降には中国統治の実権を失ったにもかかわらず、1990年代に至るまで、自らが中国の唯一の合法政府であることを終始主張して、台湾を中国の一部とみなしていた。この立場に立つがゆえに、台湾の法的地位の問題は、しばしば1949年以降の中国代表権の問題と絡めて論じられる傾向にあった。

　国際法的観点からすれば、1912年に成立した中華民国と1949年に成立した中

華人民共和国はいずれも、1912年以前の中国の清、明などの王朝のように、中国という国家（the State of China）を統治しかつその主権を代表し行使する政府（government）である。したがって、1949年に中華人民共和国が中華民国に取って代わって中国の統治者となったことは、1912年に中華民国が清王朝を覆したのと同様に、一国内の政府の変更にすぎず、新しい国家が既存の国家に取って代わったものではない。法的主権国家としての中国は、1949年以前も以後も、その国際法人格が同一であり存続していることに変更はない。

　上述の原則からすれば、1949年から1980年代末にかけて、中華民国政府と中華人民共和国政府が、それぞれ自らが中国の唯一の合法政府であることを主張した争議は、本質的には、２つの政府が同一国家の合法政府の地位と対外的代表権を争ったものである。1971年に国連総会で通過した2758（XXVI）号決議により、中華人民共和国が中国の唯一の合法政府であることが承認され、中華民国の蒋介石代表の主張は退けられることとなった。この決議は、まさに上述の論拠をもってこの２つの政府間の争議を処理したものだといえよう。

　しかしながら、前掲の中国代表権の国連決議は、中国という国家の合法政府がどちらかという問題を解決したものだけであって、中国という国家の領土の範囲について確定したものではない。国際法上において、中華人民共和国政府が中国の唯一の合法政府であることを承認することは、政府の主張する領土の範囲までを承認することを意味するものではない。例えば中国が台湾、尖閣諸島、南シナ海諸島の主権を主張していることが、その一例である。台湾は2007年に国連に対し台湾という名義をもって国連加盟を申請したが、当時の国連事務総長潘基文（반기문）は、前掲の国連決議を引用して台湾は中国の一部であると主張した。これに対して、米国、オーストラリア、カナダ、日本やニュージーランド等は、当該決議と台湾領土の主権の帰属とは無関係であるとして、直ちに潘氏に訂正を求め、その後、潘氏自身も自らの発言の誤りを認めた。以上のように、中国の代表権と台湾領土の主権の問題とは次元の異なるものである。

2　中国の主張と国際社会の反応：「一つの中国の原則」の分析

（１）中国の主張する「一つの中国の原則」

　中国は、戦後において台湾領土の主権を主張する唯一の国家であるため、その台湾政策について「①世界には一つの中国のみが存在し、②中華人民共和国

政府が中国を代表する唯一の合法政府であり、③台湾は中国領土の一部である」という「一つの中国の原則」を終始堅持しており、台湾およびその他の国々にもこの原則の承認を要求し、今日に至っている。この原則のうち、①について、その効果は国家承認に関するものであり、その目的は2つの中国を排除し、中華人民共和国と中華民国が2つの中国の関係であることを否定することにある。②は政府承認に関するもので、前掲の国連決議の主要な内容によるものである。そして③こそが、台湾の領土に対する中国の主権の主張である。

　前掲の1971年国連決議の後、世界の大半の国々は中華人民共和国を中国の唯一の合法政府として承認し、正式な外交関係を結ぶようになっている。この政府承認は、国際法における政府承認のための有効な統制論（effective control）にも合致する。したがって「一つの中国」は中華人民共和国が中国の代表である点についてはもはや確定しており、国際法上においてまったく異論はみられないのである。

（2）中国の主張に対する国際社会の反応

　しかしながら、前述の「一つの中国の原則」のうち、③の台湾領土の主権の主張については、法的には今なお議論が続いている。国際法的観点からみれば、中国は、戦後において、そもそも台湾領土の主権を主張するための条約法の法的根拠を終始欠いており、この問題と最も密接に関わるサンフランシスコ平和条約も中国の立場には不利ですらある。このことを認識した中国は、その政治力を通じて、他の国々に対し二国間の合意（例えば、正式な外交公報、共同声明）をもって、台湾領土の主権に対する主張を承認するよう求め続けてきた。

　この要求に対しては、旧ソ連をはじめとする旧社会主義国家および第三世界の諸国（アジア、アフリカ、南米など）の大半は明確にこれを承認している。しかし、米国をはじめとする西洋国家および日本等は、明確な承認を拒み、あえて曖昧な台湾の法的地位論をとっている。例えばカナダは、1970年に中国との外交樹立の際にその外交公報において、政府承認を変更した（中華人民共和国政府が中国政府であることを承認した）が、中国の主張する「台湾が中華人民共和国領土の不可分の一部である」という点に対しては、「カナダ政府は、この中国政府の立場に留意する（take note）」という立場をとった。したがって領土主権に対する中国の主張を明確に承認したわけではない。また、米国も、1978

年の中国との外交樹立の際にこれと類似する立場をとり、中華人民共和国政府が中国の唯一の合法政府であることを承認しながら、台湾が中国領土の一部であるという中国政府の主張を認識 (acknowledge) するとした ("The Government of the United States of America acknowledges that the Chinese position that there is but one China and Taiwan is part of China.")。今日に至っても、米国自ら、なお「1つの中国」政策を強調してはいるが、それは中国の主張する「一つの中国の原則」というものではない。両者の主たる相違点は、まさに台湾の法的地位の問題にある。

　また、他の欧州諸国、例えば英国、フランスなども、前述のカナダや米国のような立場をとっており、台湾領土の主権に対する中国の主張を明確に拒否している。しかし、1990年代半ば以降、世界の情勢は変化している。もともと承認を拒否した多くの諸国、例えば英国、フランス等は、元来の立場を変え、台湾領土の主権に対する中国の主張を明確に承認する方向へと転換した。今日に至り、国連安全保障理事会の5つの常任理事国のうち、台湾領土の主権に対する中国の主張をいまだ明確に承認していないのは米国のみとなった。このように、国際政治上、台湾領土の主権に対する中国の主張については、大半の国々の支持や黙示的支持が得られているといえる。しかしながら、この種の承認によって、台湾領土の主権の帰属を確定するための国際法的効力が生じるといえるか否かについては、いまだ議論の余地が残っている。

　領土の争議については、一般的に、争議の当事者が協議を通じてその領土の主権の帰属を確定し問題解決をすることができる。しかし、台湾領土の主権について、そもそも中国の主張を受け入れた国々は中国と争うわけではなく、台湾領土争いの当事者ではない。したがって中国の主張を受け入れた国々は一方的に台湾領土の主権を承認し、または中国との協議によりそれを承認したことがあったとしても、形成、確認または給付の法的効力を生じるものではない。例えば、以下のような場合がこれにあたる。A（中国）がC、D、Eの第三者国に対して、B（台湾）の財産権がAに帰属することへの承認を要求した場合に、第三者国がAの要求に応じるという行為は世論の力を生むことができるとしても、Bの財産権の帰属についての有効な法的根拠とはなりえないのである。

（3）日本の立場

　議論に値する、もう1つの国が日本である。台湾は1895年から1945年まで日本の植民地であったため、戦後日本における、台湾領土の主権に対する処置・立場は重要な問題の1つである。この点について、サンフランシスコ平和条約では日本が台湾および澎湖諸島に対する領土主権を放棄することのみが定められ、それらを移譲する国については定められていないことは、前述したとおりである。したがって日本政府は、同条約に依拠し、台湾の主権を放棄することを表明したが、台湾の法的地位については正式な見解の表明を避けるという立場をとってきた。1952年に当時の中華民国政府と締結された「日華平和条約」、および1978年に中国と締結された「日中平和友好条約」においても、日本政府は、台湾領土の主権を中国に返還したことを明確に承認してはいない。中国が日本に対しその承認を要求する「一つの中国の原則」について、日本政府は、中華人民共和国が中国を代表する唯一の合法政府であることを承認してはいるものの、中国の主張する「台湾は中華人民共和国領土の不可分の一部である」という点に対しては、中国政府の立場を十分に理解し尊重すると表明したにとどまっており（1972年日中共同声明）、中国の台湾への領土主権の主張を正式に承認するものではない。

　また、光華寮事件・最高裁平成19年3月27日第3小法廷判決において、最高裁は、1972年日本が中華人民共和国につき中国を代表する唯一の合法政府として承認した後、中華民国政府がすでに中国の代表権を失っているため、中国を代表する中華民国政府の名義として提訴した本件の訴訟は、中華人民共和国がそれを承継し訴訟を続行すべきであるとした。この最高裁判決は、それまで下級審がとってきた「不完全政府承継論」を「完全政府承継論」に変更したことになる。その立場は、1971年の国連総会の決議における中国代表権についての立場と類似する。また、注目すべきは、最高裁が、光華寮は1961年に台湾がその財産権を取得しているのであって、それは1949年以前の中国の（外交）財産にあたるものとは異なるため、その財産を1949年に成立した中華人民共和国政府に引き渡すべきではないとしたという点である。さらに、本件係争建築物の所有権が「現在中国以外の権利主体に属するか否かはともかくとして……」とされ、台湾は中国と異なるもう1つの国際法的主体である可能性を暗示したと読める、という点も注目される。この事件において、原告の地位または名称を

変更したならば、訴訟の続行が可能であったかもしれない。このように、本件最高裁判決は、台湾が中国領土に属するか否かにつき、明確に否定もせず承認もしないという微妙な立場を示したものといえよう。

3 台湾の主張と立場の分析

1980年代末までに、蒋介石と蒋経国の統治下にあった中華民国政府は、自らが中国を代表する唯一の合法政府であることを終始宣言していた。両氏が争ったのは台湾代表権ではなく、中国代表権である。したがって両氏の主張と中華人民共和国の主張する「一つの中国の原則」とは、第2部分の「いずれの政府が中国を代表する合法政府か」という点だけは対立していたが、その実、第1および第3部分については、双方の立場は一致していた。

1990年代以降、李登輝(リトウキ)政権下の中華民国政府において、台湾と中国との関係は、その位置づけを次第に変容させていった。もはや中国代表権を争わなくなったばかりか、台湾の法的地位を新たに定位することを開始したのである。国民党による歴史的桎梏から逃れえなかった李登輝政権時期の基本的立場は、分裂政府（国家）論から出発し、1949年以降の中国を台湾に存する中華民国と大陸に存する中華人民共和国との2つの政府に分裂したものと主張するものであった。ただ、この主張は、1945年から1949年の期間において、中国が台湾領土の主権を先に取得したことを認め、1949年以降に分裂したというものである。1999年7月、李登輝氏はさらに、「特殊な国家間関係」（両国論）を主張し、もともとの「一国両政府」に近い、国内でも国外でもある曖昧な位置づけを「両国両政府」の国際関係として再定位した。2000年には民進党による政権交代がなされ、就任した陳水扁(チンスイヘン)総統は8年の執政期間中、さらに両岸を「一邊一国」（別々の国である）と主張し、台湾という名称をもって国連に対し加盟を申請した。国連事務局に受理されることはなかったが、台湾政府が対外的に独立主権国家であることを明確に宣言していたことは明らかである。

しかし、2008年には再び国民党による政権交代が行われ、就任した馬英九(バエイキュウ)総統は、再度立場を変えて、「一つの中国、各自の表明」といういわゆる「92コンセンサス」を根拠に、「一つの中国」（大中国）と、台湾がその大中国領土の一部であることを改めて主張した。しかしながら国際法上では、中華人民共和国が中国の唯一の合法政府であるという点は異論なく確立されているため、

「各自の表明」を行う余地はまったくない。馬政権の主張は、間接的に「台湾は中華人民共和国の代表する中国の領土の一部である」ことを認めたに等しく、台湾の国際法上の主体的地位を否定しただけではなく、馬氏の主導する中華民国政府を中国所轄の一地方に降格するという法的リスクを招いたものといえよう。2015年11月7日の馬氏と中国の習近平国家主席との会談は、2つの国のリーダーによる会談の外形を備えていたとはいえ、中国は、会談の前後において、台湾と中国は国と国との関係ではないことを重ねて表明しており、その狙いは、台湾は中国に属さずもう1つの独立主体であるという国際法上の捉え方を阻止することにある。馬氏は、この中国の声明に対し、依然として「一つの中国、各自の表明」を繰り返し述べただけで、台湾自らの地位を強調することを試みながらも、台湾が中国領土の一部かどうかという最も重要な争点については明確に反論せず、中国の主張を黙示的に認めているのである。

　以上みてきたように台湾における過去70年近くの主張については、次のように整理することができる。

① 1949年から1988年の蔣介石・蔣経国政権時期においては、台湾が中国領土の一部である（一つの中国で、しかも台湾政府が中国政府である）と主張した。
② 1988年から2000年の李登輝政権時期においては、台湾が地理的に中国と分裂した領土であるという「一国両政府」（一国両政府または2つの中国の主張であり、中華民国政府と中華人民共和国政府とは異なる）と主張し、後に「両国両政府」へと転換した。
③ 2000年から2008年の陳水扁政権時期においては、台湾が独立主権国家である（一つの中国、一つの台湾の主張であり、台湾と中国とは別々の主権国家であり、それぞれの政府をもつ）と主張した。
④ 2008年から2016年の馬英九政権時期においては、再び、台湾が中国領土の一部である（一つの大中国の主張であり、その大中国はいまだ統一されておらず、現在は分治政府である）と主張した。

　このように、台湾の法的地位についての台湾政府自身の立場は、中国の領土と独立主権国家との間で揺らぎつつ、数度の転換を経てきた。このため、一部の国際法学者（例えば英国の James Crawford など）の間では、台湾政府は自ら独立した国格を主張していない、あるいは、前後の主張が一致しないということを理由に、台湾が国家資格の客観条件のすべてを満たしていても、自らの国格

に対する主張を明示していないため、独立主権国家としては認められないという見解もみられる。

Ⅳ　結　　論

　伝統的な国際法では、領土主権の変動をめぐる論議は、領土を単なる人民意志のない「物」とみなして既存の国々の処置に委ねることで、係争地人民の自由意志（民主的要素）という観点が明らかに欠落する点が問題だと思われる。その結果、各国の承認という政治意志が、現実には、領土主権の変動および国家資格に影響を及ぼし、ないしはそれを決定するきわめて重要な要素となってしまうのである。台湾の事例については、Ⅱで述べたように、3つの主張とも法律上の弱点がある。また国際政治的要素（中国による政治圧力）や台湾自身の変化（民主化および台湾独立主張の台頭）が加わったことにより、台湾の法的地位は今なお定まっていないというのが現状である。このような状況はまた、「法的地位未定論」の事実上の延長を意味するものともいえよう。ただ国際政治上、多数の国々が中国の主張を承認または黙認しており、「中国領土説」が、現実には最強の主張となっているのも事実である。しかしながら、台湾は終始、中華人民共和国に統治されたことはない、という事実も看過してはならない。台湾を中国領土の一部とし中国が国際法上において台湾を代表することを認めることは、明らかに前述の事実に反し、法規範の要請の徹底を妨げ、台湾人民の自由意志にも反するといわなければならない。逆に台湾を独立主権国家とすることは、もとより客観的状況に最も合致するといえるが、国際政治上の要素により、多くの国々がこの立場への支持を望んではいない。また、台湾政府の数十年来の主張が前後不一致であるという点も、台湾の国家資格の承認を否定する合理的口実を国際社会および国際法学者に与える結果となっている。

　しかしながら、国際社会は、現実として台湾の存在に直面しなければならず、国際法上における台湾の位置づけを直視しその行為に規範を設ける必要がある。そこで、この20年来、台湾の地位を「非国家の特殊実体」とすることが認められ、実際の国際社会問題解決に資するようになってきた。

　2000年以降、台湾は、この「非国家の特殊実体」の地位をもって、WTO

（台湾・澎湖・金門・馬祖独立関税領域）、区域漁業組織（台湾または中華台北漁業実体）やAPEC（中華台北経済体）などの多国間国際組織に正式に参加することができるようになっている。これらの国際組織における台湾の地位は、国家の身分としての締約国ではなく、非国家の身分による個別の国際法主体である。この地位は、中国とは異なるものであり、中国からの反対はあるにせよ、国際組織に参画できる国際法人格をもつものである。一方、台湾が中国領土の一部か否かという問題については、関係国際組織やその締約国の大半が明確に承認もせず否定もしないという曖昧な立場を採り続けている。このような状況からみれば、伝統的な「地位未定論」が依然として一定の影響力をもっており、また、国際社会が台湾に国際法人格をもつことを受け入れたとみることもできる。この特殊実体としての地位は、台湾を完全な国家としてみるものではないものの、中国とは異なる、もう1つの国際法主体を認めたものである点で、特筆に値する。今後の展開については、法律面の要請を満たすために台湾自身が持続的かつ一致する明確な主張を形成し表明することが可能か否か、また政治の外在的制約の下で中国や米国等の大国の立場のとり方が、重要な鍵となろう。

【主要参考文献】

陳隆志『臺灣的獨立與建國』（月旦出版社、1993年。美國耶魯法學院（Yale Law School）、1971年）

Chen, Lung-chu & W. Michael Raisman, "Who Owns Taiwan: A Search for International Title", *Yale Law Journal*, vol. 81, pp. 599-671 (1972).

Chiu, Hungdah (ed.), *CHINA AND THE QUESTION OF TAIWAN: DOCUMENTS AND ANALYSIS* (Praeger Publishers, 1973).

陳隆志『台灣國際法律地位的進化與退化──舊金山和約四十年後』（公民投票出版社、1991年）

彭明敏・黃昭堂著、蔡（清水）秋雄訳『台灣在國際法上的地位』（玉山社、1995年）

黃昭元「二次大戰後台灣的國際法地位：九十年代的觀察與檢討」月旦法學雜誌9期20-31頁（1996年1月）

黃昭元編『兩國論與台灣國家定位』（學林、2000年）

許宗力「兩岸關係法律定位百年來的演變與最新發展──臺灣的角度」許宗力『憲法與法治國行政（2版）』所收、267-286頁（元照出版、2007年）

Crawford, James. *THE CREATION OF STATES IN INTERNATIONAL LAW* (Oxford University Press, 2nd ed., 2007).

最高裁平成19年3月27日第三小法廷判決・民集61巻2号

丘宏達著・陳純一編『書生論政：丘宏達教授法政文集』（三民書局、2011年）

第3章

裁判の根拠となるもの（法源）

　本章では、台湾法全体の理解の前提となる法源について概説する。ここでいう法源とは、裁判官が裁判をするにあたって、よるべき根拠となるものである。
　台湾法の法源には、法官（裁判官。以下同）が制度的に従うべきものとされている制度上の法源と、法官が事実上従っている事実上の法源とがある。

【学習ポイント】
　台湾法の法源のうち、憲法増補改正条文および司法院大法官解釈が、特徴的かつ最も重要である。憲法増補改正条文は憲法本文を大幅に改正または失効させ、大法官解釈は憲法と同様の効力をもち、統治機構および人権保障の規定を大きく展開させたからである。また、法律の名称、判例の効力、自治立法の名称、制定の範囲や制限についても、日本との相違がある。これらの法源の性質、内容や効力を学習することによって、台湾法を勉強するための基礎知識を得て、比較法研究の第一歩を踏み出すことができる。

I　制度上の法源

　制度上の法源には、憲法および司法院大法官解釈、条約、法律および法規命令、判例および司法院解釈ならびに地方自治立法の5つがある。制度上の法源とは、日本では一般的に立法作用によるものであり、かつ、箇条式で表現するもの（そのため成文法源とも呼ばれることがある）と理解されているが、台湾の制度上の法源は、立法作用によるものにとどまらず、司法作用である司法院大法官解釈、判例や司法院解釈も含むという点で、日本とは大きく異なる（そのため、ここでは「成文法源」ではなく、「制度上の法源」を用いる。なお、大法官解釈の形式〈解釈文、事実および理由〉は裁判所判決に近い形がとられる）。

1　憲法および司法院大法官解釈
（1）憲　法
　1945年10月、中華民国による台湾統治が開始されたことにより、1912年に成立した中華民国が1946年に中国大陸で制定した「中華民国憲法」は、台湾において施行されることとなり、台湾の制度上の法源となった。
　中華民国憲法は、孫文の思想である三民主義（民族・民権・民生または民有・民治・民享）に基づいて成立し、「権能区分」、「五権分立」や「一権力多機関」の原則の採用、権限配分の形態、県を基礎自治体とする地方自治という統治構造上の特色をもつ。また、人権保障については近代憲法並みの人権保障条項のほか、直接立法権も保障され、各分野の基本国策も盛り込まれている（第4章参照）。法源との関係でいえば、憲法に抵触する法律および命令はいずれも無効とされ（171条1項、172条）、憲法の最高規範性の原則が掲げられ、憲法が制度上の最上位の法源とされる。この憲法の最高規範性の原則は、言うまでもなく主権国家の下で、憲法が最上位の法規範であってそれ以上の上位法規範がないことを意味し、近代的かつ民主的憲法で一般的に採り入れられる、法規範秩序上の不可欠の基本原則である。しかし、1948年から1991年までの権威主義体制時期には、中華民国憲法の効力が停止され、その代わりにそれに優先する「動員反乱鎮定時期臨時条項」と名づけられる、いわば「超憲法」が施行された。それによって、同原則は全面破壊された。1991年、同臨時条項が廃止され、この原則が回復することになり、中華民国憲法が台湾の制度上の最上位の法源に戻り、現在に至っている。
　中華民国憲法は、1991年、1992年、1994年、1997年、1999年、2000年（本回改正は、司法院大法官第499号解釈により失効）および2005年の計7回の改正が行われた。7回の憲法改正の形式は、改正の焦点に応じて2つの方法が併用された。まず、各焦点につき全面改正を行う場合、憲法本文を直接修正するのではなく、憲法本文を残すと同時に、本文の後に本文の規定を失効させ修正または追加するという方法である。1991年、1994年、1997年および2000年の改正はこの方法がとられた（そのため「憲法増補改正条文」と名づけられる）。もう1つの方法は、憲法増補改正条文の上に追加する場合（1992年改正、2005年改正）、あるいは憲法増補改正条文の一部をさらに改正する場合（1999年改正、2005年改正）、条文を追加・修正するという方法である。このような改正形式として

は、アメリカ合衆国憲法の修正条項（「権利の章典」）の形式が思い浮かぶであろうが、憲法増補改正条文の内容には、本文の規定を失効させ修正する箇条が多々あるという点で、欠落する人権保障条項を「権利の章典」で補うというアメリカ合衆国憲法とはまったく異なる。

したがって台湾憲法の条文を調べる際には、本文のほか、憲法増補改正条文の内容をも確認しなければならない。また、中華民国憲法上の根幹的な統治制度である国民大会、立法院、司法院、監察院、考試院、地方制度および憲法改正手続はそれぞれ2回以上の改正を経ているため、各論点がどのように変遷してきたのかについては、2005年の最終改正後の現行法のみならず、それ以前の各回改正の内容をも確認する必要がある。

（2）司法院大法官解釈

司法院大法官解釈には、2つの異なる性質のものがある。
(1) 違憲法令審査としての大法官解釈

この種の大法官解釈は、前述の憲法の最高規範性の原則の実効性を担保するために憲法以下の下位法規（判例を含む）が憲法に違反するか否かをチェックするためのものである。言い換えれば、司法院大法官による違憲法令審査の判断のことである。違憲法令審査制度について、日本では個々の事件で裁判官が判決をもって判断するが、台湾の場合、違憲法令審査権は、普通法院の法官ではなく、司法院大法官にあり、しかも、法令の違憲の有無は司法院大法官が「解釈」をもって判定するとされる（憲法171条2項、78条、司法院大法官案件審理法〔以下、「大審法」という〕4条）。「解釈」の本来の意味は、制定法の内容・意味を解き明かす（すなわち釈義する）ことであるが、この大法官「解釈」は、大法官が憲法規定の意味を注釈（または釈義）するにとどまらず、係争の法令が憲法の規定に違反するか否かを審査し、当該法令が憲法の規定に違反すると判断した場合、当該法令が失効することを宣言しうるものである。また、大法官解釈の効力は、憲法と同等な効力を有するものとされ（大法官185号解釈。この点につき、議論の余地が残る）、したがって大法官解釈により違憲とされた法令は失効することとなり、その法令を改正または廃止しなければならない。なお、法律の不備を補ったり、法律の内容を実質的に改正したりする解釈もある（例えば大法官491号解釈）。

大法官の違憲審査権の対象については、法令の合憲性以外に、憲法改正の内容および手続の憲法原則の適合性まで含まれるか否かにつき議論の余地が残されたものの、大法官499号解釈（2000年3月24日）はこれを肯定した。同号解釈は、1999年9月4日国民大会で通過した改正憲法（憲法増補改正条文1条、4条、9条、10条）の憲法原則の適合性を審査して、その一部の改正条文（第1条1項～3項、第4条3項）が自由民主主義に反するとともに、その改正手続が公開透明性の原則に違反するとして、当該改正条文が失効し、前回の増補改正条文である1997年7月21日憲法増補改正条文の効力を維持することを宣言した。

大法官による違憲法令審査の具体的法的根拠は、司法院大法官案件審理法である。違憲法令審査を申し立てることができる者は、中央および地方機関、立法委員ならびに人民（法人、政党を含む）の三者である（同法5条）。人民が違憲法令審査を申し立てる場合、具体的事件の訴訟（民事、刑事または行政訴訟）を経て、確定終局判決を得た後に、その判決における法令の違憲性を主張して、違憲審査の解釈を申し立てることができるとされる。

(2) 法令の統一見解としての大法官解釈

大法官解釈には、前述した法令違憲審査のための解釈のほか、法令の統一見解を示すための解釈もある（憲法78条）。厳密にいえば、この種の解釈は、憲法解釈でなく、法令の解釈であり、しかも、その解釈は人民および各機関に法的拘束力を有するものとされ（大法官185号解釈）、法律と同様の効力を有するとされる。しかし、ここでは便宜上、違憲審査としての解釈とともに、言及することとしたい。

この種の解釈は、五院間または隷属関係のない機関間で同一の法令の意味や適用のあり方等に関する見解が異なる場合に、その法令の意味に関する統一見解を示すものである。法令の統一解釈は、中央および地方機関のほか、人民（法人、政党を含む）も申し立てることができる（大審法7条）。人民が法令の統一解釈を申し立てる場合、違憲法令審査の申し立てと同様に具体的事件の確定終局判決を得ることが要件とされるほか、3カ月以内の期間の制限がある。

大法官解釈の実態について、1949年に第1号解釈が出され、2016年6月時点で738号解釈が出されている。全体として、法令違憲審査の解釈に関して、1991年（第271号解釈）までの非常法制時期においては、大法官解釈は形式的法治主義的な考え方をとっており、現行法令を維持することを優先して合憲とす

る解釈がほとんどであった。しかし、1991年以降、中華民国の台湾化、社会の民主化に伴う統治機構の改革、実質的法治観の確立、人権意識の高揚等によって、大法官解釈は質量ともに拡充され、変容していった。それゆえ、1990年代以降の解釈には、台湾化や民主化による統治機構のあり方、権威主義時代の負の遺産である法令の人権保障の適合性、法治国原則（法治主義。以下同）違反の有無に係るものが大半を占めることとなっている。このように、違憲法令審査としての大法官解釈は、今日、重要な制度上の法源となっているのである。これに対して法令の統一見解としての解釈の数は、法令違憲審査のそれより遥かに少ない。

なお、大法官解釈は、司法院ホームページに台湾漢語および英語で掲載されている。

2 条　約

戦後台湾の国際法的地位については、今日でもなお定かではない（第2章参照）。そのため、国連をはじめとする国際機構に加入することができず、二国間・多国間の国際条約に加盟・締約することも困難であるのが実状である。したがって、台湾国内の法源となりうる条約はほとんどないといってよい。

しかし、近年、台湾の加盟できない国際条約でそれが台湾で国内法化されることによって、台湾の法源となったものがある。経済的、社会的及び文化的権利に関する国際規約（社会権規約）と市民的及び政治的権利に関する国際条約（自由権規約）の国内法化が、それである。両条約は、1966年に国連で採択され1976年に発効した。台湾は、過去には、1967年に「中華民国」として署名しながらも、批准はせず、2009年5月に再度、中華民国として国連に批准を申請したが、受理されていない。このように長年国際社会から排除されてきた台湾では、両国際人権条約の意義および国内法化の必要性を肯定し、2009年4月に両国際規約を国内法化する「市民的及び政治的権利に関する国際条約と経済的、社会的及び文化的権利に関する国際規約の施行に関する法律」が公布され、同年12月に施行された。同法2条では、両条約の人権保障の規定につき国内法の効力を有するとされる。したがって国際法上、両条約上の人権保障規定は、締約国でない台湾には法的拘束力が及ばないものの、それらを国内法化したことにより台湾国内においては制度上の法源となったのである。

3 法律および法規命令

（1）「法律」

「法律」とは、国の最高立法機関である立法院が制定するものである。法律案は、行政院、立法院のほか、考試院（憲法87条）および司法院（大法官175号解釈）も提案できる。法律の制定手続は、立法院権限行使法や立法院議事規則による。法律の内容は、前述した憲法の最高規範性の原則からすれば、憲法に違反してはならない。法律が憲法に違反するか否かという違憲立法審査権は、法院の法官ではなく司法院大法官にあるため、法院において個々の事件で係争中の法律が憲法に違反する疑いがある場合、民刑事事件の場合には最高法院が、行政事件の場合には最高行政法院が、それぞれ当該事件の訴訟手続を中止して、大法官に対し法律違憲審査を申し立てることができる（大審法5条2項）。

理論的に議論の余地があるのは、法治国の原則（とりわけ「法律の留保の原則」）の観点から、いかなる事項を法律で定めるべきか、いかなる事項を法規命令に委ね、ないしは行政規則で定めることが可能か、という点である。この点について、日本では裁判例や学説の展開に委ねられているが、台湾の場合、憲法23条および中央法規標準法という法律で定められる目安としての判断基準がある。憲法23条は、人民の自由または権利を制限する場合、法律で定めることを旨とし、中央法規標準法5条は以下の4つの事項を法律で定めるものとする。①憲法または法律の定めるところにより法律で定めるべきとする規定がある事項、②人民の権利および義務に係る事項、③国家の機関の組織に係る事項、④その他重要事項であって法律で定めるべき事項、がそれである。このうち最も議論を呼ぶのは、②の人民の権利および義務に係る事項の具体的意味、および④の意味内容についてである。この論点につき学説は様々であるが、大法官443号解釈（1997年12月26日）の理由では、規律の対象、内容、権利の性質、権利制限の程度などにより判断されるという抽象的な判断基準が示されている。

また、「法律」の名称について、日本では国会が制定する法律は一律「〇〇法（または法律）」と名づけられるが、台湾の場合、立法院が制定する「法律」の名称は、中央法規標準法2条によれば、「法」、「律」、「条例」、「通則」のいずれかを選択することができる。すなわちこの4つは、いずれも法律であって、効力も同等である。ただ、実際には立法院の立法実務上において、「律」

および「通則」はほとんど使用されておらず、「法」または「条例」が用いられるのが一般的である。また、立法慣例では、「法」と「条例」の使い分けについて、一般事項、基本事項を対象として規律する場合に「法」が、特定、限定的、または特殊な事項を対象として規律する場合に「条例」が用いられる。ここでいう「条例」は、日本からみれば地方公共団体議会の制定するものと誤解される可能性があるので、注意を要する。

　なお、台湾の法律を調べるには、法務部（法務省）の「全国法規資料庫」(http://law.moj.gov.tw/Index.aspx)、立法院の「立法院法律系統（システム）」(http://lis.ly.gov.tw/lgcgi/lglaw)という法令検索システムが便利である（一部の法律に英語版がある）。法律の所管行政機関がわかれば、その所管行政機関のホームページでも検索することができる。現行法ではなく、制定から最終改正までの条文（改正の経過）またはすでに廃止された法律を調べるには、前掲の立法院管理の法令検索システムで検索すると便利である。

（2）法規命令

　「法規命令」とは、国の行政機関が、法律に基づいて不特定多数者に対し、一般的な事項を定め、対外的に法的効果を有するものをいう（行政手続法150条1項）。法規命令は、人民に法的拘束力をもつものであり、裁判の根拠となりうるため、制度上の法源の1つである。ただ、法治国の観点からすれば、法規命令は、法律の明確かつ具体的な授権に基づいて初めて制定しうるものであり、かつ、その内容はその授権法律の趣旨や授権の目的または範囲を越えてはならない（同法150条2項）。また、法規命令の制定手続については、国の主管行政機関が授権法律に基づいて案を起草し告示した後、人民から意見を聴取し、または聴聞を行ったうえで、制定し公布するのが一般的であるが（同法154条～156条）、人民も法規命令案を提案することができる（同法152条、153条）。

　法規命令の名称について、中央法規標準法3条では「規程」、「規則」、「細則」、「辦法」、「綱要」、「標準」または「準則」の7つと定められているが、行政実務では、それ以外にも「要点」、「注意事項」、「方針」、「方案」などが使用されている。

　国の行政機関所管の法規命令を調べるには、前述した法務部管理の「全国法規資料庫」か、各所管行政機関のホームページにおける所管法令で検索すると

入手できる。

　なお、法規命令と対照されるものとして「行政規則」がある。「行政規則」とは、上級機関または長官が下級機関または属官に対し、その権限または職権内で、機関内部の秩序もしくは運用を規律するもので、対外的な法的効果を有しないものをいう（行政手続法159条1項）。この定義規定によれば、行政規則は、人民に法的拘束力を有しないため、裁判の根拠となりえず、制度上の法源ではない。しかし、理論的には「法規命令」と「行政規則」との区別は必ずしも明らかであるとはいえず、行政規則とされたものが法規命令的な性質を有する場合もあることに注意を要する。

（3）緊急命令

　前述した法律および法規命令を平常時期の法源とするならば、緊急命令は非常時期の法源といえる。緊急命令は、総統が国家もしくは人民が緊急の危難に遭遇することを回避し、または財政経済上の重大な変動に対処するために、行政院会議の決議を経て発布するものである。ただし、緊急命令発布後10日以内に、立法院の追認を得なければならず、立法院がこれに同意しない場合、当該緊急命令は直ちに失効する（憲法増補改正条文2条3項）。

　日本には存在しないが韓国にも存在するこの緊急命令制度は、本来、憲法43条により認められるものであるが、法治国の観点から、「緊急命令法」に基づいて発すること、1カ月以内に立法院の追認を必要とすることが発布の要件とされた。しかし、前述した「超憲法」である「動員反乱鎮定時期臨時条項」が1948年に施行され、2条で「緊急命令法」の依拠が削除されたことにより、行政院会議の決議だけで発することができるように改正された。1991年の改正憲法では、立法院の追認の期間を10日以内に短縮するとされたものの、「緊急命令法」の依拠については依然として盛り込まれず、現行憲法増補改正条文に至っている。

　法治国や民主的正当性の観点からみれば、緊急命令は、憲法に直接依拠し法律を一時的に変更しまたは代替（修正）する命令（＝「法規」）であるにもかかわらず、通常の立法院で通過する法律より、内容的にも手続的にも多くの問題点が残されている。緊急命令の合憲性が争われた大法官543号解釈（2002年5月3日）においては、緊急命令につき再授権（委任）は原則として認められない

こと、緊急命令の内容については具体性、詳細性を要することが示されたが、緊急命令自体の合憲性は肯定された。

なお、緊急命令はこれまでに5回発布され、実施されている。それぞれ、1948年の財政経済危機、1959年の水害、1978年の米国との外交断絶、1988年の蒋経国元総統死去、1999年の大地震を背景に発布された。

4　判例および司法院解釈
（1）判　例

日本では、「判例」と「判決」はほぼ同じ意味で使われているが、台湾の場合、両者は厳格に区別されている。「判決」は単なる個々の事件における法官の法的判断であるが、「判例」とは、最高法院および最高行政法院が、判決のうち、法的見解が代表的なもので下級審法院に遵守させる必要があると認められるものを厳選して編纂したものをいう。判例の選出編纂は、民事・刑事事件の場合、最高法院院長、法廷長、法官からなる民事法廷会議・刑事法廷会議または民刑事法廷総会において行われ（法院組織法57条1項）、行政事件の場合、最高行政法院院長、法廷長、法官からなる会議（判例編纂委員会）において行われる（行政法院組織法16条1項）。判例を変更する場合も、同様である。選出編纂され決定されたものは、「最高法院民事判例」、「最高法院刑事判例」、「最高行政法院判例」となる。

これらの判例は法規としての効力を有しており、個々の事件で判例に反した判決が確定した場合、判例違反を理由に、その確定判決に対し再審を申し立て、または非常上訴を提起することができる（最高法院民事判例60〔1971〕年台再字170号、同判例71〔1982〕年台再字210号、最高行政法院判例62〔1973〕年判字610号、同判例97〔2008〕年判字360号、同判例97〔2008〕年判字395号）。したがって、判例は個々の法官が依拠するか否かに委ねられるものではなく、判例に違反した確定判決は、当事者がそれを再審または非常上訴の事由とすることができるため、法的拘束力を有する、制度上の法源である。

これに対して、学説においては、判例が法的拘束力をもつ制度上の法源となるには、法律上の根拠を要するのであり、判例で判例の法源性を付与すること自体が問題であるとする批判がある。

（2）司法院解釈（違憲法令審査および法令の統一見解の解釈を除く）

　司法院解釈には、前述した大法官による違憲法令審査および法令の統一見解の解釈のほか、特に訴訟法について、司法院が自らその意味に関する見解を示す解釈もある。これを、大法官解釈と区別して、「司法院解釈」という。この司法院解釈は、個々の訴訟事件について統一的な見解を示し公正な手続を図ることが目的とされ、前述した判例と同様に、法規としての効力を有しており、個々の事件で司法院解釈に反した判決が確定した場合、司法院解釈違反を理由に、その確定判決に対し再審を申し立て、または非常上訴を提起することができる。したがって司法院解釈も制度上の法源である。ただし、この点については判例と同様の批判もみられる。

　なお、判例および司法院解釈を調べるには、司法院ホームページで検索すると入手できる。

5　地方自治立法

　地方自治立法とは、憲法が保障する自治権に基づいて地方自治団体立法機関および行政機関が制定するものをいう。

　地方自治団体が処理する事務には、現行地方制度法（以下、「地制法」という）では、「自治事務」と「委辦事務」の2種類がある。自治事務とは、「地方自治団体が憲法又は地方制度法により、自立して立法かつ執行する事務、または法律の定めるところにより地方自治団体が処理する事務であって、それを政策企画及び執行する事務」をいい、委辦事務とは、「地方自治団体が、法律、上位法規または規章（規則）により、上級政府の指揮監督の下で執行し、かつ、その執行責任を負う事務であって、その団体に属する事務」をいう（2条2号、3号）。

　直轄市議会、県（市）議会、郷（鎮・市）民代表会（以下、「地方議会」という）は、それぞれ一定の自治立法権が認められている。自治立法の体系は、立法主体および事務の性質により、「自治条例」、「自治規則」および「委辦規則」の3種類に区別される。

　「自治条例」は、地方議会が自治事務に関して制定するものであり（地制法25条）、日本の地方公共団体の条例に相当するものといえる。地方議会が自治条例を制定する際に、その自治条例の名称は当該地方自治団体名を冠するため（同法26条1項）、国の法律である条例とは区別されている（例えば台北市○○自治

条例)。

「自治規則」は、地方自治団体行政機関が自治事務に関して制定するものであり（同法25条、27条1項）、日本の地方公共団体の長の規則に相当するものといえる。自治規則の名称には、「規程」、「規則」、「細則」、「辦法」、「綱要」、「標準」、「準則」のいずれかを使用することができるとともに、自治条例と同様に、当該地方自治団体名を冠するため（同法27条2項）、国の法規命令とは区別されている（例えば新北市〇〇自治規則）。

「委辦規則」は、地方自治団体行政機関が委辦事務に関して制定するものである（同法29条）。

現行の国と地方自治団体とは上下関係にあるとされるため、自治条例が憲法、法律、法規命令、上位自治団体の自治条例に抵触してはならず、いずれかに抵触する場合は、無効である（同法30条1項）。自治規則については、憲法、法律、法規命令、上位自治団体の自治条例、当該自治団体自治条例に抵触してはならず、いずれかに抵触する場合は、無効である（同法30条2項）。委辦規則については、憲法、法律、法規命令、行政規則に抵触してはならず、いずれかに抵触する場合は無効である（同法30条3項）。

なお、地方自治立法を調べるには、各地方自治団体ホームページで検索すれば入手できる。

Ⅱ　事実上の法源

1　判　決

前述したように、台湾では、判決と判例を区別して、「判例」は制度上の法源であるが、「判決」は個々の事件における法官の法的判断であり、事実上の拘束力を有するものであり、事実上の法源である。

2　公務員懲戒委員会決議

台湾の司法制度は、いわゆる「司法四元」がとられており、大法官、普通法院、行政法院と並び、公務員懲戒委員会も司法機関として位置づけられる（第5章参照）。同委員会は、司法権たる公務員懲戒決議権をもっており、公務員懲戒事件を審査し決議を下す。この決議は、法院判決と同様に、事実上の法源である。

3　最高法院決議および最高行政法院聯席（合同）会議決議

　日本では、最高裁判所において、法廷により異なる法的見解が下されていても、一般的には、特に問題視されない。これに対して台湾の場合、最高法院または最高行政法院において、法廷により異なる法的見解を下すことは望ましくないと考えられている。そのため、類似する法律関係の事件が多数係属している場合、法廷間の法的見解の不一致を回避し、最終審法院において統一的な法的見解を決定するという司法実務の慣例がある。その統一的な法的見解を示すのは、民事・刑事事件の場合は最高法院決議であり、行政事件の場合は最高行政法院聯席（合同）会議決議である。これらの決議は最終審法院内部の決議であり、最終審法院の基準となるため、判例として編纂決定されない限り、事実上の法源である。

4　学　説

　学説は、学者が学問上の原理を示す考え方であり、通説、多数説、少数説、有力説、独説を問わず、私人としての見解であり、事実上の法源である。日本では、それを条理としての性質を有するとする見解もある。

　特筆すべきは、台湾での学説が実際の法源力（事実上の影響力）をもつ点である。台湾では近年、大法官または法官が、その事件の解釈または判決において、学説の見解を引用しその事件の根拠として判断したものがよくみられる（その場合、参考文献を引用する。外国法の文献を引用することもある）。特に大法官解釈における学説の引用が顕著である。大法官または法官が学説を根拠に判断することは、学説が解釈・判決の全部または一部となることに等しく、機能上、制度上の法源に近いものといえる。

【主要参考文献】
陳新民『憲法學釋論（修正七版）』（自版、2011年）
李震山『人性尊嚴與人權保障』（元照出版、2011年）
吳從周「再訪民事判例之拘束力難題—兼論最高法院決議與判例之互動及其効力」法官協會雑誌13号（2011年12月）
楊仁壽「判例與法源」司法周刊1636期（2013年3月）
徐璧湖「得據以聲請大法官解釋之確定終局判決之研析」月旦法學216号（2013年5月）

第 4 章

国の統治のしくみおよび人権保障

本章では、台湾における国の統治のしくみと人権保障について概説する。

【学習ポイント】
　1945年以降の台湾社会および台湾憲法の歴史は、中華民国史観・中華民国憲法擁護論と台湾史観・台湾憲法論（台湾憲法制定論を含む）という2つの歴史観・憲法史観の矛盾を抱えながら展開してきた。統治制度および人権保障は、この2つの歴史観・憲法史観の変化および社会の民主化に伴って変遷してきた。この過程において、統治制度および人権保障について何が問題だったのか、またそれらの問題に対してどのような法改正がなされてきたのかが本章のポイントとなる。この統治制度と人権保障の変遷を理解することによって、台湾憲法の基礎知識を得て、ひいては日台の比較憲法研究に役に立てることができる。

I　台湾社会における2つの憲法史観

　1945年10月中華民国が台湾を統治することによって、1946年に中国大陸で制定され、翌1947年1月1日に公布、同年12月25日施行された「中華民国憲法」は、台湾において施行されることになった。しかし、台湾社会においては、台湾の歴史をめぐって、大別して中華民国史観と台湾史観の2つの歴史観が対立してきた（第2章参照）。
　中華民国史観の考え方は、おおむね以下のとおりである。①1912年建国の中華民国は、1949年中華人民共和国建国以降も依然として主権国家である。②中華民国の統治範囲については、1949年から1991年まで、中国大陸にも及ぶとしていた。しかし、1991年以降は、これを維持するとする「中国大陸包含説」と、台湾のみに限定する「台湾限定説」とに分かれている。ただ、「台湾限定説」をとる者であっても、中国大陸の主権をもつことについては依然としてその主張を変更していない。その論拠は、主権と統治権の二分論による。すなわち、主権と統治権との関係を二元的に捉え、主権をもつことと統治権を行使す

ることとは意味が異なり、主権をもちながら統治権を行使しないとしても、主権をもつこと自体が揺らぐことはないとする。③台湾の位置づけについては、中華民国の一省（一地方）であるとし、1895年から1945年までの日本統治時代を日本占拠（占領）時期と捉える。全体として、中華民国の歴史について、1912年から1949年までを「中華民国在中国（大陸）」、1949年以降を「中華民国在台湾」とみている。

　これに対して台湾史観の考え方は、以下のとおりである。①台湾の法的地位について、台湾は1895年から1945年までは日本統治地区であった。1945年、日本が主権・統治権を放棄した後、主権の帰属は未定となった。同年、事実上は中華民国により統治されることとなったが、現在は、台湾は中華民国の一省（一地方）ではなく、台湾人民からなる事実上の主権国家であり、当面は国の仮称を「中華民国」とする。②中華民国の中国代表性について、国連の「一つの中国」の決議により中華民国は中国を代表する政府ではない。③中華人民共和国との関係について、台湾は、1949年に建国された中華人民共和国に主権・統治権を行使されたことはなく、中国の一部ではない、中国とは別々の主権国家である。④台湾の主権・統治権の範囲については、台湾に限定する。また、中華民国史観への反論として、主権と統治権の二分論を否定する。統治権を行使できない主権は法的に意味をもたず、法制度では中国大陸の主権を主張しながら中国大陸の人民を法的に「国民」として扱わないという点は自己矛盾であるとする。全体として、台湾の歴史を、約３万年ないし５万年以前の原住民自治時代、1624年から1662年のオランダ・スペイン（1626～1642年）統治時代、1683年から1895年の伝統中国（清王朝）統治時代、1895年から1945年の日本統治時代、1945年以降を中華民国統治時代、1991年以降を中華民国の台湾化として捉えている。

　また、憲法について、この２つの歴史観と相まって、中華民国憲法の正統性を肯定する考え方（中華民国憲法擁護論）と、それを否定し中華民国憲法を台湾化すべき、あるいは台湾憲法を制定すべきとする考え方（台湾憲法論）の２つの憲法史観が対峙してきた。中華民国憲法擁護論は、前述の中華民国史観を論拠にし、中華民国が主権国家であり、中華民国憲法が台湾に施行されていてもその正統性や効力は引き継がれているとする。これに対して台湾憲法論は、1946年に中国大陸で制定された中華民国憲法は、その制定過程においては台湾

人民代表の参画があったものの、必ずしも台湾での施行を目的としたものではなく、中華民国のために中華民国の一地区代表として参画したのであり、しかも当時の台湾人民代表者数はごくわずかであり、台湾における民主的正当性を欠いていたとして、憲法の民主的正当性を充足すべきであると主張する。

　1945年から1991年までの権威主義時代には、中国国民党の一党支配の下で事実上、中華民国憲法擁護論が浸透していた。しかし、それ以降は、中華民国の台湾化、社会の民主化の下で、台湾憲法論の考え方の一部が支持され、中華民国憲法の民主的正当性を充たすための改革に向けたコンセンサスが得られるようになった。それゆえ、中華民国憲法は、民主的正当性を充たし台湾社会の現状に適合させることを目的として7回にわたる改正が行われてきた。「中華民国憲法」という名称は維持されているものの、その内容の大半は台湾の現状に適するものへと改められており、その意味において実質的な「台湾憲法」とみなすことが可能であろう（後述）。

　以下、台湾における国の統治のしくみについて、「中華民国憲法史観の支配時期」（1945〜1991年）、「中華民国憲法改正」（1991〜2005年）、「実質的台湾憲法」（2005年以降）の3期に分け、人権保障については、「中華民国憲法における人権保障」と「非常法制による人権侵害」（1948〜1991年）、「非常法制の廃止による人権保障の回復」（1991年以降）、「司法院大法官解釈による人権保障の展開」の4期に分けて、それぞれ概説する。

II　国の統治のしくみ

1　中華民国憲法史観の支配下における統治のしくみ（1945〜1991年）
（1）中華民国憲法における統治のしくみの構造的特徴

　中華民国憲法は、「総綱」、「人民の権利及び義務」、「国民大会」、「総統」、「行政」、「立法」、「司法」、「考試」（人事行政。以下同）、「監察」、「中央及び地方の権限」、「地方制度」、「選挙、罷免、創制（イニシアティブまたは直接請求。以下同）及び複決（レファレンダムまたは国民投票。以下同）」、「基本国策」および「憲法の施行及び改正」の計14章175カ条からなる。

　中華民国憲法は、中華民国の国父である孫文の三民主義（民族・民権・民生または民有・民治・民享）の理念に基づいて、中国大陸を適用地域とすることを前

提にして、当時の中華民国の統治範囲、人口（約4億人）、人民の教育水準、社会状況等を基礎に設計したものである。その統治のしくみについて、以下の特徴を挙げることができる。

①孫文の提唱した「権能区分」（人民の政治的権利と政府との調和関係）の原則を採用する。それに基づいて、政治の力を「政権」（政治的権利）と「治権」（統治する権力）に分ける。前者は政府を管理・コントロールする力であり、人民にあるのに対して、後者は政府自身の力であり、統治する権力であり、政府にあるとする。また、国政レベルでは、国民大会は人民を代表して政治的権利を行使する機関（「政権機関」）と位置づけられ（25条）、総統・副総統の選挙、罷免、憲法改正、領土の変更の権限をもつほか（27条1項）、創制および複決の権利も付与される（ただし、権利行使の条件として全国の県（市）の半数が創制および複決を行使するに至ったとき、それらを行使するものとされた〔同条2項〕）。

②「治権」（統治する権力）については、世界でも例をみない「五権分立」の原則を採用する。国家権力を立法権、行政権、司法権、監察権および考試権に分立するうえ、立法院が立法権を、総統および行政院が行政権を、司法院（大法官、〔普通〕法院、行政法院および公務員懲戒委員会）が司法権を、監察院が監察権を、考試院が考試権を、それぞれ共掌・掌理する。複数の統治機関が1つの権力を共掌するという「一権力多機関」の原則が基本とされた。この五院を「治権機関」と呼ぶ。そのうち立法院は、国の最高立法機関であり、立法権、予算案等の議決権（62条、63条）をもつとされた。

③国民大会と立法院の位置づけ・性質や権限が異なるが、両者の組織は、いずれも、各地域（国民大会は県〔市〕を、立法院は省・直轄市を選挙区とし、かつ、人口規模に応じ比例的に定数を追加する）、モンゴル、チベット、海外国民、職業団体、女性団体から選出される代表で構成される（26条、64条）。

④行政権を共掌する総統および行政院の位置づけや権限について、総統は、国家元首であり対外的に中華民国を代表し（35条）、統率権、法令の公布、外交権、戒厳の発布、赦免、緊急命令の発布、五院間の権限争議の処理等の権限をもつ（36条～44条）。それに対して行政院は、国家の最高行政機関であり（53条）、行政院院長は総統が指名し立法院が同意してこれを任命する（55条1項）ものとされた。

また、行政院と立法院との関係について、立法委員は官吏を兼任することが

禁止される（75条）と同時に、行政院は立法院に対し施政方針・報告の提出の責任を負う一方、重要政策、法律、予算、条約についての再議権が付与される。しかしこの再議権は1回限りのものであり、立法院が原議決を維持したときは、行政院院長はただちにその議決を受諾しない限り、辞職しなければならない（57条）。

⑤司法院の位置づけおよび権限について、司法院は国家の最高司法機関であり、憲法解釈権、法令の統一解釈権をもつとともに、民事、刑事および行政訴訟の裁判ならびに公務員の懲戒を掌理する（78条、77条）。それに基づいて、司法院に大法官、（普通）法院、行政法院および公務員懲戒委員会の4つの司法機関が設置され、いわゆる「司法四元」がとられる（詳細は第5章）。

⑥考試院の位置づけや権限について、考試院は国家の最高考試機関であり、公務員の試験、任用、職階認定、成績評定、俸給、昇格転任、補償などの事項を掌理する（83条）。考試院には、院長および副院長のほか、考試委員若干名をおき、これらは総統が指名し監察院が同意してこれを任命する（84条）。考試院は、行政院と同様に、立法院に対し法律案を提出することができ（87条）、考試委員の権限行使の独立性も保障される（88条）。

⑦監察院の位置づけや権限について、監察院は国家の最高監察機関であり、同意、弾劾、検挙および会計検査の権限をもつ（90条）。監察院に監察委員をおき、各省市議会、モンゴルおよびチベットの地方議会ならびに華僑団体がこれを選出する。すなわち国民が間接選出するとされた。その定数配分は、省ごとに5人、直轄市ごとに2人、モンゴル盟旗（行政単位）計8人、チベット8人、海外国民8人とされた（91条）。

⑧以上の各統治機構のうち、西欧民主国家の国会に相当するのは、国民大会、立法院および監察院の3機関とされ（大法官76号解釈〔1957年5月3日〕）、いずれも国民代表機関（ただし、監察院が間接代表機関）とみなされた。

⑨省自治および県自治が保障され、「省県自治通則」と名づけられる法律が省県自治（地方自治）の基本法とされるとともに、中央と地方の権限（事務）の配分については単一国家としては独特な配分形態がとられている（詳細は第7章）。

（2）中華民国憲法における統治制度の台湾施行により生じる問題点

(1) 中華民国憲法の統治のしくみに関する規定と台湾社会との乖離

すでに述べたように、中華民国憲法は制定当初、台湾ではなく、当時の中華民国在中国大陸を適用領域に制定したが、激動する歴史の波を受け、台湾に施行されることとなった。中華民国憲法における当初の統治制度の設計は立法事実を欠いたこともあり、台湾において多くの問題が生じていた。

まず問題となったのは、「権能区分」、「五権分立」および「一権力多機関」の原則が台湾にふさわしくない点であった。これらの原則に基づく国民大会、それを含む3つの国民代表機関という制度設計は、1945年当時すでに近代化が進展し小規模の人口しかもたない台湾社会において、さらなる近代化の妨げになることが強く批判されてきた。このため国民大会廃止論と監察院廃止論が一貫して主張されてきたのである。

また、地方制度について、中国大陸を適用領域として考案された省と県の2層制と、「省県自治通則」と名づけられる法律を省・県自治（地方自治）の基本法とする設計は、台湾で長らく実施してきた県と郷（鎮・市）の2層制とは現実的には齟齬が大きかった。「省」は、中華民国史観による支配の下では、台湾は単なる中華民国の一省と位置づけられるため、地方制度上不可欠の存在とされた。しかし、「省」を取り込むことによって、地方制度は省（直轄市）、県（市）、郷（鎮・市）の3層制となり、事務処理上きわめて非効率的であること、台湾省は、実際、その統治領域や人口等において中華民国という国のそれとほぼ同じであり、地方一級政府と国とがほぼ重なるという点について理論的に説明できないこと、実際の運用についても中央集権体制の下で台湾省に付与された自治権がわずかであること等を理由として、「省」の廃止論はさらに強まった。

(2) 「動員反乱鎮定時期臨時条項」による中華民国憲法の機能不全

中華民国憲法の運用上、最大の問題となったのは、中華民国憲法施行の翌年1948年5月に、国民政府が憲法174条1号に基づいて中華民国憲法を改正し「動員反乱鎮定時期臨時条項」（以下、「臨時条項」という）を制定・施行したことと、1949年に戒厳令を発布したことである。臨時条項は、中華民国憲法の効力を停止またはその効力に優先する、いわば「超憲法」的な効力を有するものである。この「超憲法」の下では、総統の緊急処分権の拡充（1948年同条項、

1960年改正同条項、1966年2月改正同条項1条、1966年3月改正同条項1項、1972年改正同条項1条）、総統の任期の無制限化（1960年改正同条項、1966年2月改正同条項3条、1966年3月改正同条項3条、1972年改正同条項3条）、総統に対する動員反乱鎮定機関、行政機関および人事行政機関組織権の付与（1966年3月改正同条項4条、1972年改正同条項4条、5条）等、総統を頂点とする権力集中的な統治体制が作りあげられた。それによって各統治機関間の権力均衡関係が崩れ、統治制度は完全に機能不全に陥った。

(3) 国民代表機関の民主的正当性の欠如

前述したように、中華民国憲法で設計された3つの国民代表機関について、国民大会および立法院は、人民により選出される地域代表（国民大会は県〔市〕代表、立法院は省〔直轄市〕代表）、モンゴル代表、チベット代表、辺境地区代表、海外国民代表、職業団体代表、女性団体代表からなり、監察院は、省・市議会、モンゴル、チベット議会、海外国民団体により選出される監察委員からなる。しかし、この3つの国民代表機関は、「省」としての台湾の位置づけにより、いずれも台湾代表者数はわずかであり、民主的正当性の欠如という問題点を内包していた。

また、中国大陸で選出された3つの代表は、それぞれ1954年、1951年、1954年に任期満了となったが、台湾人民による第2期国民代表の全面改選には至らなかった。なぜなら、臨時条項の下で、台湾代表の定数が臨時条項の改正を通じて若干増加したものの、大法官31号解釈（1954年1月29日）により第1期国民代表の正統性が認められ、第2期国民代表選挙が実施されるまで第1期国民代表の任期の無期延長が容認されたからである。

2　中華民国憲法の改正による統治制度の変遷（1991～2005年）

1980年代に入り、立法院において台湾人民代表の増加により中華民国史観と対抗しうる台湾史観の政治力は大幅に伸張した。社会の民主化・自由化の最盛期のなかで1987年に戒厳令が解除された。前述の第1期国民代表の正統性について、大法官261号解釈（1990年6月21日）は、その正統性を容認した31号解釈を破棄し、第1期国民代表が1991年12月31日に退任した後、第2期国民代表の選挙を実施するよう宣告した。これにより、第1期国民代表の任期は約43年を経て満了し、中華民国憲法の改正段階に入ることとなった。

中華民国憲法の改正は、1991年、1992年、1994年、1997年、1999年、2000年（本回改正は、大法官第499号解釈により失効）および2005年の計7回行われた。憲法改正の形式は、憲法原文を直接修正するのではなく、憲法原文を残すと同時に、原文の後に、原文の規定する効力を停止し原文を修正しまたは新しい規定を追加するという形がとられている（そのため「憲法増補改正条文」と名づけられる。以下、「増補条文」という）（第3章参照）。

　したがって憲法改正は、中華民国憲法の正統性、3つの国民代表機関の民主的正当性を充足し統治制度を台湾の現状に適合させること、言い換えれば、中華民国憲法の台湾化を図ることを主たる目的とした。憲法改正の中心的な内容は、統治機構のすべてに及ぶものであり、以下、論点ごとに述べることとする。

(1) 国民大会

　国民大会の構成については、1991年の改正で、台湾人民からなるものへと改められ、定数配分につき、直轄市・県（市）代表（直轄市・県市ごとに2人、人口が10万人を超える場合、10万人を超えるごとに1人を加える。女性の定数を含む）、原住民代表6人、海外国民代表20人（女性の定数を含む）、政党比例代表80人（女性の定数を含む）とされた（1991年増補条文1条、4条）。また、第2期国民大会代表については、1991年12月31日までに選出されるものとし、その任期は6年から4年へと改められ、1992年1月1日から1996年国民大会第3期開会日までとされた（1991年増補条文5条）。

　国民大会の権限については、元来、総統および副総統の選挙および罷免、憲法の改正、立法院提出の憲法改正案の複決の権限にとどまっていたが、憲法改正権をもつ国民大会が、自ら権限を拡充する憲法改正を行うこととなる。1992年の改正で司法院院長・副院長・大法官、考試院院長・副院長・考試委員および監察院院長・副院長・監察委員に関する人事同意権が追加された（1992年増補条文11条1項）ほか、1994年の改正では、総統・副総統に対し監察院の提出した弾劾案の議決権がさらに追加されるに至る（1994年増補条文1条3項）。

　また、国民大会は、権限の拡充にとどまらず、反民主的、反法治主義的な憲法改正を強行した。国民大会の権限行使手続の根拠について、1994年の改正により「法律で定めるもの」（憲法34条）を「国民大会がそれを定めるもの」に改

めた（1994年増補条文1条9項）。また、国民大会代表の選出方法について、1999年改正で、第4期および第5期の国民大会代表につき、政党比例代表方式によりそれを選出し、かつ、立法委員の選挙で各政党の得票率に応じ比例的に当選者人数を配分するように改めた（1999年増補条文1条1項、2項）。さらに、第3期国民大会代表の任期について、同年の改正により、第4期立法委員の任期満了日までとし、第4期立法委員の任期を2002年6月30日までとした（1999年増補条文1条3項）。この第4期国民大会代表の任期に関する改正の結果として、その任期を2年42日延長することとなった。

　このような国民大会による改憲権の恣意的濫用に終止符を打ったのが、大法官499号解釈（2000年3月24日）である。同号解釈は、1999年増補条文について、改正手続全体が公開透明性および適正な手続の原則に反すること、国民大会代表の選出方法は、選挙を行わずに立法委員選挙における各政党の得票率によって決定されるものであり、自由民主の原則に反すること、国民大会代表と立法委員の任期延長について国民主権の原則に反することを理由として、1999年増補条文はすべて本解釈公布の日から失効すること、前回改正時の増補条文である1997年増補条文は引き続き有効であることを宣言した。

　この大法官499号解釈を受けて、国民大会の権限は縮小され、最終的に全廃された。2000年の改正で司法院院長等の人事同意権が立法院に移譲され、国民大会の権限は、立法院提出の憲法改正案および領土変更案の複決権、総統・副総統の弾劾権を残すのみとなり、国民大会の性質については、常設機関から非常設機関へと改められた（2000年増補条文1条）。その後、2005年の改正で憲法改正案および領土変更案の複決権が国民に還元され、総統・副総統の弾劾権が司法院大法官に移譲された（2005年増補条文1条）。これによって、中華民国憲法上の国民大会の権限はすべて撤廃され、国民大会が廃止されるに至った。

（2）総統・副総統

　総統・副総統の選出方法について、元来、国民大会により選出されるものとされたが、1992年の改正により、1996年の第9期総統・副総統は台湾人民により選挙されるものとされ、その任期は4年を1期とし、再任も可能とされた。選挙の原則についても、候補者の連名方式、海外国民への選挙権の付与が盛り込まれた（1992年増補条文12条）。これに基づき、1996年には台湾憲政史上初め

て、台湾人民による総統・副総統の直接選挙が実施された。

総統・副総統の罷免については、元来、国民大会および監察院が罷免権をもつとされたが、1994年の改正により、国民大会の発議を経て、国民投票に付するものとされ（1994年増補条文2条）、さらに2000年の改正により立法院の発議を経て国民投票に付する方式へと改められた（2000年増補条文2条）。

総統・副総統の弾劾権は、元来、監察院がもつとされた（90条）が、1992年の改正で、監察院の弾劾案の提出を経て国民大会の議決に付すると改められ（1992年増補条文12条）、1997年の改正により、立法院の弾劾案の提出を経て国民大会の議決に付するとされた（1997年増補条文4条）。さらに2005年の改正では、立法院の弾劾案の提出を経て司法院大法官の審理に付すると改められた（2005年増補条文2条）。

（3）立法院

立法院の構成については、前述の国民大会と同様に、1991年の改正により、台湾人民により構成されるものへと改められ、定数配分も、省・直轄市代表（省・直轄市ごとに2人、人口が20万人を超える場合、10万人を超えるごとに1人を加える。100万人を超える場合、20万人を超えるごとに1人追加。女性の定数を含む）、原住民代表6人、海外国民代表6人（女性の定数を含む）、政党比例代表30人（女性の定数を含む）とされた（1991年増補条文2条、4条）。第2期立法委員については、同年の改正により、1993年1月31日までに選出するとし、その任期を1993年2月1日から1996年1月31日までとした（1991年増補条文5条）。

立法院の委員定数については、1997年の改正で、第4期より225人に削減するとし、その定数配分を、直轄市・県市代表168人、原住民代表8人、海外国民代表人名、政党比例代表41人（以上の各種の定数は、海外国民を除き、女性の定数を含む）とした（1997年増補条文4条）。また、2005年の改正で、第7期から113人に削減され、その定数配分は、直轄市・県市代表73人、原住民代表6人、海外国民および政党比例代表34人（そのうち各政党の女性の割合が2分の1以上）とされた（2005年増補条文4条）。この規定は、現行増補条文となっている。

立法院の権限については、国民大会の権限の変遷にともない、司法院院長等の人事同意権、領土変更案の発議権が追加されている。総統・副総統の弾劾権については、いったんは2000年の改正により立法院がもつとされたが（2000年

増補条文4条）、2005年の再改正により司法院大法官がもつものへと改められ（2005年増補条文5条）、現在に至っている。

（4） 司法院

　司法院院長・副院長および大法官の任命について、1992年の改正で、総統が指名し国民大会が同意してこれを任命すると改められたが（1992年増補条文13条）、2000年の再改正により、立法院が同意してこれを任命するとされ（2000年増補条文5条）、現在に至っている。

　大法官の人数および任期について、1997年の改正で、15人とし、2003年より任期を8年とした（1997年増補条文5条）。大法官の権限について、従来の憲法解釈権および法令の統一解釈権のほか、1992年の改正で政党の違憲宣言および解散権（1992年増補条文13条）が、2005年の改正で総統・副総統の弾劾権（2005年増補条文5条）が、それぞれ追加された。大法官の身分保障・処遇について、従来、法院法官と同様に終身身分保障とされたが、2000年の改正で、法官からの転任者を除いて、大法官の終身身分保障については廃止された（2000年増補条文5条）。

（5） 監察院

　監察院の構成について、前述の国民大会、立法院と同様に、1991年の改正で、台湾人民からなるものへと改められ、定数配分は、台湾省25人、直轄市ごとに10人、海外国民2人、比例代表5人（海外国民を除き、女性定数を含む）とされた（1991年増補条文3条）。

　監察委員の選出方法については、従来、各省市議会、モンゴルおよびチベットの地方議会ならびに華僑団体により選出されるものとされた。これはまた監察院が国民大会、立法院と並び、国民代表機関とされたことを理由とする。しかし、監察委員の任命については、1992年の改正で「総統が指名し国民大会が同意してこれを任命する」とされ（1992年増補条文15条）、2000年の再改正により「総統が指名し立法院が同意してこれを任命する」と改められた（2000年増補条文7条）。これによって、監察院は国民代表機関の性格を失うこととなり、司法院大法官325号解釈（1993年7月23日）においてもこの点が示された。

　監察院の権限については、従来、人事同意権、是正権、検挙権、弾劾権およ

び会計検査権が主なものであった。人事同意権については、1992年の改正で国民大会に移譲されたが（1992年増補条文11条1項）、2000年の再改正により、立法院に移譲された（2000年増補条文1条）。弾劾権についても、総統・副総統の弾劾権に関して、2000年の改正により大法官に移譲された（2000年増補条文1条）。公務員の弾劾権やその他の権限については維持されている。

(6) 考試院

考試院院長、副院長および考試委員の任命について、従来、「総統が指名し監察院が同意してこれを任命する」とされた。しかし、大法官、監察委員と同様に、1992年の改正で「総統が指名し、国民大会が同意してこれを任命する」と改められたが（1992年増補条文13条）、2000年の再改正で「立法院が同意してこれを任命する」とされ（2000年増補条文5条）、現在に至っている。

(7) 地方制度

従来の地方制度の問題点としては、すでに述べたように、「省県自治通則」を地方自治の基本法としながらもそれを制定できないでいた点、省県自治通則を前提とする省と県の2層制と台湾における県と郷（鎮・市）の2層制との齟齬が大きい点が指摘されていた。それゆえ、省県自治通則に関する規定について、1992年の改正により失効するとされ（1992年増補条文17条）、省についても、1997年の改正により、第10期台湾省議会議員と第1期台湾省省長の任期を1998年12月20日までとし、任期満了後は台湾省議会議員および省長の選挙を行わないとされた。また、省には、9名の委員からなる省政府、若干の省諮議員からなる省諮議会を設置し、省政府委員および省諮議員につき行政院院長が指名し総統がそれを任命すること、所掌事務については、行政院の命令を受け県自治を監督することが規定された（1997年増補条文9条）。これによって、地方自治団体としての省の性質は失われることになった。

(8) 憲法の改正

憲法改正の手続について、従来、①国民大会による改正、②立法院の憲法改正案の提出を経て国民大会が複決する方法のいずれかによるとされた。前者については、2000年の改正により廃止された（2000年増補条文1条2項）。後者に

ついても、2005年の改正により「立法院立法委員の四分の一の発議、四分の三の出席及び出席委員の四分の三の議決を経て、憲法改正案を提出し、かつ、公示の半年後の、中華民国自由地区選挙人の国民投票を経て、有効同意票が選挙人総数の過半数に達した場合に、憲法改正案が成立する」と改められ（2005年増補条文12条）、現行法に至っている。

3 実質的な台湾憲法の下での統治制度（2005年以降）

中華民国憲法における統治制度は、以上述べたような改正の経緯をたどってきた。改正後の統治制度には、以下のような特徴がみられる。
① 主権者である国民は、総統・副総統に対する直接選挙権および罷免権、憲法改正案および領土変更案についての国民投票権を有する。
② 従来は3つの国民代表機関とされた国民大会、立法院および監察院の構成について、いずれも台湾人民によるものへと改められたことにより、中華民国の国民代表機関は台湾化された。また、国民大会が2005年に廃止された。
③ 総統・副総統は、国民の直接選挙により選出されていることから、立法院と同様に、民主的正当性をもつ国民の代表者である。総統と立法院との関係について、総統は、立法院に対し緊急命令の追認を得る必要があり、国政報告の義務を負う一方、立法院を解散する権限をもつ。
④ 従来、国民代表機関は国民大会、立法院および監察院の3機関とされたが、国民大会の廃止と監察院の非国民代表機関化によって、立法院は唯一の国民代表機関となった。立法院の権限について、従来の立法権、予算権、総統の緊急命令の追認権、行政院の重要人事の任命権等のほか、領土変更案の発議権、総統・副総統の弾劾の発議権、総統の国政報告の要請権、司法院、考試院および監察院の重要人事の同意権等が加わり、強大な権限をもつようになった。

立法委員の定数は113人に大幅に削減され、直轄市・県市代表、原住民代表、海外国民代表および政党比例代表からなり、後両者における各政党の女性の割合については、2分の1以上となっている。

立法院と行政院との関係について、行政院は立法院に対する再議権を維持するのに対し、立法院には行政院に対する不信任案の提出権が付与されている。
⑤ 司法院の権限について、従来の憲法解釈権、法令の統一解釈権のほか、総

統・副総統の弾劾権、違憲政党の解散権が加わっている。
⑥ 監察院の権限については、是正権、検挙権、公務員の弾劾権および会計検査権にとどまっている。
⑦ 地方制度について、憲法上の地方自治団体は、省が廃止されたことにより、直轄市、県（市）のみとなる（ただし、法律上の地方自治団体には、郷〔鎮・市〕が加わる）。

　中華民国憲法の改正後、統治のしくみについては、全体として、台湾社会の現状に適合するものとなっており、そうであるがゆえに、中華民国を台湾化したものと評することができよう。しかし他方で、孫文の当初の思想に基づく「権能区分」や「一権力多機関」の原則は国民大会の廃止により崩れたことにもなろう。「五権分立」の原則については形式的に維持されるものの、五院間の権力均衡においては、唯一の国民代表機関である立法院に権力が集中する結果となっている。考試院に関しては、権限行使の独立については保障されるものの、重要人事については立法院が権限をもつため、人事における完全な独立は保障されず、また、立法院に対し法律案を提出することは可能であるが、行政院と同様に再議権をもつか否かについては明らかではない。さらに、監察院に関しては、会計検査権を除けば、是正権、検挙権、公務員の弾劾権は、その行使の実効性が担保されず、性質上司法権によっても処理できるものである。したがって中華民国憲法の特徴の1つである「五権分立」を構成する考試院および監察院については、それぞれ、五権の1つとしての存在意義が問われよう。この点に関しては、近年、台湾社会の現状にさらに適合させるために三権分立へのさらなる改革を視野に入れた見解もみられる。

Ⅲ　人権保障

1　中華民国憲法における人権保障と「非常法制」による人権侵害（1948～1991年）
（1）中華民国憲法における人権保障
　中華民国憲法では、平等権（7条）、人身の自由（8条）、軍事裁判を受けない自由（9条）、居住及び移転の自由（10条）、表現の自由（11条）、秘密通信の自由（12条）、信仰の自由（13条）、集会及び結社の自由（14条）、生存権、労働

権及び財産権（15条）、請願権、訴願権及び訴訟権（16条）、参政権（17条）、公務就任権（18条）、国民教育を受ける権利（21条）が保障されるとともに、それ以外の自由および権利についても、包括的保障条項として社会秩序および公共利益を妨げない限りにおいて保障されるとする内容が盛り込まれている（22条）。全体として、近代憲法並みの人権保障条項が採り入れられたといえよう。

(2)「非常法制」による人権侵害

　しかし、中華民国憲法の台湾施行後、1948年には臨時条項が施行され、続く1949年には戒厳令が発布された。このため、臨時条項に基づく「動員反乱鎮定法令」、戒厳法に基づく戒厳命令が大量に制定・施行されることとなった。これらの非常法令は反乱者に対する弾圧を目的とし、「反乱者」とみなされた者に過酷な刑事罰を科す特別刑事法制と称されるもので、人権保障の原則に反するものであった。また、国家総動員法も適用され、これに基づいて国民の自由・権利を制限しまたは剥奪する命令も多々みられた。いわゆる「反共法令」も、動員反乱鎮定法令および戒厳命令とともに数多く存在していたが、これらの法令はまた、思想の自由等を制限または剥奪するものでもあった。したがって中華民国憲法における人権保障条項は、1948年以降、「非常法制」の施行によってほぼ破壊されていた。

2　「非常法制」の廃止による人権保障の回復（1991年以降）

　1987年に戒厳令が解除され、戒厳法に基づく戒厳命令が失効した。また、1991年臨時条項が廃止され、臨時条項を根拠に制定した大量の動員反乱鎮定法令は、1991年憲法改正によって失効し、改正中の法令も1992年7月31日に失効するものとされた（1991年増補条文8条）。さらに、国家総動員法が2004年に廃止され、同法に基づく総動員行政命令も失効した。これらの非常法令が廃止されたことによって、人権保障の原則が回復することになった。

　その後、前述したように1991年から2005年まで7回の憲法改正が行われたが、改正内容のほとんどが統治構造に関するものであって、人権保障に関する改正は2005年の改正に限られ、しかも新しい人権として採り入れられたのは原住民の権利のみであった（2005年増補条文10条11項、12項。環境権が同条2項から導き出されることの可能性については、議論の余地が残る）。したがって人権保障は、

憲法改正後においても、全体として中華民国憲法の枠組みにとどまるものといえよう。また、憲法改正の手続に関しては、2005年憲法改正以後、ハードルが高くなっており（増補条文12条）、憲法改正を通じて新しい人権を盛り込むことは容易ではなくなっている。このような状況のなかで、人権保障の展開において、司法院大法官解釈が大きな役割を担うに至っている。

3　司法院大法官解釈による人権保障の展開

　司法院大法官解釈は、1948年に第1号解釈が出されて以降、2016年6月時点で、第738号解釈が出されるに至っている。第3章で述べたように、1980年代までは、人権に関する大法官解釈の数はわずかであり、1986年まで法令を人権保障規定違反で違憲とした解釈はまったくみられなかった。初めて法令が人権保障規定に反するとされたのは、1986年の第210号解釈であった。その後、国民の人権意識が高揚するなか、人民による大法官解釈案件は急増しており、それらの案件は人権に関わるものが大半となっている。これを受けて、大法官の法令違憲審査は様々な人権に及ぶようになり、前述した非常法制時期の名残のある法令の合憲性を積極的に審査し、人権保障規定に反するものとして当該法令を失効させ、または改正を命ずる解釈が数多くみられる。これらの違憲解釈を受けた形で、法令の改正頻度も高くなっている。したがって、大法官解釈が台湾の人権保障の展開において果たしてきた役割は、非常に重要であるといえよう。以下、人権に関わる大法官解釈のうち、代表的なものを挙げておく。

　①平等権に関わるものとして、365号、452号、455号、477号、624号および666号解釈がある。②人身の自由に関わるものとして、166号、251号、384号、392号、471号、523号、535号、567号、588号、636号、664号および670号解釈がある。③居住及び移転の自由に関わるものとして、443号および558号解釈がある。④表現の自由に関わるものとして、364号、380号、450号、407号、509号、617号、623号および656号解釈がある。⑤秘密通信の自由に関わるものとして、631号解釈がある。⑥集会及び結社の自由に関わるものとして、445号、479号および644号解釈がある。⑦労働権（公務就任権を含む）に関わるものとして、491号、584号および637号解釈がある。⑧財産権に関わるものとして、580号、616号および641号解釈がある。⑨訴訟権に関わるものとして、187号、201号、243号、298号、224号、382号、396号、436号および684号解釈がある。⑩

自由・権利の包括的な保障に関わるものとして、399号、587号、603号および626号解釈がある。

【主要参考文献】
李建良・簡資修主編『憲法解釋之理論與實務（第二輯）』（中央研究院中山人文社會科學研究所、2000年）
李建良『憲法理論與實踐』（學林、2004年）
陳新民『憲法學釋論（修正七版）』（自版、2011年）
李震山『人性尊嚴與人權保障』（元照出版、2011年）
黃昭元「大法官解釋審查標準之發展（1996-2011）：比例原則的繼受與在地化」臺灣大學法學論叢42卷2號（2013年6月）
蔡秀卿「台湾公法の歴史展開と現状」アジア法研究2013（第7号）79〜99頁（2014年2月）

第5章

司法システム

　本章では、司法システムについて概説する。

【学習ポイント】
　台湾の司法制度は、4つの司法権・司法機関からなる「司法四元」が特徴的である。なかでも、違憲法令審査の権限をもつ司法院大法官、違憲法令審査制度、行政事件の裁判権をもつ行政法院、公務員の懲戒権をもつ公務員懲戒委員会制度が日本と大きく異なる。これらの相違点を学習することによって、違憲法令審査や行政訴訟等に関する比較法研究に資することができる。

I　台湾司法制度の特徴：「司法四元」

1　「司法四元」とは

　台湾の司法制度について最も特徴的なのは「司法四元」である。その法的根拠および意味は以下のとおりである。
　五権分立の原則をとっている中華民国憲法においては、五権・五院の1つとしての司法院の位置づけおよび権限について、以下のように定める。77条では「司法院は、国家の最高司法機関であって、民事、刑事及び行政訴訟の裁判並びに公務員の懲戒を掌理する」とされ、78条では「司法院は、憲法を解釈し、かつ、法律及び命令を統一解釈する権限をもつ」とされ、79条2項では「司法院に、大法官若干名を置く。大法官は、本憲法第78条の所定の事項を掌理」するとされる。
　これらの規定から、①司法権を構成するのは、民事、刑事、行政事件の裁判権、公務員の懲戒権、憲法解釈権、法令の統一解釈権であること、そのうち、②大法官が憲法解釈権、法令の統一解釈権をもつこと、③民刑事・行政事件の裁判および公務員の懲戒をいかなる組織で行うかについては、立法裁量の事項であり法律に委ねられること、の3点が導き出され、この3点については異論

がない。しかし、大法官の権限については、憲法解釈権及び法令の統一解釈権のほか、民事・刑事・行政事件の裁判権、公務員の懲戒権も含まれるのか、民刑事・行政事件の裁判および公務員の懲戒に関する組織形態について、大法官とは別に、法院（裁判所。以下同）またはその他の組織が掌理するのかについては、憲法制定当時、2つの見解が存在した。

　1つは、いわゆる「司法一元」説である。この考え方は、憲法で法院等について特に明記されないことは、大法官のみがあらゆる司法権を行使するというものであり、民刑事・行政事件の裁判および公務員の懲戒も掌理すること、また、憲法解釈および法令の統一解釈につき、法院という組織において訴訟手続により行うことも憲法の趣旨に反しないとするものである。すなわち、司法権は「大法官を頂点とする一元的な司法機関による裁判・解釈」を指す。

　もう1つは、いわゆる「司法多元」説である。この考え方によれば、憲法79条2項により、大法官は憲法解釈権及び法令の統一解釈権のみをもつものであって、それ以外の民刑事・行政事件の裁判権及び公務員の懲戒権については排除されるとする。司法権は、大法官による憲法解釈権及び法令の統一解釈権のほか、法院その他の組織による民刑事・行政事件の裁判権および公務員の懲戒権もあり、「大法官、法院その他の組織が並立する多元的な司法機関による解釈・裁判」というものである。

　憲法施行以前の1947年3月31日に公布された司法院組織法では、司法院に大法官会議をおくとともに、民事、刑事、行政法廷および公務員懲戒委員会を設けるものとされ（3条、4条）、前者の見解がとられた。しかし、憲法施行日と同日（1947年12月25日）に同法が改正され、司法院に大法官会議をおくとともに、最高法院、行政法院および公務員懲戒委員会を設置するとされ（3条、5条）、後者の見解がとられることに改められた。それ以降、司法院には、各級法院および行政法院ならびに公務員懲戒委員会を設置し各事件の裁判および懲戒を行うとともに、大法官会議を設置し憲法解釈および法令の統一解釈を行うこととなった。それによって、司法権は、大法官会議による憲法解釈権及び法令の統一解釈権、（普通）法院による民事・刑事事件の裁判権、行政法院による行政事件の裁判権、公務員懲戒委員会による公務員の懲戒権の4つから構成されるものとなったのである。

　また、1992年の憲法改正により、大法官の権限について、「憲法第78条の規

定を除くほか、憲法法廷を組織し総統及び副総統の弾劾並びに政党の違憲による解散を掌理する」と規定され、新たに総統・副総統の弾劾権および違憲政党の解散権が付与された。これに基づき、司法院組織法においては、司法院に「大法官会議を置く」から「大法官を置く」へと改正された。

このように、台湾の司法権は、憲法解釈、法令の統一解釈、総統・副総統の弾劾および違憲政党の解散を掌理する大法官、民刑事事件の裁判を管轄する普通法院、行政事件の裁判を管轄する行政法院、公務員の懲戒を掌理する公務員懲戒委員会から構成されており、これを「司法四元」という。

なお、2012年7月より、法官（裁判官。以下同）および検察官の懲戒について、司法院において、公務員懲戒委員会委員長の兼任する審判長およびキャリア法官4名からなる職務法廷を設置し、これらの事件を審理するものとされた（法官法60条1項、職務法廷における懲戒案件の審理に関する規則2条）。職務法廷の組織も審理の手続も一般公務員の懲戒のそれと区別されていることから、法官および検察官の懲戒権は、特殊性があるとはいえ、実質的に司法権であるといえよう。これを司法権に含むとすれば、「司法五元」となる。

2　「司法院」の位置づけおよび司法制度をめぐる論議

司法権が以上の4つから構成される点にほぼ異論はないものの、一方で新たな問題も生じている。憲法77条により司法院は「国家の最高司法機関」とされるが、実際の「司法院」は、最高裁判機関ではなく、以上の4つの司法権を行政的に統括する司法行政機関にすぎず、前掲の憲法規定に反する疑いがあるという点である。この点については、大法官530号解釈（2001年10月5日）は、司法院を最高裁判機関化するために、司法院組織法、法院組織法、行政法院組織法および公務員懲戒委員会組織法を本解釈公布日から2年内に検討し改正するよう宣告した。しかし、これらの組織法については、現在に至っても、この趣旨に基づく改正は行われていない。その前提となる、憲法77条の「国家の最高司法機関」の意義や「司法院」の位置づけについてはなお議論の余地が残っているからである。

1999年の官民による司法改革会議においても、「司法院」の位置づけや司法制度のあり方について議論が重ねられた。結論としては、短期目標として2007年末までに「司法一元四法廷制」（司法院を最高裁判機関としたうえで、それに基づ

く憲法訴訟法廷、民事訴訟法廷、刑事訴訟法廷および行政訴訟法廷〔公務員懲戒事件を含む〕の4法廷をおく）に移行し、最終目標として2010年までに「司法一元制」（司法院を最高裁判機関とし、4法廷を廃止する代わりに、民事・刑事、行政〔公務員懲戒を含む〕、憲法解釈、法令の統一解釈、違憲政党の解散に関する裁判権を掌理する大法官を13名から15名をおく）に移行するという司法改革案で合意をみている。しかし、その後、この司法改革案に基づく法改正は行われず、現在に至っている。2011年以降、司法院において、この司法改革案を再評価する検討会が立ち上げられ、議論が続けられている。

以下、「司法四元」を構成する大法官、普通法院および行政法院、公務員懲戒委員会について概説する。

Ⅱ 大法官

1 大法官の位置づけ等

大法官の位置づけおよび任命方法については、憲法79条2項により、司法院に大法官をおき、総統が指名し監察院が同意することが規定されている。1992年の憲法改正によって、いったんは、総統が指名し国民大会が同意してこれを任命することに改められたが、その後、2000年の憲法改正により、立法院が同意してこれを任命するとされ、現在に至っている（現行憲法増補改正条文〔以下、「増補条文」という〕5条1項）。

大法官の人数は、憲法施行前の1947年3月制定の司法院組織法では9名とされたが、憲法施行日と同日に同法が改正され17名に改められた。その後、1997年の憲法改正により、2003年より15名に改められ、大法官15名に司法院院長、副院長を含むとされ、現在に至っている（現行増補条文5条1項）。

大法官の任期は、1957年の改正司法院組織法では9年とされたが、1997年の憲法改正により、2003年より8年に改められ、期を分かたず、個別に計算し、かつ、再任できないものとされた。新体制開始の初年である2003年の任命については、特例規定として、任命する大法官のうち司法院院長および副院長を含む8名については任期4年、その他については任期8年とされた（現行増補条文5条2項、3項）。これは、2003年より15名の大法官の半数を4年ごとに更新し、大法官全体を常時経験豊富な大法官と新規の大法官から構成されるものに

することにより、違憲審査等の信頼性の向上を図るためである。

大法官の身分保障・処遇については、中華民国憲法の下では、法官と同様に終身身分保障とされた。しかし、2000年の憲法改正によって、法官からの転任者を除いて、大法官の終身身分保障が廃止され、現在に至っている（現行増補条文5条1項）。

大法官の権限については、中華民国憲法の下では、憲法解釈権および法令の統一解釈権のみをもつとされたが、1992年の憲法改正によって政党の違憲宣言および解散権が、2005年憲法改正によって総統・副総統の弾劾権が、それぞれ追加され、現在に至っている（現行増補条文5条4項）。この4つの権限のうち、憲法解釈権（違憲法令審査権）は台湾の人権保障の展開に重要な役割を果たしており、また日本においてはこのような法令の統一解釈はみられないことから、以下では、違憲法令審査制度および法令統一解釈制度を中心に概説する。

2　違憲法令審査制度
（1）大法官による違憲審査の対象および形式

大法官による違憲審査の対象は、法令が憲法に違反するか否かということ（法令の合憲性）と、その前提である憲法規定（憲法上の原則を含む）の意味を釈義すること（憲法解釈）である。ここでいう法令とは、最広義の法規であり、立法院制定の法律、行政機関制定の法規命令、判例、司法院解釈、地方自治団体立法機関制定の自治条例、地方自治団体行政機関制定の自治規則、委辦規則を含むとされる。

また、実務上特殊な事例ではあるが、憲法改正の内容および手続の合憲性を対象に違憲審査を行った事案もある。1999年9月4日の国民大会で通過した改正憲法（憲法増補改正条文1条、4条、9条、10条）およびその憲法改正の手続が民主主義等に違反するか否かが争われた事案で、大法官499号解釈（2000年3月24日）は、当該憲法増補改正条文の合憲性を審査して、その一部の改正条文（第1条1項～3項、第4条3項）が自由民主主義に反するとともに、その改正手続が公開透明性の原則に違反するとして、当該改正条文を失効させ、前回の増補改正条文である1997年7月21日憲法増補改正条文の効力を維持することを宣言した。

大法官による違憲審査判断の形式は、「解釈」をもって宣言する（憲法171条

2項、78条、司法院大法官案件審理法〔以下、「大審法」という〕4条）。「解釈」の意味は、本来、制定法の内容・意味を解き明かす（すなわち釈義する）ことである。しかし、大法官による違憲審査の対象が法令の合憲性であることから、この「解釈」は、それにとどまらず、係争法令が憲法規定に違反するか否かを審査し、当該法令が憲法規定に違反すると判断された場合、当該法令の失効をも宣言しうるものである。また、審査をする際に必要があると認められる場合には口頭弁論を開催することができること、解釈には「解釈文」、「理由」、「事実」を記載するとともに、反対意見または協同意見を表明することもできることから、ドイツ等の憲法裁判所の「判決」に類するものといえる。

（2）違憲審査の類型

　大法官による違憲審査には、申立権者および審査の形態による分類がある。
(1) 違憲審査の申立権者による分類
　大法官による違憲審査は、中央および地方機関、人民（法人、政党を含む）、立法委員の申し立てによるものがある（大審法5条）。
① 中央及び地方機関による申し立て（同条1項1号）
　中央機関とは、総統、五院（立法院、行政院、司法院、考試院および監察院）である。地方機関とは、地方自治団体の行政機関（大法官550号解釈参照）と立法機関（大法官259号、260号および527号解釈参照）である。
　また、法院（または法官）が事件を審理する際に係争法令に違憲の疑いがある場合の扱い方について、大審法5条2項では、「最高法院及び最高行政法院は、その受理した事件において係争法律又は命令が憲法に違反する疑いがあると確信した場合、裁定をもってその訴訟手続を中止して、憲法解釈を申し立てることができる」とされた。違憲審査を申し立てうるのは最終審法院のみとされたが、大法官371号解釈（1995年1月20日）では、最終審法院のみならず、下級審法院も、係争法律の違憲性を確信したときは、その違憲に関する具体的理由をもって違憲審査を申し立てることができるとした。この解釈は、その後、大法官572号解釈（2004年2月6日）、590号（2005年2月25日）においても踏襲された。この結果、すべての法院が係争法律を違憲と確信したときは、違憲に関する具体的理由をもって違憲審査を申し立てることができるようになった。
　違憲審査を申し立てるには、申立書状を提出し、これに申立ての目的、争議

の性質および経過、関係憲法条文、申し立ての理由、申立人の見解、関係文書を記載するとされる（大審法8条1項）。
② 人民（法人、政党を含む）による申立て（同条1項2号）

　人民とは、自然人、法人、政党を含むものである。法人は、一般に、私法人および公法人を含むと解される。公法人について、地方自治団体（大法官527号解釈参照）、職業団体の公法人である農田水利会（大法官518号解釈参照）、公法人の地位を有する行政法人を含む。ただし、国は含まれないと解されている。

　人民が違憲審査を申し立てる場合、具体的事件の訴訟（民事、刑事または行政訴訟）を提訴し確定終局判決を得た後でなければ、申し立てることはできないこと、違憲審査を申し立てることができるのは、その確定終局判決における係争法令に限られることの2つの要件が課せられる。これは、ドイツの憲法訴願（Verfassungsbeschwerde）に準ずるものである。
③ 立法委員による申立て（同条1項3号）

　総数の3分の1以上の立法委員により、権限行使につき違憲審査を申し立てることができる。立法委員による違憲審査の申立ては、1993年の大審法改正によって初めて追加された。

　ただ、この立法委員による違憲審査の申立ての対象については、以下に掲げる2つの問題がある。まず1つは、違憲審査を申し立てうる「法律」とは、立法手続のどの段階のものを指すのか、すなわち立法院の三読会手続を経て総統が公布した「法律」に限られるのか（狭義説）、立法院の三読会手続を経てはいるものの総統により公布される以前の「法案」段階まで含まれるのか（広義説）、あるいは立法院で審議中の「法案」まで含まれるのか（最広義説）、という点である。この問題について、大法官の間でも見解が分かれている。この制度が導入されてからまもなく下された大法官364号解釈（1994年9月23日）では最広義説がとられ、係争中の放送法改正案（法律改正案）の違憲審査の申立てを受理し、憲法11条の表現の自由の意味について解釈された。この解釈は、その後の388号、392号、401号、467号解釈においても踏襲された。しかし、1998年以降、数回の大法官会議において、狭義説に変更するとの決議がなされた。ただ、この決議は法的拘束力を有さず、個々の事案においては大法官の判断によっているのが現状である。他方、学説においては、狭義説が多くみられる。

　もう1つの問題は、法規命令が違憲審査の申立ての対象となりうるかという

点である。すなわち、法規命令が法律の趣旨に違反するか否か（法規命令の適法性審査）については、立法委員の権限である（立法院権限行使法60条～62条）ことから、それを審査することは可能であるが、法規命令の違憲審査を申し立てるには、いかなる要件が必要かという点である。学説では、例えば憲法23条の法律留保の原則、比例原則等に違反することを確信する場合に限られると解されている。

(2) 違憲審査の形態による分類

大法官による違憲審査は、その審査の形態により、単純な憲法解釈、抽象規範違憲審査、具体規範違憲審査の3つがある。

① 単純な憲法解釈

単純な憲法解釈は、中央もしくは地方機関、または総数の3分の1以上の立法委員が権限行使をするにあたって憲法の適用につき疑義が生じたとき、大法官が当該機関または立法委員の申立てを受けて行う憲法解釈である。この憲法解釈は、具体的事件を通さず、申立てを受けて憲法規定の意味合いを釈義するにとどまり、違憲審査を行わないので、厳密にいえば違憲審査ではない。

② 抽象規範違憲審査

抽象規範違憲審査は、中央もしくは地方機関が法令を適用するにあたって当該法令の憲法抵触の有無に疑義が生じたとき、または、総数の3分の1以上の立法委員が、法令の憲法抵触の有無に疑義が生じたとき、大法官が当該機関または立法委員の申立てを受けて法令の憲法違反の有無を判断するものである。具体的事件を通さずに行う違憲審査であり、ドイツの抽象規範審査に近い。

③ 具体規範違憲審査

具体規範違憲審査は、各級法院または行政法院が受理した案件につき係争法令の違憲性を確信したとき、または、人民（法人、政党を含む）が憲法の保障する権利につき違法に侵害され法定の訴訟手続を経た後に確定終局判決を得て当該裁判に適用された法令に憲法抵触の疑義が生じたときは、大法官が当該法院または人民の申立てを受けて法令の憲法違反の有無を判断するものである。これはドイツの憲法訴願に似ているが、両者には相違点もある。ドイツの憲法訴願では憲法裁判所が違憲とした公権力の行使（行政行為、判決、法律）を取り消すことを旨とする判決を下すことができるのに対して、台湾における人民の申立てによる違憲審査では、大法官が係争法令を違憲とした場合であっても、直

ちにその違憲法令を取り消すことはできず、違憲判断を受けた人民が当該確定終局判決に対し再審または非常上訴の訴えを提起し、再審または非常上訴の裁判で認容されて初めて違憲とされた法令を適用した確定終局判決が破棄されることになる。

3 法令統一解釈制度

　大法官による法令の統一解釈とは、五院間または隷属関係のない機関間に同一の法令の意味や適用の仕方等に関する見解が異なった場合に、その法令の意味等に関する統一見解を示す解釈のことである（大審法7条）。法令の統一解釈は、中央および地方機関のほか、人民（法人、政党を含む）も申し立てることができる。人民が法令の統一解釈を申し立てる場合、違憲法令審査の申立てと同様に具体的事件の確定終局判決を得ることが要件とされるほか、3カ月以内にこれを行うものとする期間制限がある（同条2項）。

　ただ、この制度の存在意義や問題性については以下の諸点が指摘されてきた。法令の意味や適用の仕方については、その法令を所管する機関が解釈権をもっており、人民の権利や利益に関する問題が訴訟事件となった場合、法院の判断により決着がつき、機関による統一解釈を申し立てる必要性が低いこと、普通法院と行政法院との間に審判権についての争いがある場合においても、訴訟法でその解決方法が定められており（行政訴訟法178条）、人民が法令の統一解釈を申し立てる必要性が低いこと、人民による法令の統一解釈の申立ては具体的事件での確定終局判決を得ることが要件とされる点について、法院で確定した法令の見解を大法官がさらに判断するのは適切ではないこと等を理由として、この法令統一解釈の存在意義は低いかまたは不適切であるとし、これを廃止すべきとする見解もみられる。

4 大法官解釈の効力

　大法官解釈の効力については、大法官185号解釈において、人民および各機関に対し法的拘束力を有することが判示されている。これによれば、違憲審査としての解釈は憲法と同等の効力を有し、法令の統一見解としての解釈は法律と同等の効力を有することになる。しかし、この点に関しては、大法官自身が大法官解釈の効力を決めること自体に問題があること、法令の統一見解として

の解釈自体が立法であることから権力分立に反するといった批判がある。

Ⅲ　普通法院および行政法院

　台湾の裁判制度では、民事・刑事事件を管轄する普通法院と、行政事件を管轄する行政法院が別々に設置されている。

1　普通法院

　普通法院は、地方法院、高等法院、最高法院の三審制がとられる。地方法院は、法律に特段の定めがある場合を除き、民事・刑事事件の一審事件、非訟事件等を管轄する（法院組織法〔以下、「法組」という〕9条）。地方法院においては、民事、刑事、行政訴訟法廷（行政部。以下同。後述）をおき、必要がある場合、専門法廷をおくことができる（法組14条）。高等法院は、法律に別段の定めがある場合を除き、地方法院その分院の一審判決への上訴（控訴）事件、地方法院その分院の裁定への抗告事件、内乱、外患および外交妨害罪の一審刑事事件を管轄する（法組32条）。最高法院は、高等法院その分院の一審刑事判決への上訴事件、高等法院その分院の二審民事および刑事判決への上訴（上告）事件、高等法院その分院の裁定への抗告事件、非常上訴事件等を管轄する（法組48条）。

　裁判組織について、地方法院では法官1名または3名で審理し、高等法院では法官3名で審理し、最高法院では法官5名で審理する（法組3条）。

　また、最高法院は、その判決または裁定のうち、法律見解が代表的なもので下級審法院に遵守させる必要があると認めるものを判例として厳選して編纂することができる。判例の選出編纂は、最高法院院長、法廷長、法官からなる民事法廷会議・刑事法廷会議または民刑事法廷総会において行われる（法組57条1項）。

2　行政法院

　行政法院の審級制については、以下のような変遷をたどってきた。1933年の行政法院組織法（以下、「行組」という）制定当時は一級一審であった。この一級一審制は長らく維持されていたが、1990年代以降の行政訴訟件数の激増等に

より、2000年、同法および行政訴訟法が大幅に改正されることとなる。この改正により、高等行政法院、最高行政法院という二級二審へと改められた。その後、行政訴訟件数の継続的増加等により、行政法院と普通法院との役割分担が見直され、簡易事件、発生件数が多数に上る事件、事実関係が中心的な争点となる事件等の裁判権が普通法院（地方法院行政訴訟法廷〔行政部〕）に移行された。さらに2012年9月より、普通法院である地方法院において行政訴訟法廷が設置され、当該法廷が行政法院とみなされる（行訴法3条の1）とともに、簡易事件（同法229条）、交通違反事件（同法237条の1）、保全手続事件・証拠保全事件（同法294条）および強制執行事件（同法305条）について、地方法院行政訴訟法廷を一審法院とし、高等行政法院を二審兼終審法院とし、それぞれそれらの事件を管轄し、その他の事件については、従来どおり、高等行政法院を一審法院とし、最高行政法院を二審兼終審法院とし、それぞれその事件を管轄する、三級二審制へと改められた。また、外国人の増加等に起因する出入国及び移民法違反事件の増加により、2015年2月より、出入国及び移民法違反事件についても、地方法院行政訴訟法廷の管轄とされた（同法237条の10）。

これによって、地方法院行政訴訟法廷は簡易事件、交通違反事件、保全手続事件・証拠保全事件、強制執行の一審事件ならびに出入国及び移民法違反事件の抗告事件を管轄し、高等行政法院は訴願決定、および法律により訴願決定とみなされる決定に対する不服の一審事件、地方法院行政訴訟法廷の一審判決への上訴事件、地方法院行政訴訟法廷の一審裁定への抗告事件等を管轄し（行組7条）、最高行政法院は高等行政法院の一審判決への上訴事件等を管轄する（行組12条）こととなった。

また、行政訴訟と民事訴訟との区別について、行訴法2条では「公法上の争議」という概念により普通法院の管轄範囲が線引きされる。ただし、法律に別段の定めがある場合は、その定めによる。例えば憲法上の争議については、大法官が管轄することなどがその一例である。また、公職人員（立法院、直轄市議会議員、県〔市〕議会議員、郷〔鎮・市〕民代表会代表、直轄市・県〔市〕・郷〔鎮・市〕の長）および総統・副総統の選挙・罷免訴訟のうち無効の訴えと当選の無効の訴えについては普通法院がそれを管轄し、公務員懲戒事件については公務員懲戒委員会がそれを管轄するとされる。

行政事件の裁判組織については、高等行政法院では法官3名により審理し、

最高行政法院では法官5名により審理する（行組3条）。

なお、最高行政法院は、最高法院と同様に、その判決または裁定のうち、法律見解が代表的なもので下級審行政法院に遵守させる必要があると認めるものを最高行政法院長、法廷長、法官からなる会議（判例編纂委員会）において判例として厳選し編纂することができる（行組16条1項）。

3 知的財産法院・少年及び家事法院

2008年7月より、知的財産事件の専属管轄法院として知的財産法院が設置された。同法院は、知的財産に関わる1審、2審民事事件および刑事事件、1審行政事件を管轄するとされた（知的財産法院組織法3条）。

また、2012年6月より、少年及び家事法院が設置された。同法院には、少年法廷、家事法廷がおかれ、少年事件処理法事件、家事事件法事件、法律の定めるところにより同法院が管轄する事件等の1審事件および抗告事件を管轄するとされた（少年及び家事法院組織法2条）。

Ⅳ 公務員懲戒委員会

前述したように、公務員懲戒委員会は、公務員の懲戒権という司法権をもつ司法機関として位置づけられる。同委員会は9名から15名の委員で構成され、委員の資格につき、経験豊富な法官または大学教授等から任命するとされる（1993年改正公務員懲戒委員会組織法2条、3条）。

ただ、同委員会による公務員懲戒の手続について、1985年改正公務員懲戒法においては、裁判手続と比べて適正なものとはいえず、手続の裁判化が求められてきた。2015年5月に同法が改正され、2016年5月に施行された。新法では、懲戒手続が裁判手続へと改められるとともに、一審制も維持されることとなった。

【主要参考文献】
陳新民『憲法學釋論（修正七版）』（自版、2011年）
吳信華「論大法官解釋的效力—基礎結構的釐清與體系化的觀察」東吳法律學報25巻4期（2014年4月）
廖義男「司法院大法官解釋之權利救濟功能」法令月刊 66巻6期（2015年6月）

第6章

行政と法

　本章では、行政法の歴史的展開、特徴、基本原理、主要な行政通則法律について概説する。

【学習ポイント】
　権威主義体制下の行政法は、憲法との断絶が続いており、形式的法治観を前提に構成されたものであった。しかし、1991年以降、実質的法治観の確立によって行政法は大きく変貌した。また、現代行政法では、行政手続法をはじめ、行政執行法、行政罰法、訴願法、行政訴訟法等という重要な行政通則法律の根幹部分はいずれもドイツ法をモデルにして制定・改正されたものであり、日本と同じくドイツ法を受け継いできたが、日本と異なる展開がみられる。この相違を把握することはまた日台行政法の比較研究に資することができる。

I　行政法の歴史的展開

　行政法の歴史については、法史観によって異なる区分方法も考えられるが、ここでは、法治国（法治主義。以下同）の捉え方に着目して、「非常法制」下の形式的法治国の時期（1945～1990年）と実質的法治国の時期（1991年以降）の2つに区分する。

1　形式的法治国の時期（1945～1990年）

　一般的に、主権国家においては、行政法は憲法を具体化するものである。しかし、台湾行政法は、1980年代までは、権威主義体制の下で憲法の正統性の問題を内包すると同時に、非常法制の施行により憲法が機能不全に陥っており、人権を制限または剥奪する「動員反乱鎮定法令」、戒厳法令、国家総動員法令、「反共法令」が大量に存在していた（第4章参照）。また、憲法23条ただし書の人権制限の規定（社会秩序を維持しまたは公共利益を増進するために必要がある場合を除き、法律で自由および権利を制限してはならない）を根拠に、非常法制による人権の制限または剥奪が正当化された。これは、社会秩序の維持や公共利益

の増進という大義名分により、法律を制定しさえすれば、いかなる人権制限・剥奪でも許されるという考えに基づくものであった。その結果、憲法上の原理原則、人権保障条項は破壊され、憲法に基づく行政法の展開はとうてい望めず、憲法との断絶が続いていた。「憲法が滅びても、行政法は存在する」というドイツの Otto Mayer 教授の名言は、台湾には機能上あてはまらないであろう。

　また、国家権力を法的かつ民主的に統制する上位概念としての「法治国」の原則が存在したか否かについても、必ずしも明確ではなかった。「依法行政」の原則（「法律による行政」の原則。以下同）は存在したようであるが、その意味内容につき、法律により行政活動をすれば足り、その「法律」の内容や制定手続の適正さは問わないものと捉えられ、それに伴い、その原則は人権保障と切り離され、人権保障は必ずしも行政の終極目的とはみなされなかった。それゆえ、法律に基づかない、国民の権利利益を制限する行政機関の「職権命令」が大量に存在し、特別権力関係論が根強く存在した。行政法体系についても行政処分等の権力行政を中心とするものしか考えられておらず、重要な行政通則法律、例えば旧行政執行法、旧訴願法や旧行政訴訟法は、いずれも日本の明治時代の旧行政執行法・旧訴願法・旧行政裁判所法をモデルにしたものであり、国民の権利利益の保護の観点から多大な問題を抱えていた。当時の台湾行政法は、全体として、前述したように憲法との断絶がみられるなかで、実質的には「中華民国憲法」との結びつきは薄く、日本を経由して旧西ドイツの形式的な法治観を受け継いだものとみることができよう。

2　実質的法治国の時期（1991年〜現在）

　1987年の戒厳令の解除、1991年の臨時条項の廃止、2004年の国家総動員法の廃止を受けて、憲法上の人権保障の原則は回復することとなった。平常憲法の回復に伴い、行政法にも大きな展開がみられるようになった。「法治国」の意味内容について、1980年代以降、国家権力をなす行政権、立法権、司法権、考試権および監察権がすべて法の支配の下にあり、この「法」については、民主的手続により作りあげられ、「法」の内容も国民主権や人権保障に適合するものとして捉えられるようになった。このような実質的法治国に適合させるため、立法院および行政院等にそれまで大量に存在していた「非常法令」は次々

と改廃されていった。

　また、司法権も次第に勢いを増していった。国民による違憲法令審査の申立ておよび行政訴訟の件数が激増し、司法院大法官および行政法院において、法治国の原則や「依法行政」の原則が積極的に適用された。行政の合憲性・適法性についても積極的に審査され、立法院や行政院による改廃に及んでいない法令は違憲または違法であるとして当該法令の改廃が命じられた事例も数多くあった。これらの違憲解釈・違法判決がその後、実質的法治国に適合するための法改正にもつながった。

Ⅱ　現行台湾行政法の特徴および行政法の基本原理

1　現行台湾行政法の特徴

　1980年代以降、公法研究者のうちドイツ留学経験者が半数以上となり影響力を発揮したこともあり、ドイツ法理論、法制度等が大いに摂取されてきた。例えば1998年に行政執行法、訴願法および行政訴訟法が大幅に改正され、1999年には行政手続法が制定され、2005年に行政罰法が制定され、これらの行政通則法律の制定・改正は、いずれもドイツ法をモデルにしたものである。その結果、行政実定法体系はドイツ型に近いものとなった。

2　行政法の基本原理

　台湾行政法の基本原理について、以下に、上位概念としての「法治国」・「依法行政」の原則と行政法の一般原則に分けて説明する。

（1）「法治国」・「依法行政」の原則
(1)「法治国」

　日本で行政法の基本原理とされるのは法治主義であるが、この用語は和製語であり、行政権との関係では「法律による行政」の原則が用いられている。これに対して台湾では法治主義に相当する法概念は「法治国」であり、「法律による行政」の原則に相当するものが「依法行政」の原則である。「法治国」の原則の性質とその意味内容については、前述したとおりである。

(2) 「依法行政」の原則

「依法行政」の原則の意味内容については、「法律の優位」、「法律の留保」、「法律の法規創造力」の原則の三者を含むものとされ、日本とほぼ同義に理解されているといってよい。

①「法律の優位」の原則：行政に対する法律の優位を意味し、法律に抵触する行政活動は無効、または取り消されると理解されている。「依法行政」の原則に違反しないよう拘束するという意味で「依法行政」を消極的に捉えることを意味するものでもある（「依法行政」の消極的意味）。また、「法律の優位」の原則を明文化する立法例もある。例えば憲法171条には「憲法に抵触する法律は無効である」、172条には「憲法または法律に抵触する命令は無効である」と定められるが、これらの規定は、行政立法等に対し法律、憲法が優位であること、法律または憲法に抵触する行政立法等が無効であることを意味する。また、行政手続法4条には「行政活動は法律及び法律の一般原則の拘束を受けるものとする」とあるが、この規定も同様に、法律や法律の一般原則に違反する行政活動が違法であることを意味する。

②「法律の留保」の原則：行政機関の組織および行政活動、とりわけ人民の自由・権利を制限または剥奪する行政活動について、法律の根拠がなければこれを行ってはならない、すなわち組織法と作用法上の授権の両者を含むものと理解されている。法律の根拠がなければ行政組織の設置・改廃、行政活動が禁止されるという意味で「依法行政」を積極的に捉えることを意味するものでもある（「依法行政」の積極的意味）。また、法律の留保の原則を明文化する立法例も少なくない。憲法では23条、24条（公務員の懲戒、国家賠償請求）、61条（行政院の組織）、76条（立法院の組織）、82条（司法院、法院の組織）、憲法増補改正条文11条（両岸〔中台〕関係事項）等があり、法律では中央法規標準法5条、6条、地方制度法28条、行政罰法4条等がある。

法律の留保の原則の具体的意味、すなわち、いかなる事項が法律の根拠を要するか、いかなる密度（程度）の根拠が必要かについては、学説や裁判実務において、1990年代以前には一般論的な論じ方が多かったが、それ以降、とりわけ大法官443号解釈（1997年12月26日）の理由において人権価値序列に基づく法律の留保の階層序列化という見解が判示されたことによって、法律の留保の原則の意味はある程度具体化されることとなった。同号解釈の理由は、憲法8条

の保障する人身の自由につき、憲法の留保する事項であり法律でそれを制限してはならないのに対して、他の自由・権利については憲法23条の要件を満たせば法律でそれを制限することが認められ、いかなる自由・権利につき法律で定めるものとすべきかについては、規律の対象、内容、規律する権利の性質、権利を制限する程度等により判断される、というものである。

③「法律の法規創造力」の原則：台湾行政法の教科書の多くには言及されていないが、この原則の意味につき、国民の権利義務に関する法規を定めることが民主的正当性をもつ立法院が定める法律の専権事項であると捉えるならば、この原則を明文化する立法例として、中央法規標準法5条（人民の権利義務に関わる事項を含む4つの事項を法律で定めなければならない）、6条（法律で定めるべきとされる事項は命令でそれを定めてはならない）、行政手続法5条（明確性原則）、同法150条（法規命令が法律の明確な授権に基づかなければならず、その授権の範囲や法律の趣旨を越えてはならない）等の規定がある。また、立法院は、命令の「法律の法規創造力」の原則等の適合性を審査することができる（立法院権限行使法60条〜62条）。

（2）行政法の一般原則

行政法の一般原則について、行政手続法（以下、「行手法」という）では以下の7つの原則が定められている。

(1) 明確性原則

明確性原則はドイツの法治国の理念に由来し、台湾憲法では明文規定はないものの、1990年代以降、大法官解釈で国家権力の明確性を要請する憲法上の原則として数多く認められることにより、行手法に行政法の一般原則として盛り込まれた（5条）。

同原則は、立法活動（法律）に関して法律規範の内容は構成要件・法的効果のいずれにおいても予見可能で明確なものでなければならず、行政活動に関しては行政活動の内容が明確でなければならないことを意味する。また、同原則の法規命令への適用に関しては、法律の留保の原則との関連で法律の授権に明確性が要請されること、法律の授権に基づく法規命令が形式的にも実質的にも明確性が要請されることの2つの意味が含まれる（150条2項、158条1項1号）。さらに、同原則の行政処分への適用に関しては、行手法でこれを具体化する規

定が数多く存在する（96条、111条1号等）。
(2) 平等原則
　平等原則はもともと憲法上の原則（7条）であり、行手法制定前から裁判実務で認められたことから、行手法に行政法の一般原則として盛り込まれた（6条）。
　同原則については、行政活動に関して以下の3つの意味が含まれる。第1に、抽象的規範優先原則である。法律が行政機関に法規命令の制定を授権するとともに行政処分の可否について判断の余地を与えるときは、行政機関は個別具体的な行政処分より、抽象的規範である法規命令を制定することを優先しなければならない。第2に、行政機関が法律を忠実に執行する義務を課せられた場合、当該法律を無条件に執行しなければならず、行政処分をもって特定の者に対してのみ権利を付与し、または義務を課しもしくは免除してはならず、または一定の期間に違法行為を取り締らないことを承諾してはならない。第3に、複数の裁量処分を行う際に、それらの事実関係と法律関係が同一である場合、同様の要素を考慮に入れなければならない。
(3) 比例原則
　比例原則はもともと憲法の人権制限の原則であり（23条）、1980年代以降、数多くの大法官解釈で認められ、それを明文化した立法例も少なくない（行政執行法3条、社会秩序維持法19条2項、集会デモ法26条、警察武器使用条例〔法律〕5条、6条等）。これを受けた形で、行手法において行政法の一般原則として明文化されている（7条）。
　比例原則の意味に関しては、行手法7条では、憲法上の比例原則の意味に照らして、以下の3つを含むとされる。第1は、行政行為においてとられる方法は目的の達成に有効なものであること（妥当性原則）。第2は、目的を達成できる方法が2つ以上存在する場合、国民の権益に対し侵害程度が最も軽いものを選択すること（必要性原則）。第3は、とられる方法により生じる損害と達成する目的により得られる利益との間に著しく均衡性を欠いてはならないこと（均衡性原則）。この3つの意味は、司法審査の密度との関係においては、「均衡性原則」が最も厳格な審査であり、「必要性原則」がその中間で、「妥当性原則」が最も緩やかな審査であると理解されている。
(4) 誠実信用原則
　誠実信用原則は本来は民法上の原則（民法148条2項）であるが、行政法にお

いても学説や裁判例で認められていることから、行手法でも行政法の一般原則として明文化された（8条）。同原則の意味は、真摯であって偽ったり欺かないことであるが、具体例としては、「二転三転」、「強要すること」、条理に反する「一騎打ち」、真実の隠蔽、正当事由なき行政先例への違反、法規の濫用、不当方法による法的地位の取得を禁止することが挙げられる。

(5) 信頼保護原則

　信頼保護原則は、憲法制定以前から裁判実務において認められていた（司法院1936年院字1557号解釈、行政法院1965年判字55号判決、1971年判字746号判決）。行政法院が初めて同原則を直接適用したのが1990年判字1644号判決である（65歳を定年年齢とされてきた公務員が、59歳のときに定年年齢を60歳に引き下げられ、60歳になって定年退職を命じられたことの違法性が争われた事件で、同判決により同原則が適用され、60歳による定年退職命令を違法とした）。これらの判決を受けた形で、行手法において同原則が行政法の一般原則として明文化された（8条後段）。

　信頼保護原則の意味については、要件と法的効果の2つの側面により理解されている。まず要件については、以下のように解されている。①信頼する基礎行為があること。例えば受益処分が撤回され、相手方がその処分の存続を信頼してきた場合、あるいは公益等のため法規命令が改廃されることにより、人民が当該法規命令を信頼してきた利益を侵害された場合が典型例である。②信頼の表現があること。すなわち行政活動を信頼して具体的に金銭の支出または一定の措置をとることにより法的地位が変動することである。③信頼の保護に値すること。すなわち相手方がその基礎行為を信頼することが正当でなければ信頼保護を主張することはできない。例えば行手法119条所定の信頼保護に値しない事由のいずれかに該当する場合、信頼保護の原則は適用されない。また、信頼保護の法的効果については、まず元来の法律関係を維持することが最も重要である。例えば行手法117条では、行政庁が職権で違法な行政処分を取り消すことができるが、取消しにより公益に重大な危害をもたらすとき、または信頼保護に値しない事由に該当することなく信頼利益が取消しにより得られる利益を著しく上回るときは、当該処分を取り消すことはできないとされる。次に、信頼保護による正当な補償である。例えば行手法117条では違法な受益処分を取り消す場合、相手方に正当な補償を行わなければならないとされる。

(6) 当事者有利不利考慮の原則

行手法9条は「行政機関が行政手続を進行するに当たっては、当事者に有利不利の状況を考慮しなければならない」と定める。これを当事者有利不利考慮の原則という。しかし、この原則は学説や裁判例で認められたのではなく、行手法制定の際に立法者（立法委員）の意思で盛り込まれたものであり、その意味や意義は不明瞭である。

(7) 裁量無瑕疵の原則（裁量濫用禁止の原則）

行手法10条では「行政機関が裁量権を行使するに当たっては、法定の裁量の範囲を超えてはならず、法規の授権の目的に合致しなければならない」とされ、これを裁量無瑕疵の原則（または裁量濫用禁止の原則）という。行政裁量の法的統制については、行訴法4条2項で行政処分を前提とする裁量濫用を違法とする規定があり、学説においても行政処分以外の行政活動につき裁量の法的統制の必要性を肯定していることから、これを行政法の一般原則として明文化した。

Ⅲ　主要な行政通則法律

1　行政手続法

行政手続法は1999年2月に公布され、2001年1月より施行されている。本法は、一般法・統一法、最低限の手続保障規範としての性質をもつ。

本法の構造的特徴としては、以下の4点がある。第1に、本法は、手続法と名づけられてはいるものの、その内容には手続規範のみならず、多くの実体規範も盛り込まれている。例えば行政法の一般原則（4条～10条）、行政処分の成立および効力（92条～94条、110条～134条）、行政契約の成立および効力（135条～137条、140条～143条、145条～147条）、法規命令および行政規則の定義や効力（150条、158条、159条、161条）、行政計画の定義等（163条、164条）、行政指導の定義（165条）等である。これは、ドイツ法をモデルにして、行政法総則の法典化に向けた第一歩として位置づけることを意図したものである。第2に、本法は諸外国の法制度をモデルとして採り入れたものである。例えば総則、行政処分、行政契約および行政計画についてはドイツ法を、聴聞手続、法規命令および行政規則の定立手続についてはアメリカ法を、行政指導および苦情処理につ

いては日本法を、それぞれ基礎として採り入れている。第3に、本法の適用範囲については、行政処分、法規命令、行政規則、行政契約、行政計画、行政指導、苦情の処理（2条1項）のほか、行政執行、行政処罰においても適用されうると解されており、きわめて広範囲の行政活動に適用される。第4に、本法の適用対象について、国の行政活動のみならず、地方自治団体の行政活動においても適用されるとし（2条2項）、国と地方との統一適用という立法政策がとられている。

2 　政府情報公開法および個人情報保護法

政府情報公開法は2005年12月に公布、施行された。情報公開に関しては、人民の請求による公開だけでなく、政府による能動的公開（7条）についても定められる。公開しないことのできる情報として9項目が列挙され（18条）、情報不開示決定等の救済については、行政救済によるとされる（20条）。

個人情報保護法は1995年に公布され、2010年に最終改正されている。本法は、私的機関のみならず、公的機関による個人情報の収集、処理および利用についても規律対象となっている（15条〜18条）。公的機関による違法な個人情報の収集等の損害賠償も明記され（28条）、損害賠償請求には団体訴訟も認められている（34条）。

3 　行政執行法および行政罰法
（1） 行政執行法

行政執行法は、憲法制定前である1932年に中国大陸で公布・施行され、1945年以降も台湾で施行されることとなった。しかし、当時の本法は日本の旧行政執行法をモデルにして制定され、多くの問題を抱えていた。その後1998年11月に全面改正が行われ、現在の基本構造に至っている。

本法は、行政執行を規律する一般法としての性質をもつ。「行政執行」とは、公法上の金銭義務、作為義務、不作為義務の強制執行および即時強制をいう（2条）。行政執行の機関について、公法上の金銭義務の強制執行に関しては、法務部（法務省）におかれる行政執行署および所轄行政執行処が行い、それ以外の義務の強制執行に関しては、原処分機関または主管機関が行うものとされる（4条）。また、行政執行の救済については、特別な不服申立てとして

執行機関に対する異議申立ての制度が設けられている（9条）。

　各種の義務の強制執行の方法については、公法上の金銭義務の強制執行に関して、主管機関による執行機関への移送（13条）、義務者への担保付の義務履行命令または住居制限（17条1項、2項）、義務者への24時間内の身柄拘束（17条3項）、義務者の財産の処分等への禁止・制限（17条の1）等がある。作為および不作為義務の強制執行に関しては、間接強制執行（代履行または怠金。28条1項）と直接強制執行（義務者の動産・不動産の留置・占有解除等、建物進入の禁止等、許認可書の廃棄、生活資源の中断等、その他実力で義務履行と同一の内容を実現する方法。28条2項）がある。

　即時強制の方法については、身柄拘束（37条）、危険物の留置（38条）、建物使用の禁止等（39条）がある。

（2）行政罰法

　行政罰法は、2005年2月に公布され、翌年2月から施行された。本法は、行政執行法と並び、行政上の義務履行確保かつ行政罰の規律に関する一般法としての性質をもつ。「行政罰」とは、行政上の義務違反により受けた罰鍰（過料）、没収その他の行政罰をいう（1条）。「その他の行政罰」とは、作為の制限または禁止、資格・権利の剥奪または消滅、名誉に影響を与える処分、警告的処分をいう（2条）。

　また、行政罰の基本原則として、処罰法定主義（4条）、新法の優先または違反者有利の原則（5条）が明記される。責任に関しては、過失主義（7条）、不作為犯への処罰（10条）、法令に基づく作為の免責とその例外（12条）につき定められている。また、共同違反と併合罰、処罰の斟酌と調整、単一行為と複数行為の処罰、時効に関わる規定もおかれる。

　処罰の手続については、身分証明等の提示・告知、現行犯の処置とその異議申立て（35条）、留置等とその異議申立て（41条）、意見陳述の原則と例外（42条）に関わる規定がある。

4　訴願法および行政訴訟法

（1）訴願制度（行政上の不服申立制度）

　台湾の行政上の不服申立制度は、大別して、一般法としての訴願法に基づく

一般訴願制度と、特別法としての個別法に基づく特殊な行政上の不服申立制度とがある。

　一般訴願の根拠法である訴願法は、憲法施行以前の1930年に中国大陸で公布・施行され、1945年以降台湾に施行されたものである。当時の訴願法は日本の旧訴願法をモデルにして制定されたが、多くの問題点を抱えていた。1998年に同法は全面改正され、現在の基本構造に至っている。

　一般訴願制度については、訴願の対象を不利益処分（一般処分を含む）および不作為とする（2条、3条）。訴願管轄機関（訴願事件を管轄する機関）については、同法4条で、①郷（鎮・市）公所（役所）の行政処分への訴願は県（市）に、②県（市）政府所轄の各級機関の行政処分への訴願は県（市）政府に、③県（市）政府の行政処分への訴願は中央主管部（省。以下同）等に、④直轄市政府所轄の各級機関の行政処分への訴願は直轄市政府に、⑤直轄市政府の行政処分への訴願は中央主管部等に、⑥中央主管部等所轄の機関の行政処分への訴願は各部等に、⑦中央各部等の行政処分への訴願は主管院に、⑧中央各院の行政処分への訴願は当該院に対してするものとされる。これを受けて、各訴願管轄機関に、それぞれ訴願審議委員会を設置する（52条）。すなわち、国においては行政院、考試院、監察院、司法院、各部・署に、地方においては各直轄市政府、県政府に、それぞれ訴願審議委員会が設置される。

　訴願事件の審理方式については、書面審査と口頭弁論の方式がとられる。訴願決定については、受理しない決定、請求を棄却する決定、違法な処分を取り消す決定（改めて適法な処分を命ずる場合もある）、事情決定がある。

（2）特殊な行政上の不服申立制度

　特殊な行政上の不服申立制度は、各分野における独自の不服申立制度であり、一般訴願制度との関係では排他的関係にあり、一般訴願に相当するものである。審査の決定に対し不服がある場合、一般訴願と同様に行政訴訟を提起できるとされる。代表的なものとして、公務員の不利益処分・不利益措置の復審および申訴・再申訴制度、教師申訴制度、政府調達法および民間参与による公共工事の促進に関する法律における事業者の異議申立て・申訴制度、会計士懲戒の覆審制度がある。

　また、行政罰法および行政執行法において、公権力的継続的事実行為につ

き、特殊な行政上の不服申立制度が設けられている。行政罰法では、証拠保全のための強制措置および身分確認のための強制連行への異議申立て（35条）、証拠保全のための物品の留置への異議申立て（41条）がある。いずれも一般訴願に相当するとされる。行政執行法では、執行命令や執行方法等への異議申立てがある（9条）。ただし、この異議申立ての性質については、一般訴願に相当するか、一般訴願に先行するとみるかで意見が分かれている。

（3）行政訴訟制度

　行政訴訟の根拠法である行政訴訟法は、訴願法と同様に、憲法施行以前の1932年に中国大陸で公布・施行され、1945年以降台湾に施行されたものである。当時の行政訴訟法は日本の旧行政裁判法をモデルにして制定されたが、訴訟類型が取消訴訟のみで、訴訟の対象が限定的である等多くの問題点を抱えていた。1998年に至って同法は全面改正され2000年7月から施行されている。新法は8編計308カ条からなり、現在の基本構造に至っている。1998年の全面改正後もすでに5回の改正を経ており、2014年に最終改正が行われている。

　ここでは、日本とは大きく異なる訴訟類型について説明する。日本では戦後の裁判所制度につき、行政裁判所が廃止され、行政事件は普通裁判所の管轄となり、また、行政事件についても民事訴訟の手続と同様なものがあるため、行政事件と民事事件を区別する制度的意義は小さい。これに対して行政法院が設置される台湾では、まず行政事件と民事事件との区別を明確にしなければ裁判権の混乱が生じることになる。この点について、行訴法2条は「公法上の争議」を行政訴訟の範囲とするが、「公法上の争議」とは何かについて定めておらず、大法官解釈や判例、学説の展開に委ねられているのが現状である。ただし、実際には解釈や判例にその判断が委ねられることは稀で、学説が主導的な役割を果たしており、公法と私法の区別論が主要な論拠となっている。しかし、学説も多種多様であり、通説的な見解はみられず、公法関係と私法関係の区別につき争いが生じたときの解決方法が制度的に必要となる。そのため、行訴法では、まず権限法院がそれを決定し（行訴法12条の2第1、2項）、その決定に争いがあるときは、大法官が最終決定をするとされる（同条3項）。

　行政訴訟の類型について、日本では伝統的な民事訴訟の3区分に従わず、抗告訴訟・当事者訴訟という行政事件訴訟独自の訴訟類型を採用している。判断

方法としては、まず第１段階として「公権力の行使に当たる行為に対する不服の訴え」（抗告訴訟）に該当するか否かを判断し、それに該当しないときは、第２段階として係争法律関係の性質を判断し、それが公法関係であれば行政事件訴訟としての当事者訴訟に、私法関係であれば民事訴訟によると解されている。これに対して台湾では、基本的に伝統的な民事訴訟の３区分、すなわち形成訴訟・確認訴訟・給付訴訟の分類がとられ、行政訴訟の定義を取消訴訟、確認訴訟および給付訴訟とする（3条）。取消訴訟は形成訴訟の一形態として位置づけられ、行政訴訟において独自・特殊なものであり、違法な行政処分または訴願決定の取消を求める訴えのことを指す。確認訴訟は、公法上の法律関係の成否の確認、行政処分の無効の確認、執行完了後における回復不能もしくは消滅した行政処分の違法の確認を求める訴えである。給付訴訟は、特殊な給付訴訟と一般給付訴訟に分けられ、前者は処分の作成を求める訴え（義務付け訴訟）であり、後者はそれ以外の、公法上の原因による、財産上の給付と非財産上の給付である作為・不作為の給付を求める訴えである。

【主要参考文献】

翁岳生編『行政訴訟法逐條釋義』（五南圖書、2002年）

蔡秀卿『現代國家與行政法』（學林、2003年）

蔡秀卿「台湾行政訴訟法上の義務付け訴訟（上、下）」行財政研究55号41〜48頁（2004年３月、56号30〜41頁（2004年８月）

蔡秀卿「転換期の台湾と行政手続法」神長勲ほか編『室井力先生古稀記念論文集　公共性の法構造』所収、287〜308頁（勁草書房、2004年）

蔡秀卿「台湾における行政訴訟制度の改革―日本の新しい行政事件訴訟法と比較しつつ」日本台湾法律家協会雑誌６号113〜135頁（2006年10月）

蔡秀卿「台湾における行政不服審査機関の現状―日本と比較して」大阪経済法科大学法学論集67号１〜67頁（2009年３月）

蔡秀卿「行政事件訴訟の類型の再構築―台湾の行政訴訟類型の改革の経験から―」紙野健二ほか『行政法の原理と展開―室井力先生追悼論文集』所収、182〜205頁（法律文化社、2012年）

林錫堯「行政程序法之修法趨勢與展望」台灣法學雜誌232期（2013年９月）

李建良「外國人收容之法律保留與司法救濟 2014年行政訴訟法修正評介」台灣法學雜誌252期（2014年７月）

第 7 章

地方自治のしくみと法

　本章では、地方自治法制の歴史および地方自治の基本法である地方制度法の重要内容について概説する。

【学習ポイント】
　1990年代までに中華民国憲法における地方制度は台湾に施行されたことにより、多くの問題が生じていた。このため、1990年代以降の7回の憲法改正のうち、地方制度に係る憲法改正が3回もあった。なぜ中華民国憲法における地方制度が台湾社会に適しないのか、また、台湾社会に適合させるために3回の憲法改正がどのようになされていたのか、そしてその結果、現在の地方自治の基本法である地方制度法の基本構造がどのようになったのかが本章のポイントである。

I　地方自治法制の歴史

1　権威主義時代における地方制度（1945～1991年）
（1）中華民国憲法における地方制度の構造的特徴
　第5章で言及したように、中華民国憲法は中国大陸を適用地域として、当時の中華民国（在中国大陸）の統治範囲、人口（約4億人）、人民の教育水準、社会状況等を基礎に制定されたものである。地方制度に関しては、「中央及び地方の権限」（第10章。107条～111条）および「地方制度」（第11章。112条～128条）の2章が定められ、その構造的特徴として、以下の数点が挙げられる。
① 省と県の2層制の採用：当時の中華民国の統治範囲や人口等の状況の下で、中華民国憲法では省（直轄市を含む）と県（省轄市を含む）の2層制がとられ、憲法が保障する地方自治につき、省・直轄市自治および県・省轄市自治に関する規定がおかれた（11章）。
② 直接民主制度に関して、県・省轄市においては、その自治事務につき県民・省轄市民が法律により創制権（直接立法権）、複決権（県民投票権）、県長・省轄市長等への直接選挙権、罷免権を有するとされる（123条、128条）。

③ 中央と地方の権限・事務配分について、「立法権」と「執行権」をメルクマールとして、事務を「中央の立法及び執行事務」(107条)、「中央の立法及び執行事務、省・県の執行事務」(108条)、「省の立法及び執行事務、県の執行事務」(109条)、「県の立法及び執行事務」(110条)に区分するとともに、各条ではその詳細な内容につき列挙方式で定められている。また、権限争議の解決原則および解決機関についても明文規定がおかれる(111条)。このような権限・事務配分の形態等の規定は、単一国家憲法ではきわめて稀であろう。

④ 地方自治の法的根拠および法体系について、まず地方自治の基本法である「省県自治通則」(法律)を国が制定し、これに基づいて各省・直轄市および県・省轄市が、それぞれ自治を実施するための省自治法・直轄市自治法・県自治法・省轄市自治法を制定するものとされた。省自治法・直轄市自治法は省県自治通則に基づいて、憲法に違反しない範囲内で省民・直轄市民代表大会が制定する。その内容は省民・直轄市民により選出される議員からなる、立法権をもつ省議会・直轄市議会、省民・直轄市民により選出される省長・直轄市長がおかれる省政府・直轄市政府、省と県との関係を含むものとされた(112条、113条、118条)。県自治法・省轄市自治法は、省県自治通則に基づいて憲法および省自治法に違反しない範囲内で県民代表大会・省轄市民代表大会が制定する(122条、128条)。県・省轄市に、県民・省轄市により選出される議員からなる、立法権をもつ県議会・省轄市議会を設け、県民・省轄市民により選出される県長・市長をおくとされた(124条、128条)。

また、省自治法の合憲性の担保措置として、司法院が省自治法の違憲審査権をもつとされ(114条)、省法規の法律への抵触の有無についても司法院がそれを解釈するとされた(117条)。

⑤ 国と地方との関係について、省に対する国の立法的関与に関して、司法院による省自治法の違憲審査および省法規の法律適合性審査に関する規定がおかれた(114条、117条)。省に対する国の行政的関与に関しては、関係者の意見陳述を経て五院の協議により解決することが定められた(115条)。県と省・国との関係についての明文規定はない。これらの規定により、国と地方とが対等な関係にあるといえるかについては議論の余地が残るものの、少なくとも、省に対する国の行政的関与(115条)について権力的関与を否定するものと解することができよう。

（2）中華民国憲法の台湾施行による地方自治の問題点

1945年以降、中華民国憲法が台湾に施行されることとなったが、地方制度および地方自治については、以下の問題が生じた。

① 地方自治の基本法である省県自治通則（法律）が制定されない。権威主義時代には、中華民国憲法史観が支配的であったため（第4章参照）、台湾は主権国家でなく、「中華民国」の一省として位置づけられた（台湾省）。理論的にはこのような位置づけであったとしても、省県自治通則の制定は必ずしも不可能ではなかったが、現実には終始制定されることはなかった。また依拠する地方自治の基本法を欠いたため、台湾省自治法も県・省轄市自治法も制定されないままであった。省の立法権の範囲については、大法官260号解釈（1990年4月19日）において、国の法律に基づくもの（いわゆる委任立法）しか認められず、法律に基づかず自主的に創設するもの（いわゆる自主立法）は否定され、省の立法権の限界が示された。同号解釈は、これらの地方自治の基本法の欠如の正当性を容認するものでもあった。こうして、1994年に自治二法（後述）が制定されるまで、法律に基づかず、行政命令に基づいた地方制度が実施されていた。

② 台湾での適用を想定していなかった憲法上における省と県の2層制は、実際に台湾で長らく実施されてきた県と郷（鎮・市）の2層制との齟齬が大きかった。理論的には、地方制度改革に着手したならば、この齟齬をある程度解消することもできたはずだが、現実には中華民国史観の支配により、イデオロギーが優先され、これらの齟齬の問題は棚上げにされていた。中華民国史観によれば、台湾は単なる「中華民国」の一省（台湾省）と位置づけられ、「省」は地方制度上不可欠の存在ということになる。しかしながら、「省」を地方制度に含めた場合、地方制度は省（直轄市）、県（市）、郷（鎮・市）の3層制となり、事務処理上きわめて非効率的であるだけでなく、中華民国史観に固執しても、台湾省は実際にはその統治領域や人口等について「中華民国」という国のそれとほぼ同じものとなり、地方一級政府と国とがほぼ同じであるという点について、理論的に説明できないこととなる。このため、「省」の存在意義が問われてきたのである。

③ 事務配分については、前述した憲法上の事務配分の規定にもかかわらず、実際に県、郷（鎮・市）については言うまでもなく、省についても自治事務は少なく、委辦事務がほとんどであり、権力的事務が中央に集中するという中央

集権体制が実施されていた。

2　憲法改正による地方自治法制の変遷

　前述した①の地方自治の基本法の欠如の問題に関しては、1992年に関連する憲法改正が行われた。この改正により、省県自治通則に関わる規定が失効するとともに、省県の地方制度については法律で定め、その法律の内容には、省民・県民により選出される議員からなる、立法権をもつ省議会・県議会、省民・県民により選出される省長・県長が代表する省政府・県政府、省と県との関係等を含むものとされた（1992年憲法増補改正条文17条）。これに基づいて、1994年7月に「省県自治法」および「直轄市自治法」（両者を併せて「自治二法」と呼ばれる）が制定された。この自治二法は、台湾地方自治史上初めての自治基本法となった。

　自治二法の基本構造は、住民の権利、自治事務、自治組織、自治財政、自治監督からなるもので、この基本構造がその後の地方制度法に引き継がれている。また、省・直轄市、県（市）のみならず、郷（鎮・市）も法律上の地方自治団体として位置づけられるようになった点でもその意義は大きい。しかし、地方自治団体の概念や事務配分が不明確であること、自治立法の体系および範囲、中央法規との関係が不備であること、中央と地方の関係につき、地方に対する国の行政関与手段として取消、変更、廃止、執行停止および代執行という権力的手段しかおかれず、中央と地方との関係が非対等的であること等の課題が残された。

　また、前述した②の省の存在の問題に関しては、1997年にさらに憲法が改正された。その際に、第10期台湾省議会議員と第1期台湾省省長の任期を1998年12月20日までとし、任期満了後、台湾省議会議員および省長の選挙は行わないとされ、また、省には、9名の委員からなる省政府、若干の省諮議員からなる省諮議会を設置し、省政府委員および省諮議員につき行政院院長が指名し総統がこれを任命すること、所掌事務につき、行政院の命令を受け県自治を監督するとされた（1997年増補条文9条1項）。さらに、これまでの台湾省政府の権限・事務および組織の調整については、法律で定めるものとされた（同条2項）。これに基づいて、1998年10月に時限立法として「台湾省政府の権限・事務及び組織の調整に関する暫定条例」（法律）が制定された。省は、地方自治

団体ではなく、国の出先機関と位置づけられ、これまでの省政府の権限・事務はおおむね国に委譲された。非地方自治団体化後の省政府は行政院の命令を受けて事務を執行するものとされ、省議会が廃止され、その代わりに省政府の諮問機関としての省諮議会が設置され、その構成員である省諮議員は無給職とされた（2条、20条等）。同暫定条例は2005年12月に廃止されたが、前掲の省の位置づけに関する規定は、後述する地方制度法に引き継がれている（ただし、地方制度法では省政府委員は主席を除き無給職とされる）。したがって、台湾省は地方自治団体としては廃止されたが、国の出先機関として残存しており、省政府委員からなる「省政府」および省諮議員からなる「省諮議会」が現在もなお存在している（第6期の省諮議員は2016年12月で任期満了となる）。このような国の出先機関としての「省」の存在意義は依然として問われている。

3　地方制度法の制定（1999年以降）

すでに述べたように、自治二法が制定された後も種々の立法課題は残されたままであった。また、財政収支区分法、予算法、訴願法、行政訴訟法の大幅な改正を受けて、中央と地方の関係、地方間の関係を調整する必要があること等から、1998年、自治二法を統合する地方制度法案が起草され、同法は1999年1月に制定・公布・施行された。これにより、本法が新たに地方自治の基本法となったのである。

地方制度法（以下、「地制法」という）の内容は、住民の権利義務、自治事務、自治組織、自治財政、中央と地方との関係および地方間の関係等について、おおむね自治二法を承継したものであるが、新たに採り入れたものとして自治事務、委辦事務、自治立法体系、地方自治団体の処罰権限に関する規定がある。

II　地方制度法の重要内容

1　地方自治団体

台湾では、日本の地方公共団体に相当する統治団体は「地方自治団体」と称されており、地方自治団体の法的性質は包括的な立法権および行政権をもつ統治団体であり、公法上の権利義務主体たる公法人（憲法108条、110条、124条2

項、地制法2条1号、25条、26条、29条等）である。

　地方自治団体の種類には、憲法で定められる地方自治団体と法律で定められるものとがある。前述したように、1997年の憲法改正以前における憲法で定められた地方自治団体は省（直轄市）および県（省轄市）であったが、1997年憲法改正以降、「省」の非自治体化によって、直轄市および県（省轄市）のみになった。後者については、地制法においては、直轄市および県（省轄市）のほか、郷（鎮・市）も地方自治団体とされている。郷（鎮・市）は、憲法上明文規定される地方自治団体ではないが、学説上、中華民国建国以前（ないし日本統治時代）から存在し、住民に最も身近な基礎単位であり、住民生活に直接関わる事務を処理し実質的に基礎自治体の機能を果たしてきたことに鑑み、憲法により保障される地方自治団体と解されている。この考え方によれば、現在の地方自治団体の種類とその数は6直轄市（台北市、高雄市、新北市、台中市、台南市、桃園市）、13県（3省轄市）および198郷（鎮・県轄市）（その内訳は146郷、40鎮、12県轄市）である。なお、2015年地制法改正により、直轄市山地原住民区（計6区）が新たに地方自治団体として創設され、その法的地位は郷（鎮・市）に準ずるものとされた（83条の2）。

　この3種の地方自治団体には、いずれも住民により選出される議員・代表から構成される議会・代表機関（直轄市議会、県〔市〕議会、郷〔鎮・市〕民代表会・区民代表会）（以下、「地方議会」という）が設置され、それぞれ制約を受ける自治条例制定権、自治執行権および自治組織権が認められるほか、住民により選出される長がおかれ、一定の自治規則制定権、自治執行権が認められる。

2　住民の権利

　憲法により付与される住民の権利には、直轄市民・県民・省轄市民の議員および長の選挙権・被選挙権のほか、県民・省轄市民についての自治事務に関する創制権（直接立法権）および複決権（県民投票権）がある（118条、123条、124条1項、126条、128条）。

　地制法16条により付与される直轄市民、県（市）民および郷（鎮・市）民・区民の権利については5つの権利が明記されるが、いずれも憲法と他の個別法で認められる権利であり、新たに創設したものではない。

　その他の法令により付与される住民の権利については、例えば公民投票法に

より付与される直接参政権（自治法規の複決権〔住民投票権〕、自治法規の立法原則の創制権〔直接立法権〕、自治事務の重大政策の創制権〔直接請求権〕および複決権〔住民投票権〕）（同法2条3項）、公職人員選挙罷免法により付与される地方議会議員・代表、地方自治団体の長、村長・里長の選挙権・被選挙権・罷免権（同法2条、15条、24条、75条）、行政手続法により付与される行政上の適正手続的権利（同法102条、107条、138条、152条、155条、164条等）、政府情報公開法により付与される情報公開請求権（同法4条1項）、訴願法および行政訴訟法により付与される訴願権および訴訟権がある。

3　地方自治団体の事務

地方自治団体が処理する事務について、地制法では「自治事務」と「委辦事務」の2種類が定められる。自治事務とは「地方自治団体が憲法又は地方制度法により、自立して立法し、かつ、執行する事務、又は法律の定めるところにより地方自治団体が処理する事務であって、それを政策企画及び執行する事務」をいい、委辦事務とは「地方自治団体が、法律、上位法規又は規章（規則）により、上級政府の指揮監督の下で執行し、かつ、その執行責任を負う事務であって、その団体に属する事務」をいう（2条2号、3号）。

自治事務について、法律に基づかず、公益等のため自主的に行うことの可能性については議論の余地が残る。委辦事務が存在することの問題性も指摘されている。

4　自治立法

前掲の地方議会はぞれぞれ一定の自治立法権が認められている。自治立法の体系は、立法主体および事務の性質により、「自治条例」、「自治規則」および「委辦規則」の3種類に区別される。

（1）「自治条例」・「自治規則」・「委辦規則」

「自治条例」は、地方議会（直轄市議会、区民代表会、県〔市〕議会、郷〔鎮・市〕民代表会・区民代表会）が自治事務に関して制定するもので（地制法25条）、日本の地方公共団体の条例に相当する。地方議会が自治条例を制定する際に、その自治条例の名称は当該地方自治団体名を冠するため（同法26条1項）、国の

法律たる条例とは区別されている（例えば台北市○○自治条例）。

「自治規則」は、地方自治団体行政機関が自治事務に関して制定するものであり（同法25条、27条1項）、日本の地方公共団体の長の規則に相当する。自治規則の名称は「規程」、「規則」、「細則」、「辦法」、「綱要」、「標準」、「準則」のいずれかを使用できるとともに、自治条例と同様、当該地方自治団体名を冠するため（同法27条2項）、国の法規命令とは区別されている（例えば新北市○○自治規則）。

「委辦規則」は、地方自治団体行政機関が委辦事務に関して制定するものである（同法29条）。

（2）自治立法の範囲と制限

自治条例の制定範囲について、法治国や民主主義の観点から、以下の4つの事項を自治条例で定めるとされている（「自治条例制定事項」と呼ばれる）。①法律または自治条例の定めるところにより地方立法機関で定めるべき事項、②地方自治団体の住民の権利または義務を創設または剥奪もしくは制限する事項、③地方自治団体とその所轄事業機構の組織に関わる事項、④その他地方立法機関の議決により自治条例で定めるとされる重要事項（同法28条）。

また、国の法規との関係では、自治条例が憲法、法律、法規命令、上位自治団体の自治条例に抵触してはならず、いずれかに抵触する場合は無効である（同法30条1項）。自治規則について、憲法、法律、法規命令、上位自治団体の自治条例、当該自治団体自治条例に抵触してはならず、いずれかに抵触する場合は無効である（同法30条2項）。委辦規則については、憲法、法律、法規命令、行政規則に抵触してはならず、いずれかに抵触する場合は無効である（同法30条3項）。

さらに、自治立法における行政上の義務違反に対する処罰の権限について、一定の制約を受けている。処罰権限は、直轄市および県（市）において自治事務に関わる行政上の義務に反する場合、自治条例で処罰を科すことができるが、郷（鎮・市）・直轄市山地原住民区においてはこのような処罰権限が認められない（同法26条2項）。直轄市および県（市）による処罰の内容・種類・限度についても、10万台湾ドル以下の罰鍰（過料）、営業停止、許可取消、またはその他一定の期間内の行為を制限しもしくは禁止する不利益処分にとどまると

される（同法26条3項）。

5　国と地方との関係

　国と地方自治団体との関係について、前述したように、地制法の前身である自治二法では地方に対する国の行政関与手段として取消、変更、廃止、執行停止および代執行という権力的手段しかおかれず、中央と地方が非対等的な関係にあるとされた。この基本構造は、地制法においても維持されている（75条、76条）。しかし、前述したように中華民国憲法で設計された国と地方との関係が対等といえるかについては議論の余地が残るとはいえ、少なくとも、省に対する国の行政的関与（115条）については権力的関与を否定するものと解することができよう。この省に対する国の行政関与の規定は、憲法改正により失効するとされた（増補条文9条1項）が、現行地制法における国と地方との関係は、元来の中華民国憲法の規定に比して後退したものといえよう。

【主要参考文献】
黄錦堂『地方自治法治化問題之研究』（月旦出版、1995年）
台北市政府法規委員會編『地方自治法學論輯（上、下）』（台北市政府法規委員會、1999年）
黄錦堂『地方制度法基本問題之研究』（翰廬圖書、2000年）
蔡秀卿『地方自治法理論』（學林、2003年）
蔡秀卿『地方自治法』（三民書局、2009年）
蔡秀卿「台湾における地方自治団体の事務」自治研究88巻6号41～69頁（2012年6月）

第 8 章

環境と法

　本章では、環境法について概説する。まず環境法の基本原則を説明し、環境法体系を概観し、重要な環境法制の現状を紹介したうえで、近年注目を集めている環境法における公益訴訟制度を紹介する。

【学習ポイント】
　台湾環境法では、環境影響評価法における環境アセスメントの審査結果の処分性が肯定されること、環境汚染規制法における被規制者に対する特別公課の徴収や違法行為の継続処罰、多くの環境関連法における市民訴訟制度の創設などが特徴的といえる。

I　環境法の基本原則

　台湾の環境法の基本原則については、理論レベルではEUや米国などのそれを受け継いだものが多いが、規範論レベルではいまだ慎重な意見にとどまるものもみられる。その中で、明らかに認容されているものとして、予防原則、汚染者負担原則や協働原則を挙げることができよう。

1　予防原則

　予防原則は1970年代の国際海洋汚染法において形成され適用されたもので、1992年の地球サミット採択の「環境と開発に関するリオ宣言」（リオ宣言）第15原則は「環境リスクを管理するため、各国はその能力に応じ予防的取組を広く講じなければならない。重大または回復しがたい損害の脅威が存在する場合には、完全な科学的確実性の欠如を、環境悪化を防止するための費用対効果の重大対策を延期する理由にしてはならない」と表明している。すなわち環境政策は、環境を脅かす危害への対処やすでに生じた損害の排除に限らず、一定の危険が生じる前に環境に対する危険の発生を防止し環境リスクの低減を図る、という視点で構築されなければならない。この予防原則は台湾においても肯定さ

れ、諸々の環境法制、例えば環境影響評価法制、食品安全・衛生法制や原発安全規制などにおいて採り入れられている。

2 汚染者負担原則（Polluter-pays-principle）

この原則は、一定の制度の構築を通じて、環境の使用や負荷・汚染により生ずる社会的な外部コストを内部化し、そのコストを環境の使用や負荷・汚染により利益を得る者に負担させることにより、その者が自己のコスト負担を削減するために、自発的に環境負荷・汚染を回避または減少するよう仕向けるとともに、市場における不公平な競争を排除しようとするものである。一般的に、この原則を実現するための制度として、いわゆる「ピグー税」や汚染排出費の徴収、汚染防止措置、汚染排除・回復といった行為義務や損害賠償などを挙げることができる。この原則を具体化した立法例として、空気汚染防制法（大気汚染防止法）16条に基づく空気汚染防制費の徴収や、道路法（原語は［公路法］）27条に基づく自動車燃料費の徴収などがある。過去には、空気汚染防制費の法的性質が争われたことがあり、大法官426号解釈（1997年5月9日）は、特別公課にあたるもので、租税とは異なると判示している。

3 協働原則

協働原則は、社会（市民）と公的部門が協働して環境保護を図るものである。この原則は、1976年にドイツ連邦政府の環境報告書（Umweltbericht）において、環境政策について個人の自由と社会との均衡関係を保つために利害関係者が協働して共同責任を負うことや、市民が環境政策の意思決定や政策決定過程に参画することの意味を含めたものとして打ち出されたものであり、ドイツ環境法の基本原則ともなっている。日本の環境基本法においても、公的部門・事業者・国民がともに環境保護の責任を負うとされ、同原則が立法化されている。また台湾の環境基本法4条においても同原則が明記されている。

II 環境法体系

台湾では、環境法律の整備は1970年代の公害規制立法から始まった。1972年に飲用水管理条例（法律）が、1974年に水汚染防治法や廃棄物処理法（原語は

〔廃棄物清理法〕）が、1975年に空気汚染防制法が、1983年に騒音規制（原語は〔噪音管制〕）法が、1986年に毒性化学物質管理法が、それぞれ制定された。1987年環境保全の主管庁として環境保護署が行政院に設置されて以降、1992年に公害紛争処理法が、1994年に水土水保持法や環境影響評価法（原語は〔環境影響評估法〕）が、1997年に環境用薬物管理法が、2000年に土壌及び地下水汚染整治法、海洋汚染防治法が、それぞれ制定された。2000年代に入ると、循環型社会の構築を目指して、2002年に環境基本法および資源回収再利用法が制定された。そして2010年には環境教育法が、2015年に地球温暖化の抑制を目的とする温室効果ガス減量及び管理法が制定されるに至った。そのほかに環境保護署管轄外で、内政部が主管庁である国家公園法、行政院農業委員会が所掌する野生動物保育法、行政院文化建設委員会が所管する文化資産保存法などもある。

　これらの環境法律を性質により整理すると、①環境通則法（環境基本法、環境影響評価法、環境教育法）、②環境汚染規制・環境リスク管理法（飲用水管理条例、水汚染防治法、廃棄物処理法、空気汚染防制法、騒音規制法、土壌及び地下水汚染整治法、海洋汚染防治法、水土水保持法、毒性化学物質管理法、環境用薬物管理法）、③循環型社会の構築のための法（資源回収再利用法）、④自然保護法（国家公園法、野生動物保育法、文化資産保存法）、⑤紛争処理および救済法（公害紛争処理法）、⑥地球環境法（温室効果ガス減量及び管理法）に分けることができる。

　なお、環境自治立法については、地方自治団体（直轄市、県〔市〕、郷〔鎮・市〕）の自治条例・自治規則・委辦条例の制定権が認められる（第7章参照）。ただ環境法分野における事務配分については、環境保全事務が全国統一的な性質を有しており、とりわけ規制権限に関してはほとんどが国の事務であり、地方自治団体の自治事務とされるものはきわめて少ない。したがって、地方自治団体が国の環境法令に依拠しつつ独自で制定する環境自治条例・自治規則もあるが（例えば台北市一般廃棄物処理費用徴収自治条例、台北市における資源廃棄物の強制分別、回収及び管理に関する辦法）、全体としては、国の環境法令が地方自治団体にも一律に適用され、地方自治団体が国の環境法令を執行するのが一般的であることから、環境自治立法はきわめて少ない。

　Ⅲでは、環境通則法のうち、環境基本法および環境影響評価法、ならびに環境汚染規制法を紹介する。

III 主要な環境法制

1 環境基本法

　2002年に制定された環境基本法は、総則（1条〜14条）、規画及び保護（15条〜18条）、防止及び救済（19条〜34条）、附則（35条〜39条）の5章41カ条からなる。

　同法は、環境の質を向上させ環境資源を保全し持続的な発展の可能な社会を構築することを目的としている（1条）。国の長期計画、経済、科学技術の発展はいずれも環境に配慮されなければならず、経済、科学技術、社会の発展は環境に対し著しく悪影響を及ぼしまたは危害を加えるおそれがある場合は、環境の保護が優先されなければならない（3条）。また、これらの目的を実現するために、国民、事業者、各級政府がともに環境保護の義務と責任を負うべきことが明記され、環境汚染者、破壊者はそれにより生じた環境危害または環境リスクに対し責任を負い、その汚染者もしくは破壊者が存在せず、または確実に知ることができない場合には、政府がその責任を負うとされる（4条）。そして国民（5条）、事業者（6条）、各級政府（7条〜14条）の責務の内容について、それぞれ明確に定められる。各級政府が策定すべき政策や施策については2章「規画及び保護」（15条〜18条）、3章「防止及び救済」（19条〜34条）に詳細な規定がおかれる。なお、国民・事業者・各級政府に環境保護の理念を浸透させるために、6月5日を「環境の日」として定めている（40条）。

　しかし、日本法と比べ、台湾では「基本法」と名づけられる法律が少ないこともあり、基本法の性質やその適用のあり方についてしばしば問題となる。環境基本法においても例外ではない。同法23条には、「政府は、段階的に『非核家園』（脱原発）計画を策定しなければならず、原子力の安全管理、放射線管理、放射線物品管理、環境放射線の計測を強化しなければならない」とする脱原発の方針を含む原子力政策が明記されている。この脱原発方針の規定が政府に対し法的拘束力があるかについては見解が分かれるが、法的拘束力はないとみるのが妥当であろう。というのは、本法の規定は環境保護に関する基本原則や理念を定める原則的・指針的な規定にすぎず、強制義務規定ではなくそのため、それらの責務の実効性を担保するための罰則などの措置を設けることがで

きないからである。

とはいえ、政府には、掲げられた基本原則を実現するために定められた基本政策を講じ法律の整備を行う責務がある。その意味で、本法には個々の政策実現や法整備のための牽引役としの役割も期待される。現在、資源回収再利用法、環境教育法などが制定されているが、いわゆる「ライフサイクル環境管理及びグリーン購入の経済システムの構築」(8条)、「総量規制の理念に基づく環境資源及び土地の開発利用」(16条)、「非核家園」(脱原発)(23条)に関する政策や、環境緊急対策や環境救済を含む「環境責任法」の整備は、いまだ棚上げされたままである。

2　環境影響評価法

環境影響評価法は1994年12月に制定され、これまでに3回の改正が行われた。

環境アセスメントの対象事業は、①工場の設置、工業区の建設、②道路・鉄道・大衆交通機関・港湾・空港の建設、③土石・鉱石の採取、④蓄水・供水・防水・排水の整備、⑤農業地・林業地・漁場・牧地の開発利用、⑥遊楽地・観光地・ゴルフ場・スポーツ場の開発、⑦文教・医療施設の開発、⑧新市街・高層建築物の開発、旧市街の建替え、⑨環境保全施設の建設、⑩原子力その他のエネルギーの開発・放射線廃棄物の処理施設の建設、⑪その他主管機関が告示するものとされる(5条)。環境保護署は前掲11号の授権規定に基づいて、火力発電所の建設、旧台湾糖業会社敷地の工場の建設を対象事業に指定している。また、前掲の対象事業の細目、範囲およびその認定基準については、同法5条2項に基づき制定された「開発行為の環境アセスメントの細目、範囲及び認定基準」において、環境アセスメントを実施すべきとされる各対象事業の詳細やその基準が定められる。

環境アセスメントの手続は、開発行為が環境に重大な影響を及ぼすおそれがあるか否かにより区別される。まず開発行為をしようとする事業者は、開発行為の名称・場所・目的・内容、環境の現況、環境に与える影響の予測、環境保護対策や代替方案等を記載した環境影響評価説明書(以下、「説明書」という)(6条)を許可権限機関を通じて環境保護署に提出し、環境保護署はその説明書を受けて50日以内に審査結果を出すとともに、それを公表する(7条1項、

2項)。審査結果が環境に重大な影響を及ぼすおそれがないとした場合には、開発事業者は住民に対し説明会を開催し、その事業と審査結果を説明して（7条3項）、その説明会の記録を後に公表する。これを環境アセスメントの第1段階の手続と呼ぶ。

次に、審査結果が環境に重大な影響を及ぼすおそれがあるとされた場合には、引き続き、以下の第2段階の手続が行われる。開発事業者は説明書を環境保護署および許可権限機関等の関係機関に送付し、説明書を30日以上告示縦覧させ、開発事業者、開発行為の場所、審査結果および説明書の掲示場所を新聞に掲載し、告示期間満了後、公開説明会を開催する（8条）。関係機関や住民は、告示期間満了後15日以内に、書面による意見陳述をすることができる（9条）。公開説明会後、環境保護署は許可権限機関、関係機関、学者、環境団体などからなる審査体制で、代替方案の可能性、環境アセスメントの項目（調査、予測、分析、評価方法）を決定する（10条）。開発事業者は、環境保護署、許可権限機関、関係機関、学者、団体、住民などの意見を参酌したうえで、環境の影響の予測・分析・評価、環境への不利な影響を軽減・回避する対策、代替方案、総合環境管理計画、関係機関や住民の意見に対する処理の状況などを記載する環境影響評価書（以下、「評価書」という）初稿を許可権限機関に提出する（11条）。許可権限機関は、その評価書初稿を受けてから30日以内に環境保護署、環境アセスメント委員会、関係機関や学者・団体などとともに、現場の鑑査を行い、公聴会を開催したうえで、鑑査記録、公聴会記録および評価書初稿を環境保護署に送付する（12条、13条1項）。環境保護署はそれらを受けて60日以内に審査を行い審査結果を出す（13条2項）。その評価書初稿により修正可能であるとされた場合、具体的な修正意見に基づく修正を開発事業者に命じ、開発事業者がそれに応じ修正したときは、環境影響評価を通過し、審査結果の要旨を告示し公報に掲載する（13条3項）。他方、その評価書初稿により補正すべきとされた場合は、具体的な補正事項の補正を命じ、開発事業者がそれに応じないときは、開発行為の許可を拒否するよう許可権限機関に要請する（13条の1。これを否決権という）。

また、環境アセスメントの実効性を確保しその結果（審査結果）を確実に許可に連動させるために、許可権限機関は、説明書の審査がいまだ完了していないとき、または評価書が通過する前に、開発の許可をしてはならず、これに反

して開発許可をした場合、その開発許可は無効とされる（14条1項）。また、環境保護署が開発行為をすべきでないとした場合には、許可権限機関は開発の許可をしてはならないが、改めて代替方案を提出し審査することが可能である（14条2項）。なお、開発許可の有効期間は3年であり、開発許可を得てから3年を経過して開発事業に着手する場合、環境の現況に対する差異分析や対策の報告を提出することが義務づけられている（16条の1）。環境保護署による開発事業着手後の監督についての規定もおかれる（18条）。

前掲の環境アセスメントの手続のうち、第1段階において開発行為が環境に重大な影響を及ぼすおそれがあるか否かを決定する審査結果は、第2段階の手続をするかどうかを決める基準となる。また、第2段階において開発すべきでないとする環境保護署の審査結果は、許可権限機関にも法的拘束力をもつとされる。そのため、これらの審査結果の適法性がしばしば取消訴訟において争われてきたが、その際、審査結果の処分性の有無が問題となる。

例えば廃棄物焼却施設の環境アセスメントの審査結果の処分性の有無が争われた事件で、高雄高等行政法院94（2005）年5月31日92（2003）年度更字35号判決は、環境アセスメントの審査結果は、許可権限機関が許可をするか否かの裁量行為を行うにあたっての内部行為にすぎず、直接に対外的に法的効果を生ずるものではないとして、審査結果の処分性を否定した。しかし、その上告審である最高行政法院96（2007）年9月6日96（2007）年判字1601号判決は、本件は条件づきで環境アセスメントを通過したものであるため、開発事業者は同法18条の条件に従って行わねばならず、しかもごみ収集車がいかなるルートで回るか、いかにしてコミュニティの環境を保護するか、有害廃棄物への規制やモニタリングをいかにして行うかといった諸条件が、開発事業者に対しまったく法的効果を有しないとは言い難く、同法16条1項および22条前段の規定に鑑みても、こうした審査結果が開発業者にまったく拘束力を有しないとは言い難い、さらに、開発事業者が環境影響評価説明書および審査結果に記載された内容のとおりに実施しない場合、主管機関は同法23条1項1号により処罰することができるとの規定からも、審査結果が一定の規制力を有するものと認められるとして、審査結果の処分性を認め原審判決を破棄した。結果として、その後の同類事件判決では、審査結果の処分性が肯定されるようになった。

以上の環境アセスメントの手続の設計については、環境アセスメントの審査

結果と開発許可を強制的に連動させることにより、環境アセスメントの実効性を確保することができ、また、早い段階に取消訴訟で審査結果の処分性を肯定することによってその適法性を争える点で評価できよう。しかし、許可権限機関は、許可権限を付与される根拠法に基づいて様々な考慮要素を勘案して許可をするか否かを総合的に判断するのであるが、環境アセスメントの審査結果が開発許可に法的拘束力をもつことによって、こうした総合的な判断を妨げることにもなろう。実務では、環境アセスメントの審査結果のほとんどが「条件つき通過」とされていることから、環境アセスメントの機能について疑問視する意見もある。

後述するように、環境汚染規制法で設けられる市民訴訟制度は、環境影響評価法23条においても導入されている。

3　環境汚染規制法

現在では、環境汚染を規制するための法として、水汚染防治法、廃棄物処理法、空気汚染防制法、室内空気品質管理法、騒音規制法、毒性化学物質管理法、土壌及び地下水汚染整治法や海洋汚染防治法などがある。以下では、特徴的な点のみを紹介する。

（1）環境品質基準および規制基準（排出・排水基準等）

前掲の諸環境法律では、規制手法として、環境品質基準および規制基準がある。前者は各規制対象の媒体の品質に関する基準であり、例えば空気汚染防制法5条3項に基づく「空気品質基準」、室内空気品質管理法7条2項に基づく「室内空気品質基準」、騒音規制法9条2項に基づく「騒音規制基準」などがある。また、これらの品質基準の下で業種別または規制対象別に、具体的な規制基準が定められる。例えば空気汚染の規制について、同法20条2項に基づく固定汚染源空気汚染物排出基準、陶瓷器製造業乾燥設備・ガラス業・電力施設・自動車塗装業・セメント製造業・半導体製造業などにおける空気汚染物排出基準、中小型廃棄物焼却炉ダイオキシン規制基準、同法34条に基づく交通機関における空気汚染物排出基準などがある。

これらの環境品質基準、規制基準の法的性質は、いずれも法規命令である。その設定の手続は、行政手続法152条から157条の規定による。

（2）被規制者に対する特別公課の徴収

汚染者負担原則に基づいて被規制者に対し特別公課を徴収する制度が環境法律の多くに設けられている。例えば空気汚染防制法16条に基づく空気汚染防制費、水汚染防治法11条に基づく水汚染防治費、海洋汚染防治法19条に基づく海洋汚染処理費、廃棄物処理法16条に基づく資源廃棄物回収処理費、土壌及び地下水汚染整治法28条に基づく土壌及び地下水汚染処理費の徴収などがある。

（3）実効性の確保

各種の規制の実効性の確保手段は、基本的に行政刑罰と行政秩序罰である。行政刑罰の場合、最高法定刑が無期懲役とされるものもある（空気汚染防制法46条、水汚染防治法37条）。行政秩序罰については、特に継続的違法行為に対して、多くの環境法律において、改善されるまで、違法行為ごとに、日ごとに継続して処罰するという厳しい処罰規定が設けられている（空気71条2項、水汚染54条、騒音35条2項、廃棄物61条など）。なお、課される罰鍰（過料）が支払われない場合、行政執行法における金銭給付義務の強制執行を行うことになる。

（4）市民訴訟制度

後述するように、多くの環境法律では、主管機関が法執行を怠ったとき、一般市民や公益団体が主管機関を被告とし法執行を求める市民訴訟制度が設けられている。

Ⅳ 環境法における公益訴訟制度

1 行政訴訟法における公益訴訟および公益団体訴訟

1999年改正行政訴訟法9条および35条で、公益訴訟および公益団体訴訟制度が導入された。公益訴訟は、法律に特別の規定がある場合に、「人民」が「公益の保護のため、自己の権利又は法律上の利益に関わらない事項について、行政機関の違法な行為に対し」提訴するものである（9条）。公益団体訴訟は、「公益を目的とする社団法人」（非法人団体を含む）が「その規約所定の目的の範囲内で、共同利益を有する構成員により一定の法律関係につき訴訟実施（又は提起）権限を付与された場合に限り、公益のために」提訴するものである（35

条)。

2　環境法における公益訴訟（市民訴訟）

　環境法においては、前掲の公益訴訟に関する一般規定が創設される前から、独自に、特別の規定として公益訴訟（市民訴訟）が導入された。環境法で最初に市民訴訟（台湾では「公民訴訟」と呼ばれる）を導入したのは、1998年12月29日改正空気汚染防制法74条（現行法81条）である。それは、①公私の場所（被規制者）が本法またはそれに基づく命令に違反しているにもかかわらず、主管機関がその法令の執行を怠っているときは、被害者または公益団体は書面をもって執行を怠ったことについての具体的な内容を主管機関に通告し、②主管機関がその通告書面が到達した日から60日を経過したにもかかわらず執行しないときは、被害者または公益団体は怠った職務につき、行政法院に直接、主管機関を被告とし、主管機関が執行すべき旨を命ずるよう提訴する、というものである。また、認容された場合、行政法院は職権で、弁護士費用、鑑定費その他の訴訟費用を大気品質の維持に具体的な貢献を有する者に対し、被告機関が支給すべき旨を命ずることができる。この市民訴訟条項は、その後、モデル条項として、1999年6月22日改正廃棄物処理法34条の1（現行法72条）、2000年1月1日改正海洋汚染防止法59条、2000年2月2日制定された土壌及び地下水汚染整治法49条、2002年5月22日改正水汚染防止法72条においても導入されている。また、注目すべきは、2002年12月11日に制定された環境基本法34条、2003年1月8日に改正環境影響評価法23条においても導入されていることである。

（1）目　的
　市民訴訟は、法執行における市民の参加の機会を確保し環境保護における行政の規制権限の積極的行使を促し、もって環境保護に資することを目的とする。

（2）性　質
　環境法上の市民訴訟は、米国の市民訴訟に近いものといえる。米国の環境法上の市民訴訟は、義務履行確保型と規制権限行使請求型があり、公法・私法の区別を前提にする諸国からみれば、民事訴訟および行政訴訟を含む包括的な訴

訟類型である。公法・私法の区別を前提とし公法上の争議を管轄する行政法院をもつ台湾では、環境法上の市民訴訟は、行政機関を被告として行政法院に出訴する行政訴訟として位置づけられているが、市民訴訟の形態は、米国市民訴訟と同様に、義務履行確保型と規制権限行使請求型の両者を含む。ただ、この２つの形態を含む市民訴訟の性質については、義務付訴訟説と一般給付訴訟説とに見解が分かれているが、後者が妥当であろう。

（３）出訴者

環境法上の市民訴訟において出訴できるのは、「被害者・人民」および「公益団体」である。環境基本法34条では「人民」と規定されているのに対して、他の環境法律では「被害者」と規定されている。「被害者」というのは、行政庁が環境法令により課せられた作為または不作為義務を怠っていることにより権利利益を侵害された、あるいは侵害されるおそれがある者という狭い意味ではなく、忠実な執行により保護される利益を侵害された、あるいは侵害されるおそれがある者を意味する。したがって、被規制者が環境法令に違反し、その環境法令の忠実な執行により保護される利益を侵害された、あるいは侵害されるおそれがある者が出訴できるのである。環境法令の忠実な執行により保護しようとする利益は、国民全体に及ぶ包括的拡散的な環境利益であるため、「被害者」は実質的には「何人も」と同等となり、米国の市民訴訟で３つのテストが要求されるのと比べて広範囲なものとなる。

また、公益団体も出訴できるが、出訴できる団体の資格・要件等については、現行の環境関連法には定めがない。

（４）訴訟対象

環境法律上の市民訴訟は、主管機関が環境法令の執行を怠っていることに起因する訴訟であり、その訴訟対象は主管機関による環境法令の執行である。その際、法執行を怠った事実が存在しない限り、出訴できない。法執行がいかなる作用を意味するかについては、具体的には各環境法令の定めによるが、被規制者に対して義務履行を確保するための手段、法令に付与される各行政手段（権力的行為、非権力的行為、法律行為、事実行為）、違法行為への差止め等が考えられる。

（5）訴訟通告

　市民訴訟の出訴前に、主管機関所定の書面をもって、法執行を怠ったことについての具体的内容を主管機関に通告する手続が義務づけられる。主管機関は通告が到達して60日以内にその通告どおりに執行すれば、市民訴訟の提訴は認められず、60日を経過したにもかかわらず法令を執行しないときに初めて出訴が認められる。また、この60日の訴訟通告は市民訴訟前の前置手続であって、それを経ずただちに提訴した場合には、訴えが却下され、仮処分も認められない（最高行法院97〔2008〕年8月29日97〔2008〕年度裁字4279号裁定参照）。

【主要参考文献】
黃錦堂『台灣地區環境法之研究』（月旦出版、1994年）
劉宗德「中華民國環境保護之法制與手法」政大法學評論57号37-67頁（1997年）
葉俊榮著・徐行訳「環境アセスメントにおける市民訴訟の運用—台湾における実践と検討」新世代法政策学研究6号29-50頁（2010年）
蔡秀卿「台湾における行政訴訟法と環境法上の公益訴訟」大阪経済法科大学法学論集69号153-183頁（2011年）
賴宇松「環境基本法制之理論與實踐—從日本基本法理論觀之」台灣環境與土地法學雜誌13号99-136頁（2014年）

第9章

土地と法

　本章では、土地法について概説する。ここでいう土地法とは、土地とその定着物の所有および使用関連を規定する法則全般を指す。土地立法の目的は、人と土地の関係に関する法則を定め、土地政策を執行し、土地問題を解決することにある。土地法則の内容は非常に幅広く複雑であり、公法、私法の両者の範疇にわたる。例えば筆者が編集した『土地法規小六法〔17版〕』（新学林出版、2015年）では、「基本法規」、「地籍法規」、「地価法規」、「土地使用法規」、「国・公有地管理法規」、「土地税法規」、「産業発展関係法規」、「不動産取引関係法規」、「環境・資源保護法規」、「公物・公共施設関係法規」および「行政法関係法規」の11項目に分類し、計214件の土地に関する法規を収めている。
　以下、土地法規のうち、土地の基本法である土地法、耕地三七五減租条例（耕作地小作料軽減条例。法律。以下同）、区域計画法、都市計画法、国家公園法および土地税法等を中心に説明する。

【学習ポイント】
　土地の法現象および法律関係は公法と私法の両域にわたり、実体法と手続法にも関連していることから、土地法を学習するには、個別法律の規定内容を理解するほか、土地法規の体系、各土地立法の性質・位置づけや立法原理等も把握する必要がある。

I　土　地　法

1　沿革と全体の構造

　土地法は1930年に中国大陸で制定・公布され、1945年台湾で施行された後、1946年に全面改正が行われた。本法は土地政策の基本法として制定され、全体の構造は「総則」、「地籍」、「土地使用」、「土地税」および「土地収用」の5編計247条からなる。
　土地法は、法律体系の中でも重要な法律の1つである。しかし、1946年の全面改正以降、政治状況の変化や社会経済の発展に対応するために、本法の改正ではなく、個々の特別法を制定するという立法政策がとられてきた。それゆ

え、現行土地法のうち、「総則」、「地籍」の２編および「土地使用」編の「家屋及び敷地の賃貸借」の章の規定のみについて法規範の機能が果たされ、その他の部分については多くの特別法（例えば都市計画法、平均地権条例、耕地三七五減租条例、土地税法、土地収用条例等）により適用除外された結果、土地法は全体として形骸化している。

2 重要内容

現行土地法のうち、特別法による適用除外の規定を除いて、現在もなお土地に係る法規範において重要な意味をもち、立法目的を実現するための重要原則に関する諸規定がある。その重要規定の内容は以下のとおりである。

(1) 共有不動産の処分または設定における多数決原則

不動産の経済性の促進かつ有効利用のため、共有の土地や建築物の処分、変更ならびに地上権、農育権（他人の土地での農作、森林、養殖、牧畜、竹木の種植または保育を目的とする物権。民法850条の１参照）、不動産役権および典権（典権者が典価を支払って典権設定者の不動産を使用収益できる物権。民法911条参照）の設定については、共有者の過半数かつその持分総数の過半数の同意があればこれを行うことができるとされる（34条の１第１項）。

(2) 不動産登記の公信力

不動産取引の安全性を確保するため、土地法43条では「本法により為した登記は、絶対的効力を有する」と定められている。登記に絶対的効力をもたせるのは、善意の第三者の保護の観点から、登記事項に絶対真実の信頼性を付与し、それにより、第三者がその登記を信頼し土地の権利を取得した場合には、登記原因に無効や取消の事由があったとしてもその権利を追奪されることを避けることができるからである（司法院院字第1919号、第1956号解釈）。

(3) 不動産登記に関する損害賠償における無過失責任の原則の採用

不動産の登記事項には公信力が認められるため、土地法では、さらに登記内容の錯誤、遺漏または虚偽により損害を被った場合、登記機関は損害賠償責任を負わなければならないとされ、原則として無過失責任主義がとられる。ただし、登記機関は損害が被害者の責めに帰すことを証明した場合にはこの限りでないともされる（68条1項）。また、この損害賠償の実効性を担保するために、登記機関は、受納した登記手数料から10％を拠出し不動産登記損害賠償専用

予備金として積み立てなければならないとされる（70条1項）。
(4) 優先購入権に関する規定
① 土地法では、不動産共有者がその持分を売却しようとするときは、共有不動産の法律関係を単純化させるために、他の共有者は同一価格をもって優先的に購入する権利を有するとされる（34条の1第4項）。
② 土地法では、敷地およびその上の建物の所有者が同一であることが望まれることから、敷地所有者がその敷地を売却しようとするときは、土地利用の効率性を向上させ、権利紛争を避けるために、地上権者、典権者または賃借人は同様の条件をもって優先的に購入する権利を有するとされる。また、建物所有者が建物を売却しようとするときには、敷地所有権者は同様の条件をもって優先的に買取する権利を有する（104条）。
(5) 家屋および土地の賃料および担保金の上限規制
　土地法では、都市部の家屋の年間賃料は、土地および建築物の申告総価額の10％を限度とする。約定の家屋賃料がその上限額を超えた場合には、当該直轄市または県（市）政府は、所定の基準に基づき、強制減額を命ずることができる（97条）。また、家屋賃料を現金で担保する場合、担保額は賃料2カ月分の総額を超えてはならない。担保金額がこの上限額を超えた場合、賃借人はその超過部分を賃料に充当することができる（99条）。なお、これらの規定は土地の賃料および担保金にも準用される（105条）。

II　耕地三七五減租条例（耕作地小作料軽減条例）

1　耕地三七五減租条例の概要

　1950年代から、農村の発展を促進し耕作地賃借人の権利を保護するために、「耕地三七五減租」（地主が小作人から収受する小作料を収穫物の37.5％を上限とする小作料軽減政策）、「公地放領」（国公有耕作地を農民に払い下げる政策）、「耕者有其田」（耕す者が自ら土地をもつ意味。地主から土地を取り上げ、小作人に払い下げる政策）と呼ばれる農地改革の3大政策が実施されてきた。そのうち、1951年に制定された耕地三七五減租条例では、賃借人の権利を保護するために、耕作地賃貸借契約の最短期限、耕作地の小作料に関する制限、賃貸借契約解除および地主による耕作地回収の制限に関する規定が定められている。耕作地所有権の制

限に関する規定は以下のとおりである。
① 耕作地の小作料に関する制限：小作料は主要農作物の年間収穫総量の1000分の375を超えてはならない（2条1項）。また、賃貸人は小作料をあらかじめ収受すること、賃借保証金を徴収することも禁じられる（14条1項）。
② 賃借期間に関する制限：耕作地賃借期間は6年以下であってはならない（5条）。
③ 契約解除（耕作地回収）に関する制限：耕作地の賃貸借契約期間満了前に、「賃借人が死亡し、相続人がいないとき」、「賃借人が転居、転業等により耕作権を放棄したとき」、「小作料の滞納総額が2年分に達したとき」、「不可抗力によることなく継続して1年間耕作をしていないとき」、「法律により非耕作地に指定または変更されたとき」のいずれにも該当しなければ、賃貸人は契約を解除することはできない（17条1項）。また、「法律により非耕作地に指定または変更された」ことにより契約を解除する場合、賃貸人は賃借人に対し、次の補償を支給しなければならない。(a)賃借人が土地改良のために支払った費用（ただし、いまだ効能が失われない部分の価値に限られる）、(b)未収穫農作物の価額、(c)契約解除時の告示土地価額から土地増価税を差し引いた額の3分の1（17条2項）。また、契約期間満了の際にも、「賃貸人が自ら耕作に従事できないとき」、「賃貸人の全収益が一家の生活を維持するに足りるとき」、「耕作地の回収により、賃借人に家庭生活の基盤を失わせるとき」のいずれかの事情に該当する場合、賃貸人は耕作地を回収することはできない（19条）。したがって、契約期間満了時、賃貸人が本条例に基づいて耕作地を回収し自ら耕す場合を除き、賃借人が耕作地賃借の継続を希望すれば、賃貸借契約を更新するものとされる（20条）。
④ 賃借人の物権的優先買取権：耕作地が売却されるときは、賃借人は優先的に購入する権利を有する。この場合は賃貸人が売却の条件を書面で賃借人に通知しなければならない。賃貸人がその規定に違反し第三者と契約を締結した場合、その契約は賃借人に対抗することができないとされる（15条）。

2　現行耕地三七五減租条例の主な問題点

前述したように、耕地三七五減租条例は60数年前の農業社会の時代に耕作地賃借人の権利の保護を目的とする法律である。しかし、経済の発展、産業構造

の変化を経た現代社会においては対応しきれない問題が生じてきた。最も悩ましいのが、耕作地賃貸人との均衡関係と耕作地賃借人の権利保護のあり方である。現行の耕作地賃借人の権利保護の規定について、司法院大法官580号解釈（2004年7月9日）は、前掲条例17条2項3号で「契約解除時の告示土地価額から土地増価税を差し引いた額の3分の1」の補償に関する規定が、耕作地所有権者（耕作地賃貸人）の財産権を不当に制限するものであり、憲法23条の比例原則や15条の財産権保障の規定に反するとして、迅速に法改正を行うよう宣告した（また、司法院大法官579号解釈〔2004年6月25日〕は違憲とは明示しないものの、法改正の旨を宣告した）。しかし、多くの耕作地賃借人の反対により、前掲大法官解釈に基づく法改正がいまだなされず、膠着状態となっている。一方で、現代社会では耕作地所有権者（賃貸人）は、本条例に基づく財産権の制限により、特別の犠牲を強いられることになるため補償を要するとする学説もある。

Ⅲ　土地使用の規制と土地使用に関する法律

土地使用の規制については、「都市土地」、「非都市土地」および「国家公園」の3領域に分かれ、それぞれ、基本法である都市計画法（1939年制定）、区域計画法（1974年制定）、国家公園法（1972年制定）により規制されている。

1　都市土地使用の規制

都市土地とは、都市計画法に基づき都市計画に指定される範囲内の土地を指す（平均地権条例3条1号）。この都市土地の使用は、主として都市計画法および同法に基づく法規命令・自治立法（例えば都市計画法台湾省施行細則、台北市都市計画施行自治条例、都市計画法高雄市施行細則）、ならびに各自治体の都市計画により規制されている。台湾の都市計画の手続は2段階に分けて進められる。まず細部計画の上位計画でありその策定準則とする主要計画が策定・公示される。次に、主要計画に基づき時期や地区ごとに都市計画の実施準拠とする細部計画が策定・公示される（都市計画法7条1号、2号）。また、細部計画が公示されない地区については、建築使用または地形変更が禁じられる。ただし、主要計画が公示されてから2年以上経過し、建築線を確定することができるとき、または主要公共施設がすでに主要計画により完成したときは、関係建築法令に

より、建築主管機関は建築線を指定し建築許可をすることができるとされる（同法17条）。

　都市土地の使用規制の内容については、主に土地使用区分（用途地域）と公共施設用地（または保留地）の使用制限の2種類がある。前者について、都市土地は都市計画により住宅区、商業区、工業区、農業区、風致区等の使用分区（用途地域）に画定され、また、実際の状況に応じてその他の使用区または特定専用区として画定されることもある。各使用区は実際の必要性に応じてさらに区分けし、それぞれ程度の異なる規制をかけることができる（同法32条以下）。さらに土地の建蔽率、容積率、用途、敷地面積、建物の高さ制限等の具体的な規制内容については、都市計画法施行細則および都市計画細部計画による。後者については、都市計画ではさらに実際の状況に応じて、道路、公園、市場、駐車場、上下水道、廃棄物処理場等の各種公共施設用地または公共施設保留地に指定される（同法42条）。公共施設保留地に指定されているがまだ公共施設として使用されていない土地については、指定目的の妨げとなる使用をしてはならない。ただし、従来の用途で継続使用する場合、仮建築物として使用する場合、または指定目的の軽微な妨げとなる使用をする場合には、例外としてその使用が認められる（同法50条、51条）。

　また、社会・経済的変化に適合させるために、都市計画が公示・実施された後、計画策定主務機関は定期的（5年ごと）に全面的に検討し、必要であればこれを変更しなければならず（同法26条）、個別的かつ重大な事情が生じた場合にも、これを変更することができる（同法27条）。都市計画を変更する場合は、主務機関は、都市計画の変更範囲内において、土地の権利関係者に対し変更により得た開発利益を直轄市、県（市）政府に公共施設用地もしくは建築可能な土地を提供もしくは贈与し、または受益負担金を負担することを求めることができる（同法27条の1）。

　なお、都市計画の法的性質について、司法院大法官156号解釈（1979年3月16日）では、個別的事情により変更された都市計画は行政処分にあたるとされた。これによれば、新たに策定された、または全面検討により変更された都市計画については、行政処分でなく法規命令であると解されている。

2　非都市土地使用の規制

　非都市土地とは、都市計画範囲外の土地を指す（平均地権条例3条2号）。非都市土地使用の規制について、区域計画法15条1項では「直轄市又は県（市）政府は、非都市土地分区使用計画に基づき非都市土地使用分区図を策定し、かつ各種使用地を指定し、上級所管機関に報告した後に規制を実施する。……その規制の規則は、中央主務機関がこれを定める」と定められている。この規定の下で、非都市土地は特定農業区、一般農業区、工業区、農村区、森林区、山地保護区、風致区、国家公園区、河川区、海域区および特別専用区の11種の使用分区に策定される（非都市土地使用規制規則2条）。また、各使用分区の性質に応じて、甲種建築用地、乙種建築用地、丙種建築用地、丁種建築用地、農牧用地、林業用地、養殖用地、塩業用地、鉱業用地、窯業用地、交通用地、水利用地、レジャー用地、古蹟保存用地、生態保護用地、国土保安用地、墓地用地、海域用地および特別目的事業用地の19種類の使用地に指定され（同規則3条）、各種使用地の用途項目、使用強度（建蔽率、容積率）等が定められる（同規則6条、7条、9条）。

　このように非都市土地は一定の使用区および使用地に指定された後、指定された用途および使用強度等の規制を受ける。ただし、土地開発のために、土地権利者は随時その使用区分または使用地別の変更を申請することができる（区域計画法15条の1、前掲規則3章、4章）。また、この使用区分または使用地別の変更を申請する場合、関係法律により公共施設を設置する、または直轄市もしくは県（市）政府に開発影響費もしくは受益負担金を支払わなければならないという条件が付される（区域計画法15条の3、農業発展条例12条等）。

3　国家公園区域土地使用の規制

　国家公園法に基づき国家公園として指定された区域の土地使用は、国家公園法および国家公園計画により規制されている。国家公園は、土地利用の形態や資源の特性に応じて、①一般規制区、②レジャー区、③史跡保存区、④特別景観区、⑤生態保護区に分けられ、それぞれ様々な規制がされている（同法12条）。これらの規制の実効性を確保するために、主管庁である国家公園管理処または裁判所は、国家公園区域の土地使用規定に違反した者に対し、国家公園法に基づき行政罰または刑事罰を科すことができる（同法24条～27条）。

Ⅳ　土地税法

　土地税は、地価税、田賦（農地税）および土地増価税の3種類がある。土地に対する課税の法的根拠は、1977年の土地税法制定までは土地法地税編であったが、土地税法制定後は同法が根拠法となり、現在に至っている。以下、各種の土地税の内容を簡単に紹介する。

1　地価税
（1）課税範囲
　地価税(土地固定資産税)とは、土地所有権者の所有する土地に対し徴収する財産税である。土地税法14条で「地価が定められた土地は、本法第22条の規定により田賦が課されるほか、地価税が課されなければならない」と定められている。

（2）納税義務者
　地価税の納税義務者は土地所有権者である。ただし、土地が信託財産である場合、信託関係継続中、地価税の納税義務者は土地の受託人とするとされる（同法3条、3条の1）。

（3）課税基準
　地価税は、土地ごとの所有権者が各直轄市または各県（市）の所轄区域内にある土地の地価総額により計算して徴収するとされる（同法15条）。その地価総額の計算基礎および手続については以下のとおりである。まず直轄市または県（市）政府は、3年ごとに平均地権条例14条および15条に基づき所轄区内の各筆土地の地価を評価し公示（公示期間は30日間）する（これを「公示地価」という）。また、土地所有権者は、その公示期間内に自ら、各直轄市または各県（市）政府に土地の地価を申告する（これを「申告地価」という）。公示期間内に地価の申告がされなかった場合、公示地価の80％をその申告地価とする。申告地価が公示地価の120％を超えた場合、公示地価の120％をその申告地価とする。申告地価が公示地価の80％に及ばない場合、その申告価格で買い取る、または公示地価の80％を申告地価とするとされる（同条例16条）。

（4）税　率

(1) 基本税率および累進税率

　地価税の基本税率は1000分の10である。基本税率に適用されるのは、土地所有権者の地価総額が土地所在地の直轄市または県（市）の累進起点地価を超えない場合である。累進起点地価とは、各当該直轄市または県（市）の土地7アールの平均地価を指す（ただし、工業用地、鉱業用地、農業用地および免税土地を含まない）（土地税法16条2項）。これに対して累進起点地価を超えた場合には、その超えた部分につき次の規定により累進税率が適用される（同法16条1項）。

①累進起点地価を超えた部分が5倍に達しない場合、その超過部分につき1000分の15

②累進起点地価を5倍から10倍超えた場合、その超過部分につき1000分の25

③累進起点地価を10倍から15倍超えた場合、その超過部分につき1000分の35

④累進起点地価を15倍から20倍超えた場合、その超過部分につき1000分の45

⑤累進起点地価を20倍以上超えた場合、その超過部分につき1000分の55

(2) 特別税率

　以上の基本税率のほかに、特別税率もある。特別税率は以下の土地のいずれかに該当する場合に適用される。①自家用住宅敷地について、都市土地の面積が3アールを超えない部分または非都市土地の面積が7アールを超えない部分につき1000分の2とされる（同法17条1項）。ここでいう「自家用住宅敷地」とは、土地所有権者またはその配偶者、直系血族が当該地につき戸籍登録を完了し、かつ賃貸または営業の用に供されない住宅用地を指す（同法9条）。②都市計画に基づく公共施設保留地については、保留期間中において建築として使用される場合には、自家用住宅敷地として使用される場合前述の規定による以外、一律に1000分の6とされ、いかなる使用もせず、かつ使用中の土地と隔離されている場合には地価税の徴収を免ずるとされる（同法19条）。

2　田賦（農地税）

　田賦とは、農業用地に課される財産税を指す。その納税義務者は前述の地価税と同様である（土地税法45条、3条）。田賦は、非都市土地であって法律により指定された農業用地、または地価が規定されていないものに対し徴収する。ただし、都市土地であって次のいずれかに該当する場合にも徴収するとされ

る。①都市計画により農業区および保護区に指定され、農業用地としての使用に限られる場合、②公共施設が完成するまで、農業用地として使用される場合、③法により建築が制限され、農業用地として使用される場合、④法により建築が禁じられ、農業用地として使用される場合、⑤都市計画により公共施設保留地として指定され、農業用地として使用される場合（同法22条）。

しかし、土地税法27条の1は、農業生産状況の調整または農業発展のため、行政院は田賦の全部または一部の徴収を停止することができると定めている。この規定により、行政院は1987年に、田賦の徴収の全面停止を告示した。そのため、実質的に農業用地は免税となり、今日に至っている。

3　土地増価税

（1）課税基準時および納税義務者

地価がすでに規定されている土地は、その所有権を移転するとき、その土地の値上り額に応じ土地増価税を徴収しなければならない。ただし、相続により移転した土地、各級政府が売却しまたは法により贈与した公有地、および贈与を受けた私有地は、この限りでない（土地税法28条）。

また、土地増価税の納税義務者は、①有償移転である場合、移転した元の所有権者、②無償移転である場合、所有権を取得した者、③典権が設定された場合、その典権を設定した者（出典者という）とされる（同法5条）。

（2）課税基準および地価値上り額

土地増価税は土地の値上り額に応じ徴収される。土地の値上り額は、当該土地所有権移転または典権設定の際、申告した移転現在価額から次の各項を引いた残額により計算される。①地価の規定後、移転のない土地の場合、その従来の規定地価。地価の規定後、移転を経た土地の場合、前回の移転現在価額。②土地所有権者が土地改良のためにすでに支出したすべての費用。これには、すでに納付した工事受益費、土地区画整理費用、土地の用途変更により一定比率の土地を無償で公共施設用地として贈与した場合、その贈与時の土地の公示価額により計算される総額が含まれる（同法31条）。

(3) 土地増価税の税率および長期所有土地に対する減税

　土地増価税は超過額累進税率により徴収される。その税率は次のとおりである（33条1項）。①土地の値上り額が従来の規定地価、または前回移転時の土地増価税を計算した現在価額を超えた額が100％未満の場合、その値上り額の20％、②土地値上り額が従来の規定地価、または前回移転時の土地増価税を計算した現在価額を超えた額が100％以上200％未満の場合、前項の規定によるほか、その超過部分については値上り額の30％、③土地値上り額が従来の規定地価、または前回移転時の土地増価税を計算した現在価額を超えた額が200％以上の場合、前2項の規定によるほか、その超過部分については値上り額の40％。

　また、長期所有の土地について土地増価税の減税措置が設けられている。すなわち当該土地の所有年数が20年、30年または40年以上のものについて、土地増価税が前述の①の最低税率を超えた部分につき、それぞれ20％、30％、40％減税する（同法33条6項から8項）。

(4) 自家用住宅敷地の特別税率

　土地所有権者が自家用住宅敷地を売却する場合、都市土地の面積が3アールを超えない部分、または非都市土地の面積が7アールを超えない部分につき、土地増価税は一律に土地値上り額の10％で徴収する。3アールまたは7アールを超えた部分は、前述の税率により徴収する。ただし、自家用住宅敷地が売却前1年以内に営業または賃貸に使用されていた場合、特別税率適用対象から除外される（同法34条1項、2項）。

　また、土地所有権者が特別税率に適用される回数は原則として1回のみである。ただし、土地所有権者が特別税率を適用された後、再度自家用住宅敷地を売却し、以下のいずれかの事情に該当する場合にはこの限りでないとされる（同法34条6項）。①都市土地面積が1.5アール未満、または非都市土地が3.5アール未満の場合、②売却時、土地所有権者およびその配偶者または未成年子女が当該自家用住宅敷地以外の住宅を所有しない場合、③売却前、当該土地を6年以上所有していた場合、④土地所有権者およびその配偶者または未成年子女が土地売却前、当該土地に戸籍登録をしており、当該自家用住宅を6年以上連続で所有していた場合、⑤売却前5年以内に営業または賃貸として使用していない場合。

（5）土地増価税の払戻し

　土地所有権者が土地を売却した後、移転登記をした日から2年以内に新たに土地を購入し、次の事情のいずれかに該当する場合には、新たに購入した土地の地価が売却された土地の地価から土地増価税額を引いた残額を超えたとき、所管税務機関に対し、納付した土地増価税額のうち、新たに購入した土地の地価総額に満たない部分の払戻しを請求することができる（同法35条1項、3項）。①自家用住宅敷地が売却された後、新たに3アール未満の都市土地または7アール未満の非都市土地を購入し、自家用住宅敷地として使用する場合。ただし、土地売却前1年以内に営業もしくは賃貸用として使用していた場合はこの限りでない。②自ら経営する工場用地が売却された後、新たに他の都市計画工業区または政府の指定した工業用地において土地を購入し工場を建てた場合、③自ら耕す農業用地が売却された後、新たに自らの耕作のための農業用地を購入した場合。

　また、土地所有権者が再度土地を購入し土地増価税の払戻しを受けた後、新たに購入した土地を移転登記した日から5年以内に再度移転し、またはその他の用途に供した場合、移転の値上り額に応じ土地増価税が課されるほか、払い戻された税金が追加徴収される（同法37条）。

【主要参考文献】
陳立夫『土地法研究』（新學林、2007年）
陳立夫『土地法研究（二）』（新學林、2011年）
溫豐文「登記之公信力」月旦法學教室140期12-14頁（2014年6月）
陳立夫主編『土地法規』（新學林、2015年）
廖義男『土地法制度論集』（元照出版、2015年）
溫豐文『土地法』（自版、2015年）
陳立夫『土地法釋義（一）』（元照出版、2016年）

第10章

財産と法

　本章では、民事財産法について概説する。
　1929年から1931年にかけて、中国大陸で公布・施行された中華民国民法は、1945年中華民国の台湾統治により、台湾で施行されることになった。この民法典は総則、債権、物権、親族（原語は〔親属〕）、相続（原語は〔継承〕）の5編からなる点で日本民法と同様であり、いわゆるパンデクテン方式がとられるが、債権法と物権法の順序が日本民法と異なる。ただ、法典化の際にスイス債務法の構成も採り入れられたため、債権編の「各種の債権」には、日本の商法の商行為に定められている契約類型も含まれる。また、消費者保護の要請に応じて、1995年に消費者保護法が、2011年に金融消費者保護法が制定された。
　以下では、総則、債権編、物権編の編纂順に沿って説明するが、必要に応じて、日本民法との比較にも言及する。また、民事特別法である消費者保護法の概略についても紹介する。

【学習ポイント】
　台湾民事財産法は、日本法との類似性が高いものの、相違点も少なくない。とりわけ相違点の詳細については、関係規定などを含め、両者を比較したうえで理解する必要がある。

Ⅰ　総　則　編

　総則編は、「総則」（1条〔法源〕～5条）、「人」（自然人・住所〔6条～24条〕、「法人」〔25条～65条〕、「物」〔66条～70条〕、「法律行為」〔71条～98条〔総則・行為能力・意思表示〕、99条～118条〔条件と期限・代理・無効と取消し〕）、「期間の計算」（119条～124条）、「消滅時効」（125条～147条）、「権利の行使」（148条～152条）からなり、これまでに3回の改正が行われてきた。

1　「人」
（1）権利能力と行為能力
　自然人は、生存している間は権利能力を享有する（6条）が、胎児の場合

は、将来において死産でない場合に限り、胎児の利益の保護に関して、すでに出生したものとみなされる（7条）。

行為能力に関しては、満20歳と7歳未満を区切りとして、それぞれ完全行為能力者、制限能力者、無能力者とする（12条、13条1項、2項）。これに関連して、未成年者の婚姻による成年擬制規定があり（13条3項）、成年後見制度・成年保佐制度も設けられている（136～137頁参照）。

また、人格権の重要性が強調されているため、人格権と姓名権の保護に関する規定もおかれ、それぞれが侵害された場合（または侵害される恐れのある場合）の救済方法も明記されている（18条、19条）。

(2) 法　人

法人に関しては、総則、営利・公益を目的とする社団法人、公益のみを目的とする財団法人に分けられ、詳細な規定がおかれている。しかし、営利社団法人は各々の特別法に基づいて設立するのが一般的であり、公益法人の設立には主務機関の許可が必要である。

2　法律行為
(1) 総　則

法律行為の妥当性を維持するため、それが公序良俗または強行・禁止規定に違反した場合は無効であるとされる（72条）。この点は日本民法と異ならないが、「暴利行為」については日本法と異なり、次の明文規定がある。すなわち、「法律行為は、相手方の急迫、軽率または経験不足の状況に乗じ、相手方に財産の給付または給付の約束をさせ、かつ、行為当時の事情に照らしてそれが著しく不公平であると認められる場合」、法院は当該法律行為がなされてから1年以内に、利害関係者の申立てにより、それを取り消し、または給付を軽減することができるとされる（74条）。この規定は、客観的公平性はともかくとして、相手方の主観的要素をさらに重視することを意味する。言い換えれば、給付の等価性よりも行為の過程の公平性が判断を左右する重要な要素であるということになろう。

(2) 意思表示

　意思と表示の不一致の類型と効力に関して、錯誤を除き、心裡留保・虚偽表示・詐欺または脅迫についての規定内容は、いずれも日本民法と同様である。錯誤については、それを無効とする日本法と異なり、表意者は錯誤の意思表示を取り消しうると規定されている（88条1項）。また、「取引上重要と思われる当事者の資格または物の性質」について錯誤がある場合、それが意思表示の内容の錯誤とみなされる点でも（88条2項）、日本法と異なる。動機の錯誤と考えられがちな部分についてあえて確認規定をおくことで、表意者の真意を守ろうとした立法者の意図が窺われる。なお、重大な過失の表意者は自ら無効を主張しえない日本法と異なり、同条は特に過失の程度を定めていないため、実務上や学説上においては様々な見解がみられる。

　意思表示の効力が生じる時期については、対話者の場合には相手が理解できたとき、隔地者の場合には申込みと承諾を問わず、いずれかの通知が相手方に到達したときとされている（94条、95条）。

(3) 代　理

　代理に関する規定は、総則のほか、債権編にも一部規定(167条～171条)がある。日本法とまったく同じではないが、紙幅の制限によりここでは、しばしば議論される、越権代理と表見代理との区別についてのみ紹介することとする。

　107条には「代理権の制限または撤回は、それをもって善意の第三者に対抗することができない」、169条には「他人に代理権を与えた旨を表示した者は、第三者に対して代理権を与えた者の責任を負わなければならない」と、それぞれ定められる。最高法院はこの2つの規定の守備範囲は異なるとし、「前者は、本人が一定の制限を受ける代理権を与え、代理人がその権限を越えて代理を行った場合、本人が代理権を制限したことを善意の第三者に対抗することができない、ということを意味し、後者は、本人が代理権を与えたことはなく、単に表見の事実が存在している場合であっても、善意の第三者に対し本人が代理権を与えた責任を負う、ということを意味する」と一貫して判示してきた（最高法院62〔1973〕年台上字782号、70〔1981〕年台上字3515号判例、99〔2010〕年4月22日99〔2010〕年台上字721号判決を参照）。しかし、代理権授与の存否を区別の基準とする最高法院の構図に対して、学説はむしろ両規定の相違がはたしてそ

れほど明確であるかにつき疑問視するものが多い。というのも、本人が代理権を与えた後、第三者に代理権の制限または撤回を知らせていなければ、代理権が依然として存在していることに対する第三者の信頼は、表見代理における第三者の信頼となんら変わりがないはずだからである。言い換えれば、制限つきまたは撤回された代理権であっても、代理権が存在している外観を備えているため、169条の表見代理と実質的には異ならないことになろう。

（4）**無効および取消**

この節は、一部無効および全部無効の原則、無効行為の転換、無効行為の当事者の賠償責任、取消の遡及無効、追認の遡及効、他人物を処分する場合の追認または権利の承継による追完等の規定が定められている。

（5）**消滅時効**

時効について、まず取得時効が物権法に定められているという点で日本法と異なる。消滅時効については、時効の期間は最長15年から2カ月までと様々である。時効完成後は、債務者は給付の請求を拒絶することができる（144条1項）。しかし、訴訟により請求する場合、債務者が自ら給付拒絶の抗弁権を主張しなければ、法院が職権で債権者の請求を退けることはできない（同条2項）。なお、時効期間は強行規定であり、当事者の合意による延長・短縮が禁止されており、また日本法と同じく、時効の利益はあらかじめそれを放棄することができない（147条）。

（6）**権利の行使**

違法性を阻却する正当防衛・緊急避難・自助行為に関する規定（149条～152条）がおかれる一方、公共利益に反する権利行使の禁止・権利濫用禁止原則・信義則に関する規定（148条）もみられる。その中で、特に物上請求権を主張し、地上にある家屋の撤去を求める事案において、権利濫用禁止原則に該当するかどうかが争われることが多い。具体例としては、学校用地に画定された土地の所有者がその土地を回収しても利用する可能性が皆無の場合に、権利濫用とされた事案（最高法院89〔2000〕年6月29日89〔2000〕年台上字1459号判決）と、老朽化した使用不能に近い家屋の撤去を請求するのは正当な権利行使であると

された事案があり、対照的な判示内容となっている。

II 債権編

債権編は総則と各種の債権によって構成されている。これまでに、1999年の大幅な改正を含めて3回の改正が行われた。

1 総 則

総則は、債権の発生（契約〔153条〜166条の1〕、事務管理〔172条〜178条〕、不当利得〔179条〜183条〕、不法行為〔184条〜198条〕）、債権の目的（199条〜218条の1）、債権の効力（給付〔220条〜227条の2〕、遅滞〔229条〜241条〕、債権者代位権及び詐害行為取消権〔242条〜245条〕、契約〔245条の1〜270条〕）、多数債務者と債権者（271条〜293条）、債権譲渡と債務引受け（294条〜306条）、債権の消滅（307条〜344条）に関する規定が定められている。以下、議論の余地のある論点についてのみ説明する。

（1）契約締結上の過失

1999年の改正で、契約締結上の過失が明文化された（245条の1）。その規定は、「契約が未成立の場合、締約の準備又は交渉をするために、次のいずれかの事情に該当する当事者は、過失なく契約が成立できると信頼したことにより損害を蒙った相手方に対して、損害賠償責任を負う。一　締約に係る重要事項についての相手方の問合せに対して、悪意によりそれを隠蔽し又は不実の説明をした場合、二　相手方の秘密を知り、又は保有しており、相手方がその秘密を漏えいしないよう明確に表示したにもかかわらず、故意又は重大な過失によりそれを漏えいした場合、三　その他明らかに信義則に反する場合」である。

なお、民法のその他の規定ではあまり用いられない「契約が未成立の場合」の意味は、単に契約がまったく成立していなかった場合にとどまるのか、それとも契約が成立した後、無効・取消により失効した場合まで含まれるのかにつき議論されている。

また、不法行為（原語は〔侵権行為〕。以下同）の規定との関係性にも問題が残る。多数説では、この規定は契約締結上の過失に関する一般規定であるとされ

る。しかし、この規定では、相手方の問い合わせや機密漏えいへの明示された禁止を要するとされることから、責任の成立要件が不法行為のそれよりも厳格であるのは明らかであり、両者の整合性に問題があるとする批判的意見もある。そのためか、この規定の適用状況に関しては、交渉中断に関するごく少数の判決中において、同条3号が適用されるにとどまっている。

（2）債務不履行

債務不履行の責任について、1999年の法改正により、より明確に類型化されたほか、その効果については結果惹起損害請求の根拠も明文化されている（227条2項）。

そもそも給付不能と履行遅滞しか規定のなかった旧法では、不完全給付の位置づけについては、特に売買の瑕疵担保責任との関係でよく議論された。この議論については、1988年度第7回最高法院民事庭会議決議による見解により決着がつけられた。すなわち、目的物に瑕疵がある場合、債務者が瑕疵担保責任を負うことになるが、瑕疵が給付された後に生じ、かつ、その瑕疵につき債務者に帰責事由がある場合、瑕疵担保責任と並んで不完全給付の責任も生じるが、この場合、買主が不完全給付を主張する場合、給付不能（226条2項）または履行遅滞（229条以下）に関する規定を類推適用して、それぞれ損害賠償または補完・損害賠償を請求することができる、というものである。この結論を受けて、法改正により、債務不履行における給付不能・履行遅滞・不完全給付の類型が確立され、不完全給付には、目的物の不完全さを補完することが可能かどうかにより、履行遅滞または給付不能に関する規定が適用されることとなった。また、不完全給付による結果惹起損害についての賠償責任も明文化された（227条1項）。

2　各種の債権

この章では、売買（345条～397条）、交換（398条～399条）、贈与（406条～420条）、賃貸借（421条～463条の1）、使用貸借（464条～473条）、消費貸借（474条～481条）、雇用（482条～489条）、請負（490条～514条）、パック旅行（514条の1～514条の12）、委任（528条～552条）、寄託（589条～612条）、組合（667条～709条）、「合会」（頼母子講に類似する契約、709条の1～709条の9）、終身定期金（729条～

735条)、和解（736条～738条）、保証（739条～756条）、身元保証（756条の1～756条の9）および出版・運送等の商事契約等、計26種類のいわゆる典型契約に関する規定が定められている。

III 物権編

物権編は、総則（757条～764条）、所有権（総則・取得時効〔765条～772条〕、不動産所有権〔773条～800条の1〕、動産所有権〔801条～816条〕、共有〔817条～831条〕）、地上権（一般地上権〔832条～841条〕、区分地上権〔841条の1～841条の6〕）、農育権（850条の1～850条の9）、不動産役権（851条～859条の5）、抵当権（一般抵当権〔860条～881条〕、根抵当権〔881条の1～881条の17〕、その他の抵当権〔882条～883条〕）、質権（動産質権〔884条～899条の2〕、権利質権〔900条～910条〕）、典権（911条～927条）、留置権（928条～939条）、占有（940条～966条）に関する規定が定められている。これまでに5回の改正が行われてきたが、そのなかで、実務・学説の見解を統一するために、2007年に担保物権、2009年に総則・所有権、2010年に用益物権・占有について、それぞれ大幅な改正がなされた。

1 総　　則
（1）物権法定主義

物権法定主義については、2009年まで、物権は法律に規定がある場合を除いて創設することができないとされ（旧757条）、日本法と同様の内容であった。しかし、2009年の改正により、法律または慣習による場合を除いて、創設することができないと改められ、慣習も物権創設の根拠として認められるようになった。その改正理由は、「経済の発展を促し、法秩序の安定を維持するため、権利の内容が明確かつ合理的であり、物権法定主義の趣旨に反せず、しかも公示可能である場合に」、慣習を物権創設の根拠として認めると説明されている。その一例としては、譲渡担保が挙げられる。

（2）物権変動

動産に関しては日本法と同じであるが、法律行為による不動産の物権変動は、書面契約を備えて登記の手続をしない限り効力が生じないとされる（758

条)。債権行為と物権行為を峻別する構成は、登記を対抗要件とする日本法とは異なる。そして、登記の公信力を強調するために、登記された権利者が適法に権利を有するものと推定され、善意の第三者（譲受人）が登記の名義を信頼して物権変動による登記をした場合、その物権変動の効力は、信頼された譲渡人の登記に無効または取消の事由があるにしても、その影響を受けないとされる（759条の1）。この規定により、信頼性に欠ける当事者間および悪意の第三者は保護に値しないとなる。このような理論構成は、日本民法94条2項の類推適用に類似したものといえよう。

なお、相続・強制執行・判決・公用徴収など法律行為に基づかない不動産の物権変動の時点は、それぞれの原因を規制する法律によるが、取得した物権を処分する際に、あらかじめ登記をしなければならないとされる（759条）。このなかで特に相続に関しては、不動産の活用を促すために、土地法73条、73条の1には次のような特別の定めがある。主務機関は、相続開始日から6カ月を経過しているにもかかわらず、相続人が相続登記をしなかった場合、その相続人に対し罰鍰（過料。以下同）を科すことができる。また、相続から1年を経過しても、なお相続登記がなされない場合、公示により3カ月以内に登記をするよう命じなければならない。相続人がこれに応じなければ、当該不動産を管理下におき、その後15年を経過しても相続登記がなされなかった場合に、当該不動産を競売にかけ、競売の代金を10年間保管し、受取人が現れなかったときは競売の代金を最終的に公庫の財産とする。以上が、その概要である。しかし、この制度が円滑に機能するかどうかについては、登記業務を掌理する主務機関がいかにして相続開始の情報を入手するかが鍵となろう。

2 所有権

（1）不動産所有権

相隣関係に関する規定は、生活妨害による差止請求、区分所有などを含めて20数カ条ある。また、区分所有については、「公寓大廈管理条例」（集合住宅法）という特別法がある。この特別法では、使用規制法規や規約などに違反した者に対し、罰鍰を科すことができる点で、日本の区分所有法とは異なる。

（2）共同所有

共同所有の形態には、共有、合有（原語は［公同共有］。以下同）、準共有および準合有（原語は［準公同共有］）がある。共有における持分権の処分、共有物の管理・保存・負担については、おおむね日本法と異ならないが、後述するように、共有不動産の処分等については特別の規定があり、共有物の分割に関しては、法改正後、かなり詳細な規定となっている。

まず、共有物の処分・変更および用益物権の設定について、民法では共有者全員の同意を要するとされるが（819条2項）、土地法34条の1では、土地の活用の観点から、「共有者の二分の一以上が同意し、かつ、その持分権が合計二分の一以上に達した場合」であれば、可能であるとされる。ただし、持分権の合計が3分の2を超えた場合、人数は不問とされる。また、この規定は後述の合有にも準用するとされる。

次に、共有物の分割による担保物権への影響については、日本の実務で定着している見解とかなり似ている。すなわち、持分権を目的とする担保物権は、担保物権者が分割の結果に同意し、または分割の訴えに参加したなどの例外を除いて、原則的には持分権の割合のまま、分割後の各目的物に移転するとされる。しかし、抵当の目的物が上述の例外の場合に該当し、元の持分権が代金分割または価格賠償に変わったときは、物上代位の規定を準用して、持分権を目的とする抵当権は、持分権者が取得した代金・価格賠償請求権を目的とする権利質権へと変わる。なお、法院による不動産の分割の場合、価格賠償を受ける共有者は、賠償義務者が取得した不動産に賠償金額を上限とする抵当権を取得する。そして分割登記をする際に当該抵当権を登記していれば、その順位は、前述した例外的に分割後の不動産にのみ移る抵当権に優先する（824条の1）。

合有の権利義務関係については、その合有関係を成立させた法律および法律行為、または習慣によって定めるものとされる（828条）。組合に帰属する財産が組合員の合有である（668条）点は、日本法と同じであるのに対して、相続財産が分割されるまでは相続人の合有である（1151条）という明文規定がある点は、日本法とは異なる。

3 用益物権
（1）地上権

　約定地上権と並んで、同一の所有者に帰属する土地とその上の建物が、強制執行手続による競売の結果、土地と建物がそれぞれ異なる所有者に帰属するに至った場合、地上権が発生するとみなされる（838条の1）。土地と建物の両方が競売にかけられ、しかもそれが異なる落札者に帰属することを要件とするこの規定は、抵当権における法定地上権の成立類型（876条）よりも狭いが、特色ある規定と思われる。また、一般的な売買の結果として、同一の所有者に帰属する土地とその上の建物が異なる所有者に帰属するようになった場合、賃貸借契約関係が発生すると推定される、とする規定もある（425条の1）。これらの規定からは、土地と建物とが異なる所有者に帰属する場合に、できる限り建物の存続を図ろうとした立法者の意図が窺える。

　なお、改正前の地上権に関する規定は、いわゆる第一次産業を営むために他人の土地を利用する場合にも適用されていたが、実情に即して、法改正後の地上権は、単に他人の土地の上下に建物またはその他の工作物を所有するためにその土地を利用する物権に限定され、それ以外の第一次産業（農作・植林・養殖・牧畜など）に対しては、「農育権」が新設された。

（2）不動産役権

　従来は通行のみを対象とした地役権を、汲水・日照・眺望・通信その他一定の便宜を図るための権利に広めたのが「不動産役権」である。このような物権は、隣人の所有する不動産との間で創設しうるのみでなく、自らの不動産にも創設できるという特色を有する（859条の4）。一方で、当事者の合意が得られない場合は、解釈によるいわゆる日照権や眺望権などの権利の生成の妨げになりかねない点が危惧される。

4 担保物権
（1）抵当権

　抵当権は所有権に次ぐ重要な物権であることは言うまでもないが、以下では、いくつかの興味深い規定のみを紹介する。

　まず、更地に抵当権を設定した後、土地の所有者がその上に建物を建てた場

合、必要であれば抵当権者は、強制執行の際に法院に土地・建物ともに競売に付すことを申し立てることができるが、建物の競売金に対しては優先的に弁済を受ける権利を有しない（877条1項）。これに対して、更地に抵当権を設定した後、第三者は使用収益のため当該土地に用益物権または賃貸借権を取得しうるが、抵当権者は上述した場合と同じように競売を申し立てられる（同条2項）ほか、法院が第三者の有する権利が抵当権の実行に影響を及ぼしうると認める場合、当該権利を除去してから競売にかけることができる（866条2項）。後者においては、担保物の利用可能性を高めようとする一方で、柔軟な選択肢を提供することによって、物権者間の利害関係を調整する工夫がみられる。

次に、旧法で無効とされた流抵当については、「登記をしなければ、第三者に対抗することができない」という要件を付け加えたことにより、改正後は一転して有効とされた。ただし、物上保証人を保護するため、当事者間の清算義務を定める一方で、所有権の移転が行われるまでに、物上保証人の弁済により抵当権を消滅させうることも明文化された（873条の1）。なお、この規定は流質にも準用される（893条2項）。

ほかにも、明文化された、例えば抵当権順位の譲渡と放棄（870条の1）、共同抵当（875条の1から875条の4）、根抵当などがあるが、それらの内容はいずれも日本法との類似性が高いため、その説明については省略する。

なお、地上権・農育権・典権といった使用収益を目的とする物権は、いずれも抵当権の目的となりうるが、不動産役権が除外されるのは、競売でこの権利を買い受けた者が必ずしもこの権利を利用できる立場にあるとは限らないからである。

（2）典　権

「典権」とは、典権者が相手方に「典価」（対価）を支払い、その不動産を使用・収益して、約束の期間内（30年が上限）に相手方から対価の払戻しを受けないときは、当該不動産の所有権を取得する、という独特の制度である。担保機能と使用収益機能を兼ねるこの物権の法的性質については、かつては学説の議論するところであったが、利用者が限られるため、近年目立った論争はみられない。

（3）特別法上の動産抵当権

民法の質権以外には、船舶・飛行機を対象とする特別法上の抵当権もあるが、動産一般を対象とする特別法上の担保物権といえば、現在、「動産担保交易法」（動産担保法）にある動産抵当権のみである。動産質権における占有の移転という要件につき、設定者に生じる不都合を克服するためのこの制度では、書面による契約の締結を要件とする一方で、登記を善意の第三者への対抗要件と規定する（同法5条）。ただ、登記業務は、各地に分散する直轄市や県庁の権限であるため、登記を行うモチベーションはそれほど高くないのが現状である。

5 占　　有

動産に関する取引の安全を保護するために、所有権・質権に関する即時取得の規定がある（948条、801条、886条）。なかでも善意の譲受人または質権者の過失の程度に関しては、かつては議論の焦点の1つであった。また、占有改定による占有の移転につき即時取得の効力が生じるか否かについての議論もみられた。しかし、法改正により、前者は譲受人または質権者の善意・無重過失が要件とされ、後者については、譲受人または質権者が現実の引渡しを受け、しかもその時点まで善意であり続けることが必要となった。

Ⅳ　消費者保護

1960年代に世界各地で始まった消費者保護運動の流れは台湾にも及び、やがて1994年に消費者保護法の制定につながった。消費者保護の課題を総括的に解決しようと試みた、大風呂敷型の立法ともいえるこの法律の基本構造は、総則（1条〜6条）、消費者の権利（製造物責任・役務提供責任〔7条〜10条の1〕、約款〔11条〜17条〕、通信販売・訪問販売・割賦販売〔18条〜21条〕、消費情報〔22条〜26条〕）、消費者保護団体（27条〜32条）、行政監督（33条〜42条）、消費者紛争の解決（苦情申し立て・調停〔43条〜46条〕）、消費者訴訟（47条〜55条）、罰則（56条〜62条）からなる。本法はこれまでに3回の改正が行われている。また、2008年に起きたリーマン・ショックの影響により損害を蒙った一般投資家が、「資産運用は消費行為ではない」という理由で消費者保護法による保護を受けられな

かったことに鑑みて、2011年には新たに金融消費者保護法が公布・施行されている。

以下、民事責任に関わる特殊性のある部分のみを説明する。

1　消費者保護法
（1）役務提供責任

不法行為に類する構成の製造物責任と並んで、役務提供責任という独特の特別規範がある（同法7条以下）。1994年に廃案となった「EC役務提供責任指令案」に影響を受けたとも思われるこの規定は、無過失責任であるがゆえに、これまで事案解決の根拠として多用されてきた。特に、「医療過誤」にも役務提供責任を適用しうるか否かについては、医療法82条の改正により過失責任であることが明示された現在でも、いまだ論争が続いている。

総じて言えば、これらの事案の内容をみる限り、契約締結上の過失理論または契約の付随義務への違反といった理論で解決できるものばかりであり、この規定があることによって、かえって従来の理論構造が攪乱され、役務提供契約に関する民法の規定が空洞化しかねない点が危惧される。

（2）約　款

約款に関しては、3つの方面からの規制が設けられている。まず、締約前に、約款をあらかじめ消費者に下読みさせることが必要となっており、これに違反した場合、締約した消費者は約款の内容を契約の内容とするかどうかにつき選択できる（同法11条の1）。次に、主務機関は約款の雛形を作成して、それを利用するよう指導する一方、紛争の生じやすい重要事項に関しては記入必要事項と記入禁止事項を公示して、約款の内容に強制的に関与することが可能である（同法17条）。前者に関して、約款の雛形は現在90件にも上り、後者については79の契約類型に及んでいる。そして上述の2つの行政的規制方法と並んで、約款の公平性を判断する基準に関する規定もおかれている（同法11条、12条）。

（3）懲罰的損害賠償

本法51条の「懲罰的損害賠償」（punitive damages）に関する規定について

は、大陸法系における従来の損害賠償法と相容れるものかどうかという理論上の問題が残されてはいるものの、すでに定着した様相を呈している。これまでは、英米法に準えて、故意または重大な過失の場合にのみこの規定を適用するかどうか議論されてきたが、2015年6月に、賠償額について、故意の場合は5倍以下、重大な過失の場合は3倍以下、過失の場合は1倍以下に改められた。この改正による今後の影響が注目されるところである。

2 金融消費者保護法

一般投資家による投資・証券・先物取引・保険その他の金融商品取引から生じる争議を処理するための「金融消費者保護法」は、締約前に、いわゆる適合性原則に基づく判断義務と情報提供義務を業者に課し、義務違反者に損害賠償責任を負わせるものである（同法9条～11条）。同法には懲罰的損害賠償に関する規定もあるが、故意の場合は3倍以下、過失の場合は1倍以下とされているため、消費者保護法との整合性が求められる。

最後に、過度の与信に陥った消費者を救済するため、「消費者債務清理条例」（「消費者債務調整法」）があることを付言しておく。

【主要参考文献】
邱聰智『新訂債法各論』（元照出版、2002年）
黄立主編『民法債編各論』（元照出版、2002年）
黄　立『民法總則』（元照出版、2005年）
黄　立『民法債編總論』（元照出版、2006年）
王澤鑑『民法物権』（自版、2010年）
林誠二『債法總論新解：體系化解説』（瑞興圖書、2010年）
劉春堂『民法債編通則一：契約法總論』（自版、2011年）
林誠二『民法總則新解：體系化解説』（瑞興圖書、2012年）
王澤鑑『債法原理』（自版、2012年）
邱聰智『新訂民法債編通則』（華泰文化、2014年）
陳聰富『民法總則』（元照出版、2014年）
王澤鑑『民法總則』（自版、2014年）
王澤鑑『侵権行為法』（自版、2015年）
林誠二『債編各論新解：體系化解説』（瑞興圖書、2015年）

第11章

親族と法

　本章では、台湾親属（親族。以下、親族とする）法における親族、婚姻および親子関係の基本的な内容について概説する。

【学習ポイント】
　台湾の民法典には、日本と同様に親族編および継承（相続）編の2編がおかれる。両者はまた身分法とも総称され、前者を純粋な親族の身分法、後者を身分財産法とする見方もある。この章では、紙幅の関係から親族編のみを概説し、日台間の異同についても折に触れ言及するものとする。

I　概　説

　台湾の現行親族法を含む中華民国民法典は、中国大陸において、1930年に公布、1931年に施行され、その後国民政府の移転に伴い台湾で施行されるに至る。1985年の一部改正以後、計18回の改正を経て現行法に至っている。
　民法第4編親族編は、第1章に親族編全体の通則をおき、第2章から第7章に婚姻、父母子女（親子）、監護（後見）、扶養、家、親族会議に関する具体的な規定を配列するという、パンデクテン方式に則った編成となっている。

II　各章の概要

1　通則（967条〜971条）

　この章には、親族の意義、親等の計算、姻族等、親族法の各論部分の基礎となる規定がおかれている。冒頭で、直系血族とは、自己の由来する、または自己から由来する親族であり、傍系血族とは、直系血族ではないもので自己と同源から出た血族であること（967条）、姻族とは、血族の配偶者、配偶者の血族および配偶者血族の配偶者である（969条）ことが定義される。また親等の計算方法として、直系親族の親等数は1世代を1親等とし、傍系血族では自己から

同源の直系血族までの親等数を数え、さらにその同源の直系血族から計算する血族までを数えることが示されている。なお、血族に関しては、親族の範囲を限定する（日本の「6親等内の血族」のような）規定はみられない。

2 婚姻（972条〜1058条）

（1）婚約

　将来的に婚姻することを約定する婚約は不要式行為とされ、当事者の男女が自ら締結し（972条）、男性は17歳、女性は15歳以上でなければ婚約できないものとされる（973条）。ただし、婚約を締結しても、履行を強制できない（975条）。その他、婚約の解除、損害賠償および贈与物の返還等につき、きわめて詳細な規定がおかれる（日本の親族法には、婚約に関する明文規定はみられない）。

（2）婚姻の成立と効力発生要件

　婚姻成立の実質的要件として、意思能力をもつ当事者双方の婚姻意思の一致を根本的な要件とし（司法院31〔1942〕年院字第2372号解釈）、親族法には、①婚姻適齢（980条。男性18歳、女性16歳以上）、②未成年者の婚姻についての法定代理人の同意（981条）、③近親婚（983条。原則として、直系血族および直系姻族、6親等以内の傍系血族および5親等以内の傍系姻族で輩分が同じでない者の間の婚姻を指す。輩分という長幼の序を重視する点が特徴的である）、④後見関係（984条）、⑤重婚（985条）、⑥婚姻時に人道を行えず、治癒できない場合（995条）、⑦無意識または精神錯乱中である場合（996条）、⑧詐欺または脅迫による場合（997条）についての規定がおかれる。

　また形式的要件として、成年の証人2人以上が署名した書面を作成し、当事者双方が戸政機関において婚姻登録をすることが必要となる（982条）。婚姻登録は創設的登録とされる。現行の形式要件は2008年5月から施行されているが、以前は公開の儀式および2人以上の証人を成立要件とする儀式婚主義がとられていた（旧982条）。

　婚姻の無効原因とされるのは、形式的要件である婚姻登録を欠く場合、実質的要件のうち、近親婚および重婚（配偶者のある者の重婚、1人が同時に2人以上と婚姻した場合を含む）の場合である（988条）。近親婚および重婚を除いたその他の実質的要件については、取消原因となる。なお、日本の再婚禁止期間に該

当する規定は、1998年の改正によりすでに削除されている（旧987条および994条）。

婚姻が無効である場合、初めから何らの法律効果も生じず（絶対的無効）、婚姻の取消しについては、すでに生じている親族関係の安定性を損なうことのないよう、一般の法律行為のような遡及効は認められず、将来に向かってのみその効力を生ずる（998条、不遡及主義）。取消しは法院に請求して行うものとされ、要件ごとに明文規定がおかれている（989条～991条、および995条～997条）。婚姻無効および取消しによって当事者の一方に損害が生じた場合は、相手方が無過失である場合を除いて、損害賠償（精神的損害賠償を含む）を請求することができる（999条）。婚姻の取消しに伴う慰謝料、財産の取戻し、親権等については、離婚の規定が準用される（999条の1）。

（3）婚姻の効力

婚姻成立による身分上の効果（(1)～(3)）および財産上の効果（(4)～(8)）として、以下のものがある。

(1) 冠　姓

古来父系の血縁集団の呼称であった姓氏については、妻の姓に夫の姓を冠することが原則とされたが、1998年の改正により、婚姻後も夫婦各々の姓を使用することが原則となり、例外的に配偶者の姓を冠する約定を書面にして戸政機関で登録を行うことができるとされた（1000条）。

(2) 同居の義務および夫婦の住所

夫婦は互いに同居の義務を負う。ただし、正当な事由がある場合は除外される（1001条）。

(3) 貞操義務

明文規定はないが、一夫一婦制その他の婚姻の本質に基づき導き出されるものとし、一方配偶者の重婚および配偶者以外の者との合意による性交を離婚原因と規定している点からも推知されるものと解されている。

(4) 日常家事債務の代理権

夫婦は日常の家事について互いに代理人となる。夫婦の一方が代理権を濫用したときは、他方配偶者はこれを制限できるが、善意の第三者に対抗することはできない（1003条）。

(5) 家庭生活費用の分担義務

　衣食住や子の養育費等、家庭生活を維持するために必要な費用については、法律または契約により別段の約定がある場合を除き、夫婦各自の経済能力、家事労働またはその他の事情を考慮して分担し、家庭生活費用から生じた債務については、夫婦が連帯して責任を負うものとする（1003条の1。2002年に新設）。

(6) 自由処分金

　夫婦は、家庭生活費用のほかに、協議により一定額の金銭を自由処分金として夫または妻に対し供することができる（1018条の1。2002年に新設）。

(7) 扶養義務

　扶養に関する権利および義務については、親族編第5章に詳細な規定がおかれるが、夫婦間の扶養義務については、1985年の改正により新設された。夫婦は互いに扶養の義務を負い、その順序は、扶養義務を負う場合は扶養義務者の第1順位である直系卑属と同等とされ、扶養権利者としての順位は第1順位である直系尊属と同等とされる（1116条の1）。

(8) 夫婦財産制

① 法定財産制

　夫婦が、契約をもって夫婦財産制を締結しないときは、民法に別段の規定がある場合を除き、法定財産制を夫婦財産制とする（1005条、通常法定財産制）。2002年の改正により、夫または妻の財産を婚姻前と婚姻後に区分し、かつ、夫婦各自が所有権をもち、婚姻による影響を受けないことが明示された（1017条1項）ほか、各々の財産については、各自が管理、使用、収益および処分するものとする規定が新設された（1018条）。なお、前述した家庭生活費用の分担義務および自由処分金の規定も、夫婦財産制全般の改正に伴い、導入されたものである。

② 約定財産制

　約定財産制は、共同財産制と分別財産制の2種に限定されており、約定財産制を選択する夫婦は、婚姻前または婚姻後に、民法の定める共同財産制（普通共同財産制および労力所得共同財産制）または分別財産制のいずれかを契約をもって選択する（1004条）。契約の締結、変更または廃止については、書面をもってしなければならない（1007条）。約定財産制の契約は、婚姻関係の継続中、契約をもって廃止し、または他種の約定財産制に改めることができる（1012条）。

共同財産制はさらに普通共同財産制と労力所得（労働所得）共同財産制の2種に分かれる。前者は、夫婦の財産および所得は、特有財産を除き、併せて共同財産とし、夫婦の共同共有（「合有」に近い概念）に属するものとする。後者は、夫婦は労力所得のみを共同財産とする契約を締結することができるとし、労力所得以外のその他の財産には分別財産制を適用する（1041条1項および4項）。

分別財産制とは、夫婦各自が財産の所有権を保有し、管理、使用、収益および処分についても各自が行うものである（1044条）。各自の財産は常に分離された状態であることから、離婚や他種の財産制に移行する場合であっても清算の問題は生じない。

（4）離　婚

有効に成立した婚姻の解消原因には、離婚および配偶者の一方の死亡の2つがある。

(1) 離婚方法

離婚の方法には、両願離婚（協議離婚、以下同）および判決離婚（裁判離婚）の2つの方法に加え、2009年に調停（原語は「調解」。以下同）離婚および和解離婚の方法が加わった。

① 両願離婚

夫婦間で離婚解消意思の合致をみた場合に、書面を作成し、2人以上の証人の署名を付して、戸政機関で離婚登録を行う方法である（1049条）。

② 調停離婚

夫婦間の話し合いで決着がつかない場合に、法官（裁判官）が選任した調停委員が先行して調停を行い、さらに法官が介入することによって、合意形成を促す方法である。また離婚の訴えを提起する前には、調停を経なければならない（調停前置主義、家事事件法23条1項）。

③ 和解離婚

離婚訴訟の係属中に、当事者本人が合意を表明し、和解調書に記載されたときに成立する。和解の成立後、法院は職権により戸政機関に通知しなければならない（1052条の1、家事45条1項）。

④ 判決離婚

以上のいずれの方法でも離婚が成立せず、民法に列挙された離婚原因のいずれかに該当する場合には、法院に対し離婚を請求できる（1052条1項および2項）。

(2) 離婚原因

具体的な離婚原因としては、以下の10項目が列挙されている（1052条1項）。①重婚したとき。②配偶者以外の者と合意により性交したとき（2007年の改正以前は「人と姦通したとき」）。③夫婦の一方が他方に対し同居に堪えない虐待をしたとき。④夫婦の一方が他方の直系血族を虐待し、または夫婦の一方の直系血族が他方の配偶者を虐待し、共同生活に堪えないとき。⑤夫婦の一方が悪意をもって他方を遺棄する状態が継続中であるとき。⑥夫婦の一方が他方を殺害することを意図したとき。⑦不治の悪疾があるとき。⑧重大不治の精神病があるとき。⑨生死不明の状態が3年を超えたとき。⑩故意の犯罪により、6カ月を超える有期懲役が確定したとき。

以上に加えて、1985年の改正の際に、「前項以外の重大な事由があり、婚姻を継続し難いときは、夫婦の一方は離婚を請求することができる。ただし、その事由について、夫婦の一方が責を負うべきときは、他方のみが離婚を請求することができる」とする概括条項が付加され（1052条2項）、前段には破綻主義の思想が導入されている。ただし書部分に有責主義が明文規定されている点に関しては、台湾の伝統的な倫理観に沿うものであるとする肯定的な見解がみられる一方で、破綻主義の適用を制限するものであるとの批判的な見解もある。

(3) 離婚の効力

離婚により、婚姻によって夫婦間に生じた身分上、財産上の法律関係は消滅する。

① 身分上の効果

離婚により、夫婦各々は再婚が可能となる。民法に規定はないが、妻または夫の姓を冠した者は復姓する。姻族関係も消滅する（971条前段）。その他、同居義務および住所の決定、貞操義務、日常家事債務の代理、家庭生活費用の分担義務、夫婦間の財産関係、夫婦間の扶養関係、夫婦間の継承権（1144条）等も消滅する。

② 未成年の子に対する親権および監護権

　婚姻関係が消滅しても、婚姻により生まれた子との血族関係は継続するが、離婚後の「未成年の子に対する権利及び義務の行使または負担」（親権の行使）については、協議により、一方または双方が共同で行うことを決定し、いまだ協議をしていないとき、または協議が整わないときは、夫婦の一方、主管機関、社会福利機構もしくはその他利害関係人の請求、または職権により、法院の裁量で親権者を定めることができる（1055条1項）。協議が子に対して不利益となるときは、主管機関、社会福利機構もしくはその他利害関係人の請求、または職権により、子の利益のために改定できる（同条2項）。

　なお、1996年の改正により、離婚後の親権者を原則として夫とする規定から、協議により決定するものとし、未成年の子との面会交流権の規定も新設された（1055条5項）。2013年には、以上に加えて、1055条の規定する法院の裁量による親権者の決定または親権者改定の審判の際には、子の最善の利益により、子の年齢、性別、人数、健康状態等、一切の情状を斟酌しなければならないとされた（1055条の1）。

③ 財産上の効果

(i) 夫婦財産の清算：夫婦が離婚したときは、分別財産制を採用した場合を除き、婚姻時または夫婦財産制の変更時の財産を各自取り戻すものとされる。剰余財産については、夫婦財産制の規定により分配する（1058条）。

(ii) 損害賠償：夫婦の一方が判決離婚によって損害を受けたときは、過失のある他方に対し、賠償を請求することができる。なお、損害には精神的損害賠償も含まれる（1056条1項および2項）。

(iii) 扶養費：夫婦の無過失の一方が判決離婚によって生活が困窮する状況に陥る場合は、たとえ無過失であっても、他方配偶者は相応の扶養費を給付しなければならない（1057条）。

3　父母子女（親子）（1059条〜1090条）

　「父母子女」と称される親子関係については、血縁関係による実親子関係（自然血族）と養子縁組により養親の嫡出子の身分を取得する養親子関係（法定血族）に分けられる。実親子関係はまた、婚姻関係にある父母から生まれた子であるか否かにより嫡出子と非嫡出子に分けられる。

（１）自然血族

(1) 嫡出子

① 嫡出および受胎期間の推定

　嫡出子とは、婚姻関係により受胎して生まれた子をいう（1061条）。子の出生日からさかのぼって181日から302日までを受胎期間とし、妻の受胎が婚姻関係の存続中であるときは、生まれた子を嫡出子と推定する（1062条１項、1063条１項）。父子関係については明文規定を欠くものの、解釈上、妻が婚姻中に受胎し生まれた子は、夫の子であると推定される。母子関係については、非嫡出子であっても実母との関係は嫡出子とみなし認知は不要である（1065条２項）ことから、分娩の事実により母子関係は当然に発生するものと解される。

② 嫡出否認の訴え

　1063条の嫡出推定を受ける場合であっても、夫婦のいずれか一方または子自らが嫡出でないことを証明できるときは、嫡出否認の訴えを提起することができる（1063条２項）。否認権者については、まず1985年に当初の「夫のみ」から「夫婦の一方」に改正され、さらに2007年には子自らも否認の訴えを提起できるものとし、改正の度にその範囲は拡張されてきた。また嫡出否認の訴えは、夫婦の一方または子自らが嫡出でないことを知ったときから２年以内に、未成年の子が嫡出でないことを知ったときは成年後２年以内に、提起しなければならないとされ（1063条３項）、２年が経過すると訴権は消滅する。

(2) 非嫡出子

　母子関係については、分娩の事実により当然に法律上の親子関係が生じ、認知も不要であるが、非嫡出子の父子関係については、準正または認知を経て法律上の親子関係が認められる。

① 準　正

　非嫡出子は、実父と実母の婚姻により、嫡出子とみなされる（1064条）。

② 認　知

　認知の種類として、任意認知と強制認知がある。任意認知はまた、非嫡出子が実父により認知された場合と、実父の養育を受けた場合とに分けられる（1064条１項）。前者は実父の単独の意思表示により、後者は養育の事実があることにより、認知の効力が発生する。

　実父が任意認知をしない場合に、子または実母もしくはその他の法定代理人

は、実父に対して認知の訴えを提起することができる（1067条1項、強制認知）。

認知の効力は、出生時にさかのぼって発生する（1069条）。実父は認知をした後にこれを取り消すことはできない（1070条前段）。認知を経た未成年の子に対する権利および義務の行使または負担については、離婚の規定が準用される（1069条の1）。

（2）法定血族

他人の子を自分の子として縁組し、法定の嫡出子としての身分を取得させることを養子縁組という。

(1) 養子縁組の要件

養子縁組には、以下のような実質的要件と形式的要件がある。

① 実質的要件

養子縁組は、当事者双方の合意により成立する。養親となる者の年齢は、養子となる者の年齢より20歳以上年長でなければならない（1073条）。直系血族、直系姻族、6親等以内の傍系血族および5親等以内の傍系姻族で、輩分（長幼の序）が同じでない者は、養子とすることができない（1073条の1、例えば兄の妻は弟の妻を養子にできない等）。養子の姓は、養親の姓に従うか、または本姓を維持する（1078条）。

② 形式的要件

養子縁組は書面をもってし、かつ、法院の許可を申請しなければならない（1079条1項）。

(2) 養子縁組の効果

養子と養父母の関係は、法律に別段の規定がある場合を除き、嫡出子と同じである（1077条1項）。養子と実方の父母およびその親族間の関係は、養子縁組の存続中において停止する（同条2項前段）。

(3) 養子縁組の終止（離縁）

養子縁組の終止方法としては、合意による終止と裁判による終止がある。

養父母と養子の関係は双方の合意により終止するが、その場合、書面をもってしなければならない。養子が未成年者であるときは、書面をもってし、かつ、法院の許可を申請しなければならない。法院が未成年者の養子縁組の終止を許可するときは、子の最善の利益のためにしなければならない（1080条1項

〜3項)。

養子縁組が終止したときは、養子となった者は旧姓に復し、実方の父母およびその親族間との関係を回復する（1083条前段）。

【生殖補助医療により生まれた子】

台湾では、生殖補助医療によって生まれた子の法律上の地位について、2007年に公布、施行された人工生殖法により次のような規定がおかれている。ただし、夫婦が他人から無償で精子または卵子の提供を受けた場合に限定され、代理懐胎、代理母、死後生殖等については認められていない。

妻が夫の同意を得て、婚姻関係の存続中に、他人から提供された精子により受胎した子は嫡出子とみなされる。夫は、その同意が詐欺または脅迫を受けたものであることを証明できるときは、詐欺または脅迫が終止したことを知ってから6カ月以内に否認の訴えを提起できる。詐欺による場合であっても、子の生まれた日から3年が経過した場合には、訴えを提起できない（人工生殖法23条）。

妻が自ら同意のうえで、婚姻関係の存続中に、夫の精子と他人から提供された卵子により受胎し生まれた子は、嫡出子とみなされる。妻はその同意が詐欺または脅迫を受けたものであることを証明できるときは、詐欺または脅迫が終止したことを知ってから6カ月以内に否認の訴えを提起できる。詐欺による場合であっても、子の生まれた日から3年が経過した場合には、訴えを提起できない（同法24条）。

（3）父母の未成年の子に対する権利および義務（親権）

(1) 親権の内容

未成年の子に対する親権について、「子は、父母に対して孝行し、かつ父母を尊敬しなければならない」（1084条1項）とする道徳的な概括規定をおき、「父母は、未成年の子に対し、保護及び教育・養育の権利並びに義務を有する」（同条2項）ものとする。民法上に規定される親権の内容については、身分上および財産上の権利と義務に大別され、前者には、①子の姓の決定権（1059条、1059条の1、協議不調の場合は抽選により決定する）、②居所指定権（1060条）、③保護および教育・養育権（1084条2項）、④懲戒権（1085条）、⑤婚約同意権（974条）、⑥婚姻同意権（981条）、⑦両願離婚同意権（1049条）、⑧縁組同意権（1076条の2第2項）、⑨合意による縁組終止の同意権（1080条6項）⑩縁組代理権

(1076条の2第1項)、⑪合意による縁組終止の代理権（1080条5項）等が、後者には、⑫法定代理権（1086条）、⑬法律行為の承諾権、契約承認権、営業許可権（77条、79条、85条）、⑭子の特有財産の管理、使用、収益及び処分権（1088条）等がある。

(2) 親権の行使および負担

親権は父母が共同で行使および負担することを原則とし、例外的に、父母の一方が行使できないときは他方が、父母が共同で義務を負担できないときは能力のある者が、単独で負担する（1089条1項）。

(3) 親権停止の宣告

父母の一方が子に対する権利を濫用したときは、法院は、父母の他方、未成年の子、主管機関、社会福利機構もしくはその他利害関係人の請求または職権により、子の利益のために、その権利の全部または一部の停止を宣告することができる（1090条）。現行制度は、情況に応じてきわめて弾力的な対応が可能となっている。

4　監護（後見）（1091条〜1113条の１）

監護（後見）については、未成年監護と成年に対する監護および保佐の2つの類型をおく。

（1）未成年監護（未成年後見）

未成年監護は、親権者の保護下にない未成年者に対し身分上および財産上の保護を行うことを目的とする。2000年には、1999年に台湾中部で発生した九二一大地震による震災孤児の保護を目的とした大幅な改正がなされている。

（2）成年監護（成年後見）および保佐

2008年の改正により、従来の監護及び禁治産制度に代えて、成年監護及び保佐の制度が導入された。精神障害またはその他心神の欠陥により、意思表示をし、もしくは意思表示を受けることができなくなったとき、またはその意思表示の効果を弁識できなくなったときは、法院は、本人、配偶者、4親等以内の親族、この1年間同居の事実のあるその他の親族、検察官、主管機関または社会福利機構の申立てにより、監護の宣告をすることができる（14条1項）。監護

宣告を受けた者は、行為能力がないものとされ（15条）、監護人をおかなければならない（1110条）。行為無能力者の意思表示は無効である（75条）（日本の成年被後見人は制限行為能力者とされ、法律行為は取消可能となる）。

さらに、精神障害またはその他心神の欠陥により、意思表示をし、もしくは意思表示を受けることができなくなったとき、またはその意思表示の効果を弁識する能力が著しく不足するに至ったときは、法院は、本人、配偶者、4親等以内の親族、この1年間同居の事実のあるその他の親族、検察官、主管機関または社会福利機構の申立てにより、保佐の宣告をすることができるとする規定も新設された（15条の1）。保佐宣告を受けた者は、保佐人をおかなければならず（1113条の1）、被保佐人は、消費貸借、保証、贈与、訴訟行為、和解、遺産分割その他一定の行為については、保佐人の同意を得なければならない。ただし、単に法律上の利益を得る場合、またはその年齢および身分により日常生活に必要とされる場合については、除外される（15条の2）。

5　扶養（1114条～1121条）

扶養の範囲は、直系血族相互間、夫婦の一方が他方の父母と同居しているときは、その相互間、兄弟姉妹間および家長家族相互間とする。扶養義務者が数人いる場合は、①直系卑属、②直系尊属、③家長、④兄弟姉妹、⑤家属、⑥嫁および婿、⑦夫婦の父母の順序で、履行義務者を定める（1115条）。

扶養を受ける権利者が数人あり、扶養義務者の経済能力が全員を扶養するのに不足するときは、①直系尊属、②直系卑属、③家属、④兄弟姉妹、⑤家長、⑥夫婦の父母、⑦婿および嫁の順序で、扶養を受ける者を定める（1116条）。

扶養の程度は、扶養を受ける者の需要、扶養義務者の経済能力および身分を考慮して定める（1119条）。また扶養方法は当事者の協議で決定し、協議が整わない場合は親族会議で定め、扶養費の給付につき、当事者で協議ができないときは、法院が定める（1120条）。なお、2010年の改正により、親族間扶養義務の軽減に関する規定が新設されている（1118条の1）。

6　家（1122条～1128条）

家とは、永久に共同生活を営む目的をもって同居する親族団体をいう（1122条）。家には家長がおかれ、同居する親族は家属（家族）とする。親族ではなく

ても、永久に共同生活を営む目的をもって同居する者は家属とみなされる（1123条）。

7　親族会議（1129条～1137条）

　現行法には、親族会議の招集、人数、組織および任務等についての規定があるが、2014年の改正により、本来は親族会議の任務とされる事項につき、一定の要件を満たせば、法院が代替できるとする内容が盛り込まれた（1132条）。

【主要参考文献】
戴東雄教授六秩華誕祝壽論文集編輯委員会『固有法制與當代民事法學』（三民書局、1997年）
黄宗樂教授六秩祝壽論文集編輯委員会『黄宗樂教授六秩祝賀－基礎法學篇』（學林、2002年）
戴東雄教授七秩華誕祝壽論文集委員会『現代身分法之基礎理論』（元照出版、2007年）
鄧學仁「評親屬法之修正」／李立如「親屬法修正的軌跡／林昀嫻「民法收養制度之修正與展望」／施慧玲「民法親屬編之理想家庭圖像」月旦民商法雜誌第17期「親屬法訂評述」（2007年）
國立政治大學編『台灣法制導論』（元照出版、2011年）
郭振恭『民法』（三民書局、2012年）
鄭冠宇『民法概要』（自版、2012年）
林秀雄『親屬法講義』（元照出版、2013年）
李淑明『民法』（元照出版、2014年）
陳棋炎・黄宗樂・郭振恭『民法親屬新論』（三民書局、2014年）

第12章

企業と法

本章では、会社法および外資系企業の法的規制について概説する。

【学習ポイント】
　台湾会社法における会社の種類、それぞれの特徴、日本のそれとの異同、会社設立の実態、ならびに同法および証券取引法における公開会社の特則が、本章のポイントである。また、外資系企業が台湾市場に進出する際、外資系企業の投資に対する法的規制も重要である。

I　会社法の沿革と基本構造

1　会社法の沿革

　第1章・第4章で言及されたように、中国大陸で制定された憲法および法律という中華民国法制は、1945年以降、台湾に施行されることになった。会社法（原語は「公司法」。以下同）も例外ではない。1929年に中国大陸で制定され1931年施行された会社法は、1945年以降、台湾に施行された。

　この中華民国会社法の改正の経過については、1946年に改正されたようであるが、台湾においては改正資料等が現存せず、その概要は不明である。したがって台湾に現存する改正資料や記録は、1966年改正以降の資料である（1966年以降の改正経過については、法令検索システムで検索可能である。第3章参照）。

　1966年の改正会社法は、当時の社会や経済の変化を背景に改正されたものであり、「総則」、「無限会社」、「有限会社」、「合資会社」、「株式会社」、「株式合資会社」、「外国会社」、「登記及び認可」および「附則」の計9章450カ条からなり、現行法の原型となっている。当時の会社の種類には無限会社、有限会社、合資会社、株式会社および株式合資会社の5つがあった。そのうち、株式合資会社に関する規定は、1980年の同法改正により削除されている。また、1997年に新たに「関係企業」が盛り込まれ、現行法に至っている。

　このように、現行法における会社の種類には無限会社（原語は「無限公司」。

以下同)、有限会社（原語は「有限公司」。以下同)、合資会社（原語は「両合公司」。以下同）および株式会社（原語は「股份有限公司」。以下同）の4つがある。ただ、会社設立の実際状況については、経済部（経済産業省）の調査によれば、2016年4月時点で、登録会社総数は66万2695社で、そのうち有限会社が49万6894社で最も多く、会社総数の75％を占めており、次に株式会社が16万570社で、無限会社と合資会社は僅少である。

2 日本会社法との比較

　日本の会社法および会社法の施行に伴う関係法律の整備等に関する法律と比較すると、台湾の無限会社は日本の合名会社に、台湾の合資会社は日本の合資会社に、台湾の株式会社および有限会社は日本の株式会社（特例有限会社を含む）に、それぞれ相当するものであり、全体として、日台の会社の種類に大きな差異はない。

II　会社の種類および公開会社の特則

1　各種の会社

　会社には、無限会社、有限会社、合資会社および株式会社の4つがある。

(1) 人的会社としての無限会社

　会社法制の歴史的変遷からみれば、無限会社は親族や友人などから構成される、最も古い企業形態である。また、無限会社は、民法上の組合（原語は「合夥」。以下同）に近く、会社の信用は個々の社員の信用および社員間の信頼関係により築かれるものである。このような無限会社には、以下の特徴がある。
(1) 社員の無限責任
　会社法（以下、「法」という）では、無限会社は、各社員が会社の債務につき無限責任を負う会社であり、会社の債務が資産を上回った場合、社員個人が会社債務の弁済の連帯責任を負わなければならないとされる（法2条1項1号、60条）。社員の無限責任という点は、民法上の組合員の責任と差異はないものの、会社制度においては無限会社の最大の特徴である。
　理論的には、無限会社は法人格を有し、社員とは別々の独立する権利義務の

主体である。だが、会社法においてあえて無限会社に法人格が付与されるのは、会社の対外的法律関係を単純化し、取引活動の利便性を図るという立法目的がある。

(2) 濃厚な人的色彩

　無限会社を設立するには、社員になろうとする者が定款（原語は「章程」。以下同）を作成し、その全員がこれに署名または押印しなければならない（法40条）。また、無限会社の定款には社員全員の氏名等が記載されなければならない（法41条）。

　このように、無限会社は社員個人の個性が重視される会社であり、新たに社員が加入した場合、あるいは社員が退社した場合は、社員の変更となり、会社の定款を変更しなければならず、これらの社員の変更については、社員全員の同意を経なければならないとされる（法47条）。

(3) 企業の所有と経営の一致

　無限会社は、組合事業を会社化したものであり、共同経営事業の原型でもある。これを反映したもう1つの特徴は、所有と経営が一致するという点である。無限会社の業務執行については、この原則に基づいて行われる。会社の内部関係については、無限会社の各社員は原則として業務執行に携わり、会社の外部関係については、定款において代表者を定めていなければ、各社員が会社を代表するとされる（法45条）。

（2）人的会社の変型①：合資会社

　合資会社は、会社の債務について、無限の責任を負う社員（無限責任社員）と、会社に対する出資額まで責任が限定される社員（有限責任社員）の2種類の社員から構成される（法2条1項3号）。この種の会社は、資本家と企業家による匿名組合事業から会社法人に展開したもので、このような合資会社には、以下の特徴がある。

(1) 二元的組織

　前述したように、合資会社は、無限責任社員と有限責任社員から構成される二元的組織の会社である。無限責任社員は、無限会社社員と同様に、会社の債務が資産を上回った場合、会社債務の弁済の連帯責任を負うが、有限責任社員は、有限会社および株式会社社員と同様に、出資額を限度として弁済の責任を

負う（法114条）。

(2) 無限会社の変型

　合資会社の業務執行権限について、日本の場合、合資会社における有限責任社員は合名会社社員と同様に、原則として業務執行権限を有する（日本会社法591条1項）。これに対して、台湾の合資会社における有限責任社員は、業務執行権限を有せず、会社を代表することもできない（法122条）。このため、合資会社の経営は、原則として、無限責任社員がそれを行う。また、会社の監査業務については、有限責任社員または業務執行権限を有しない無限責任社員が行う。したがって、合資会社は、歴史の発展や経済活動の機能からみれば、無限会社とは差異があるものの、法的形態については、二元的組織を除いて、両者はほぼ同様であり、ゆえに、無限会社に関する規定を合資会社において準用するとされる（法115条）。その意味では合資会社は無限会社の変型といえる。

（3）人的会社の変型②：有限会社

　台湾の有限会社制度は、1914年のドイツのGmbH（Gesellschaft mit beschränkter Haftung）をモデルに設計されたといわれており、この種の会社は、少数社員かつ有限責任社員により構成される。社員は少数で会社組織もシンプルであり、業務の執行につき董事（取締役。以下同）がそれを行い（法108条1項）、社員の責任が限定されること（法99条）から、中小企業には最適な企業形態である。このような有限会社には、以下の特徴がある。

(1) 社員の有限責任

　有限会社は、社員が会社の債務について出資額まで責任を負う会社である（法2条1項2号、99条）。会社の債務がその資産を上回った場合でも、社員が出資額以上の責任を負わない。

(2) 物的会社の色彩

　有限会社の資本総額は社員全員が一括出資しなければならず、分割出資や対外募金が認められず、信用や労役その他の権利による出資も認められない（法100条）。また、資本の確定、資本の維持および資本の不変の3原則が要求され、財産が重視される点で、物的会社の色彩をもつ。

(3) 人的会社の色彩

　他方、有限会社は、無限会社と同様に、定款において社員等が記載されなけ

ればならない（法101条）。また、社員が持分の一部または全部を他人に譲渡しようとする場合、社員の過半数の同意を得なければならず、また、譲渡に同意しない社員が、その譲渡の優先譲受権を有する（法111条1、2項）。さらに、会社が増資する場合、社員の過半数の同意が必要であるが、社員はその原資の比率に応じる増資の義務を負わない（法106条1項）。このように、有限会社は、社員の個性が重視され、人的会社の色彩をも有する。

（4）物的会社としての株式会社

株式会社制度は、1602年に設立されたオランダ領有の東インド会社から始まったといわれている。この種の会社は、資本主義社会において経済活動を営む者に最も広くとられる企業組織となっている。株式会社については、以下の数点の特徴が挙げられよう（股東会〔株主総会。以下同。法170条〕、董事会〔取締役会。以下同。法192条〕、監査人〔監査役。以下同。法216条〕の3つの機関を除く）。

(1) 株式制度

株式会社の最大の特徴は株式（原語は「股份」。以下同）にある。会社法では、株式会社の資本は株式という割合的単位の形がとられ（法156条1項）、社会一般または特定の者の引き受ける株式価額から出資されるものである。株式制度は、他人の資本を自己資本に転化し、経済活動における必須の資金を満たすことができる点で、現代産業の発展に大いに貢献している。

また、株式制度は、株式を所有する株主（原語は「股東」。以下同）の有限責任をも意味する。株式会社の社員（株主）は、有限会社の社員と同様に、各自の株式の引受価額を限度とする有限責任を負い、会社の債務について払い込んだ株式の価額まで弁済の責任を負い、また、会社の債権者とは直接的に関係を有しない。しかし、株式について譲渡の自由が保障され、それを定款において制限または禁止してはならない（法163条1項）という点で、有限会社社員とは異なる。株式会社における株式の譲渡の自由が認められるのは、株式が譲渡され社員と会社との権利義務関係が変動しても、会社の組織や運営に影響を与えず、定款の変更の問題が生じることもなければ、社員間の合意も要せず、人的要素が否定されるからである。したがって、株式制度は、資本市場において資金の投入と回収の流動性を実現し、会社の資金面を活性化する重要な制度で

あり、株式会社の事業基礎の拡大につなげる潜在力を秘めている制度でもある。その意味で株式制度を基軸とする株式会社は、物的会社の典型例といえる。

(2) 株主の資本多数決の原則

多数決の原則は、社会のみならず、企業においても妥当である。この原則は株式会社の意思形成の原則であり、資本多数決の原則と呼ばれる（法174条）。株主は、株主総会においてその有する株式1株につき、1個の議決権を有する（法179条1項）。株主総会における議決権は、この1株1議決権の原則に基づき、株主の有する株式の総数により決まり、無限会社、有限会社および合資会社における1社員1議決権の原則とは異なる。このように、社員の引受け・払込み株式の価額から出資され構成される株式会社においては、株式は、議決権を含む社員の諸権利の基礎となり、これにより、社員の所有する株式の多寡が株式会社の種々の意思決定過程における決定基準となるのである。

(3) 企業の所有と経営の分離

企業の所有と経営の関係について、株式会社は、無限会社とは異なり、企業の所有と経営の分離に基づいて設計された会社であるとされる。すなわち株式会社の株主は会社の出資者であり、かつ所有者であり、その出資の目的は利益の分配にあるのに対して、会社の経営は董事会という会社の機関に委ねられる（法193条）。

(4) 閉鎖性株式会社の特則

2015年改正会社法により、米国型の閉鎖性株式会社制度が導入された。閉鎖性株式会社とは、50人以下の株主で、定款において株式の譲渡制限が定められる非公開株式会社をいう（法356条の1）。この閉鎖性株式会社に関する規律は、株式会社に関する規定の一部を特則として緩和するものであり、これにより、会社の定款自治が広範に認められることになった。今後の中小企業またはベンチャー企業の発展に大きく寄与することが期待される。

2　証券市場における公開会社の特別規制

株式会社が証券市場に株式を公開する場合、これを公開会社という。公開会社は、コーポレート・ガバナンスの要請に基づいて、株主・株主総会、取締役・取締役会および監査役について、会社法および証券取引法による特別な規

定がおかれている。

（1）株主および株主総会に関する特則

公開会社の株主・株主総会に関して、会社法ではその招集手続（法172条3項）、議事資料（法177条の3）、議決の条件（法13条、185条2、3項）について特別の規定があるほか、証券取引法では株主総会の出席における委任状に関する特別な規定がおかれている（25条の1）。また、端株についても、証券取引法26条の2の特別な規定がある。

（2）取締役および取締役会に関する特則

公開会社における取締役および取締役会に関して、会社法では取締役の選任（法192条の1）、取締役の当然解任（法197条）と補充（法201条）について特別な規定がおかれているほか、証券取引法では取締役会の議事規則（26条の3第8項）、取締役の資格の制限と選任（26条の3第3項）、社外取締役（14条の2）、監査委員会（14条の4）、報酬委員会（14条の6）について特別な定めがある。

（3）監査役に関する特則

公開会社の監査役に関して、会社法では監査役候補の選出（法216条の1）、監査役の当然解任（法227条）について特別な規定がおかれているほか、証券取引法では監査役の資格（26条の3第4項）、社外取締役による監査委員会（14条の4）について特別な定めがある。

Ⅲ　外資系企業および企業買収

1　外資系企業とその法的規制

経済のグローバル化の下で、資金は国境を越えて活発に移動している。こうした資金の国際移動に対し各国において様々な規制が行われている。台湾でも、互恵の原則によりながら、外国資金の移動についての規制が行われている。

外国会社が台湾で経済活動を行おうとする場合、台湾の会社法の規制を受けるほか、資金の移動については「外国人投資条例」（法律。以下、「外資条例」と

いう）による規制も行われている。

　まず、外資条例でいう「外国人投資」とは、外国人が以下のいずれかに該当することをいう。①台湾の会社の株式またはそれに対する出資額をもっていること、②台湾に支社を設置し、または独資（外国企業出資のみで設立されるもの）もしくは組合事業を行うこと、③前二者の事業に対し１年以上の融資を提供していること（外資条例４条）。

　また、外国人投資が禁止される事業がある。外資条例７条１項では、①国の安全、公共秩序、善良な風俗、または国民の健康に不利な影響を与える事業、②法律により投資が禁じられる事業の２種類が外国人投資禁止の事業として明記されている。また、特別の法律または法規命令に基づき外国人投資が制限される事業もある。外国人がこれらの外資投資制限事業を営もうとする場合、それぞれ、主管庁の許可または同意を得なければならない（同条２項）。

　なお、外国人が本条例に基づいて投資をしようする場合、主管庁である経済部（通商産業省）の許可を得なければならない（外資条例８条）。

２　企業買収（M＆A）

　外国の資金による台湾企業の買収について、前述した外資条例の規制を受けるほか、会社法、企業買収法および証券取引法による規制を受けなければならない。

（１）会社法および企業買収法におけるM＆A
(1) 合　併

　合併の形態には、吸収合併と新設合併がある。合併により存続する会社（存続会社）または新設会社には、現金、存続会社、新設会社もしくは他の会社の株式、またはその他の財産を対価とすることが認められる（企業買収法〔以下、「企買法」という〕４条３号、18条）。

(2) 買　収

　買収の形態には、株式の取得、事業の譲受けまたは株式交換がある。他の会社の株式、資産または事業を買収することが認められるほか、買収する場合、現金、株式またはその他財産を対価とすることも認められる（企買法４条４号、27条）。

株式交換による企業の買収については、会社法における新株発行の規制を受けるほか（法266条以下）、株式交換により親子会社になる場合、企業買収法の親子会社の規制を受けなければならない（企買法4条7号、29条）。
(3) 分　割
　分割にも、吸収分割と新設分割がある。会社はその事業の一部または全部を他の会社に譲渡し、それをその会社の新株式発行の対価とすることができる（企買法4条6号、35条）。

（2）証券取引法におけるM＆A

　証券取引法においても、外資による台湾企業の買収が認められる。具体的には、証券取引所における株式の売買を除いて、株式の競買、ブロック取引その他の方法が認められる。また、公開買付け、有価証券の私募なども認められる（証券取引法43条の1、43条の6）。

【主要参考文献】
施智謀『公司法』（自版、1990年）
武憶舟『公司法論』（自版、1998年）
柯芳枝『公司法論（上）（下）』（三民書局、2005年）
梁宇賢『公司法論』（三民書局、2006年）
王泰銓・王志誠『公司法新論』（三民書局、2006年）
王文宇『公司法論』（元照出版、2010年）
劉連煜『現代公司法』（新學林、2010年）
廖大穎『公司法原論』（三民書局、2012年）

第13章

労働と法

　本章では、労働者、使用者、労働組合、そして国家の相互関係を規制する労働法を紹介する。

【学習ポイント】
　労働法は、伝統的に2つのアプローチに分類される。1つは、個別の労働者と使用者の労働関係を規律する個別的労働関係法であり、もう1つは、労働組合と使用者の関係を規律する集団的労働関係法である。
　本章では、他の法律との関係や日本の労働法との差異に留意しつつ、労働関係の特色を踏まえて、台湾の労働法を概説することとしたい。

I　労働法の沿革と歴史

　一般に、労働法は、大別して2つのアプローチに分類される。1つは、個別の労働者と使用者の労働関係を規律する個別的労働関係法であり、もう1つは、労働組合と使用者の関係を規律する集団的労働関係法である。他には就業を促進するための就業服務法などの労働市場法がある。以下では、個別的労働関係法と集団的労働関係法を中心に、その沿革を簡潔に紹介する。

1　個別的労働関係法

　個別的労働関係法は、一般的に労働者の最低限の保護を図る「労働保護法」と、労働契約の諸法理を規律する「労働契約法」とに大別して把握することができる。労働保護法の中核が、最低労働条件を設定する労働基準法（以下、「労基法」という）であり、労働契約法の一例が（法令名としての）狭義の労動契約法である。ただしこの狭義の労働契約法は、1936年に公布されたが、いまだに施行されておらず、効力を有しない。そのため、以下では、個別的労働関係法の中で、現在、中心的な役割を果たしている労基法を中心に紹介する。
　労基法は1984年に公布されてから、13回の法改正が行われた。日本と異なる

のは、日本では労基法が先に制定されて、その後関係法令が分立独立したが（例えば最賃法、労働安全衛生法、労災保険法など）、台湾では勞工（労働者、以下同）安全衛生法、勞工保險條例、勞動契約法（未施行）、最低工資（賃金）法（未施行）が先に制定されたため、その後施行された労基法はそれらの規定を継承する部分を有しつつ、それに加えて新たに設けた部分もあるという点である。前者は労働契約、賃金、労働時間、休憩、休日、年少者と女性の保護、退職、技術生などであり、後者は適用範囲の拡大、未払賃金立替払制度、変形労働時間制、退職準備金制度、そして労災補償制度である。

　これらに加え、2002年に男女の均等な取扱いを規定する性別工作平等法が制定されることによって、個別的労働関係法の内容は一層拡充されている。

2　集団的労働関係法

　集団的労働関係法は、主に労働者の団結権に関連する労働組合の基本的な事項を定めた法律である工會法、団体交渉権に関する規定が設けられている團體協約法、そして団体行動権を規制する勞資爭議處理法とで構成されている。それぞれ、1929年、1930年、1928年というかなり早い段階で公布されたが、1945年以降の台湾は「非常法制」下の形式的法治国家の時期にあり、労使関係は政治と経済政策の両側面から強力な介入を受けたため、組合の組織と発展および団体交渉制度の形成が阻害され、争議行為さえ厳密に制限されていた。そのため、台湾の集団的労働関係の発展は進まなかったが、2010年に工會法をはじめとする労働三法が大幅に改正されたことにより、新しい時代の幕が開いた。

II　現行労働法の特徴およびその基本原理

1　個別的労働関係法——労基法を中心に

　個別的労働関係法の中核である労基法は、法定の最低労働条件を設定する法律であるが、日本の類似する法令のような直律効を有する旨の明文上の規定がない。したがって労基法は公法的性格を有するとされ、使用者に罰則と刑罰を科すことにより、その実効性が確保されている。以下は、労基法における重要な規定を説明する。

　労基法は総則、労働契約、賃金、労働時間・休憩・休暇、年少者・女性労働

者、退職、労災補償、技術生、就業規則、監督と検査、罰則、附則の12の章で構成されている。

総則では、使用者と労働者との間で定められる労働条件がこの法律に定められた最低基準より低いものであってはならない（1条2項）という、いわゆる強行効が明示され、用語の定義（2条）、適用範囲（3条）、主務機関（労働関係の主管庁）（4条）、強制労働の禁止（5条）、中間搾取の禁止（6条）、労働者名簿（7条）そして福祉・安全衛生に関する事項には、それぞれの関係法律を適用すること（8条）が定められている。

労働契約について、まず、有期契約の締結に厳しい制限がかけられている点が注目される（9条、10条）。つまり、臨時的、短期的、季節的、または特定的な仕事のみ、有期契約とすることができ、継続性を有する仕事は不定期契約（日本法でいう無期契約）としなければならないとする、いわゆる入口制限がとられている。また、臨時的・短期的な有期契約についても、①期間満了後、労働者が継続して業務に従事しているのに対し、使用者が直ちに反対の意思を表示しなかった場合、あるいは、②別に新契約を締結した場合において、その前後の契約とも雇用期間が90日を超え、前後の契約期間の中断期間が30日を超えない場合、の①②のいずれかに該当すれば、不定期契約が成立したものとみなされる。

解雇には、一般解雇（11条）と懲戒解雇（12条）があり、前者は勤続年数に対応する予告期間・解雇手当の支払いが必要であり、後者はそれらの支払いが不要である。いずれも、法定の解雇事由がなければ解雇ができない。労基法11条によると、一般解雇の解雇事由は、①廃業または営業を譲渡した場合、②業務の欠損または操業を短縮した場合、③不可抗力による事業の一時停止が1ヵ月以上に及ぶ場合、④事業の性質の変更によって人員数を減少する必要があって、適当な配置転換の業務がない場合、⑤労働者が担当している職務の遂行において、確実に能力上不適格と認められる場合、のいずれかに該当する場合である。これに対して、懲戒解雇について、同法12条1項は以下のように定める。

「労働者に次の各号に掲げる事情の一がある場合においては、使用者は、予告をしないで契約を解除することができる。一　労働契約を締結する際に虚偽の意思表示をしたため、使用者が誤信することになり、損害を受ける恐れがあ

る場合。二　使用者、使用者の家族、使用者の代理人若しくは共同作業をする他の労働者に対して、暴行を加え、又は重大な侮辱行為をした場合。三　有期懲役以上の刑の確定判決を受け、刑の執行猶予又は罰金に換科することを言い渡されなかった場合。四　労働契約又は就業規則に違反し、その情状が重大な場合。五　機械、工具、原料、産品その他使用者の所有品を故意に損耗し、又は使用者の技術上、営業上の秘密を故意に漏洩し、それにより使用者に損害を与えた場合。六　正当な理由なく継続的無断欠勤が3日に達し、又は1か月間に無断欠勤が6日に達した場合。」

　賃金について、主務機関が決める最低賃金を下回ってはならない（21条）。それに加え、賃金支払いについて直接・全額・通貨払い・定期日払い原則が定められている（22条、23条）。割増賃金（24条）については、後に述べる法定労働時間を超えて延長した労働時間について、延長労働時間が2時間を超えないものについては、通常の労働時間の賃金額の3分の1以上を加算した額を割増賃金として支払わなければならず、再延長労働時間が2時間を超えないものについては、通常の労働時間の賃金額の3分の2以上を加算した額を割増賃金として支払わなければならない。さらに天災事変または突発事件によって、延長労働時間が4時間を超える場合には、その超えた時間について、通常の労働時間の賃金額と同額を加算した額を割増賃金として支払わなければならない。

　労働時間について、使用者は労働者に、1日について通常の労働時間8時間、1週間について労働総時間数40時間を超えて、労働させてはならない（30条）。通常の労働時間以外に労働の必要があるとき、労働組合または労働組合がない事業単位（日本でいう事業場に相当するもの）における労使会議の同意を得た場合において、労働時間を延長することができるが、1カ月間の延長総時間数46時間を超えてはならない（32条）。変形労働時間制と裁量労働時間制についても、規定が設けられているが、裁量労働については、割増賃金に関する規定は適用除外されていない。日本法との大きな相違の1つである。

　もう1つの重大な差異は、法定定年退職と法定退職手当制度である。労働者で同じ使用者の下で勤続15年以上で年齢が55歳に達した者、または勤続年数が25年以上になる者は、定年退職時に、法定の定年退職金を請求することができる（53条）。これに対して、年齢が65歳に達した者、または心神喪失あるいは障害で仕事に耐ええない者については、使用者が強制的に退職させることがで

きるが、法定の定年退職金の支払いは必要である（54条）。また、法定の定年退職金の支給基準は、退職を認めたときの1カ月の平均賃金を基数の基準額とし、勤続年数によって、満1年につき基数2を与える。ただし15年を超える勤続年数について、超えた部分は満1年につき基数1を与え、総数最高45基数を限度とする。労災により強制的に退職させることになる者については、前述の規定による計算額に、その2割を加算する（55条）。この定年退職金の支給は個別使用者の責任であり、使用者が無資力であれば、労働者の定年退職金も実現できなくなるという問題があった。しかも、労働者が転職したり、使用者が倒産したりすることも多く、15年以上の勤続年数を充足することがなかなか難しかった。

　そこで、2004年に公布され、翌年に施行された勞工退休金條例（労働者定年退職金条例）は、このような問題点に対処し、定年退職金制度を大幅に改革した。つまり、使用者は毎月、勞工保険局にある労働者の勞工退休金個人専用口座に振り込まなければならない（同条例6条）。その額は労働者の毎月の賃金額の6％より低くてはならない（同条例14条）。定年退職金の申請について、年齢が60歳に達し勤続15年以上の労働者は勞工保険局に対して月退職金（年金制）を申請することができるが、勤続15年未満の者は退職一時金しか申請できない（同条例24条）。

　労災補償責任は、基本的に日本の規定と大差がないものの、台湾の労災保険の給付基準が低いため、（労災保険が給付された部分については、使用者の労災補償責任が免除されるという）調整規定があるとしても、労基法上の補償責任の方が手厚いため、使用者はなおその差額を支払わなければならない（59条）。また、台湾の労災救済は、労災補償制度と民事損害賠償との併存主義が採用されるので、民法による不法行為あるいは債務不履行要件が満たされる場合には、労災補償制度がカバーできない部分について、使用者にさらに賠償責任が要求される（60条）。それに、労災による治療期間中は、使用者は労働契約を解約してはならない（13条）。なお、被災労働者を保護するために、2001年に職業災害勞工保護法（以下、「職保法」という）が制定されたが、労災保険に加入しない被災労働者のセーフティネットとして、労保条例に照らして最低の保険加入賃金（日本法の標準報酬に類似する概念）を基準として労災障害、死亡補助を申請することができる（職保法6条）。そして、労災保険の給付を充実するため

に、種々の補助・手当が申請できる（職保法8条、9条）。

労基法70条は、「30人以上の労働者を雇用する使用者は、その事業の性質に応じて、以下の事項につき就業規則を作成し、主務機関に届け出た後、これを公表しなければならない。一　労働時間、休憩、休日、国定記念日、年次有給休暇、及び継続性作業の交替方法。二　賃金の基準、計算方法及び支払い日。三　労働時間の延長。四　手当及び賞与。五　遵守すべき規律。六　勤務評価、休暇、賞罰及び昇進。七　雇い入れ、解雇、退職及び定年退職。八　災害傷病補償及び慰労。九　福利厚生。十　労使双方が遵守すべき労働安全衛生規定。十一　労使双方の意見交流と協力の強化の方法。十二　その他」と定める。

また、就業規則は法令の強行規定もしくは禁止規定またはその事業の適用する労働協約に反する場合、無効とされる（71条）。

就業規則の効力について、学説では法規説、契約説、附合契約説、根拠二分説、そして集団的合意説がみられるが、実務では、附合契約説が多数説と思われる。例えば台湾高等法院96年（2007年）勞上字15号判決は、「就業規則は使用者が労働条件と服務規律を一律にするために作成したものである。現在社会の状況に鑑みて、労働者と使用者との間の労働条件につき使用者が作成した就業規則の内容により定められるのは、労使間の合意のある事実上の慣習の一種であるため、就業規則は労使双方を拘束する効力を有し、たとえ労働者が就業規則の存在及び内容を認識しておらず、同意をしていなかったとしても、就業規則は当然に適用される。このように、雇用契約における就業規則は運送契約や保険契約における一般条項のように、当事者が反対の意思表示がない限り、当然に雇用契約の一部になる」と判示した。

なお、性別工作平等法（以下、「性平法」という）では、使用者にセクハラを防止する義務が課されており、30人以上の労働者を雇用する使用者は、セクハラ防止措置、苦情処理及び懲戒規則を制定し、それを職場で公表しなければならないとされる（性平法13条1項）。また、セクハラの事情が判明し次第、迅速かつ有効な是正および対応措置を講じなければならない（同条2項）。使用者は性平法13条2項の義務に違反することにより、損害を被った労働者または求職者に損害賠償責任を負う（性平法28条）。

労働市場法についてみると、就業服務法5条は、使用者が人種、階級、言

語、思想、宗教、党派、本籍、出生地、性別、性の傾向、年齢、婚姻、外貌、五官、心身障害、または元組合員の身分を理由に求職者や雇用する従業員を差別してはならないと定めている。この差別禁止の規定に違反する場合、台湾ドル30万元以上150万元以下の過料が科される（同法65条1項）。

2　集団的労働関係法

前述したように、労働三法は2010年に大幅に改正され、2011年5月1日に施行された。法改正のポイントは、団結権の促進、不当労働行為制度の創設および誠実交渉義務の要求である。以下では、法改正のポイントを中心に、台湾の集団的労働関係法を紹介する。

（1）工會法（組合法。以下同）

(1) 労働組合の組織の多元化と自由化

今回の工會法の法改正で最も重要なポイントは、労働組合の組織の多元化と自由化である。つまり、団結権の保障をより広く実現するために、これまでの企業労働組合、職業労働組合に加え、産業労働組合という第3の類型の労働組合を認めることとされた（工會法6条）。企業労働組合を結成できない労働者は、産業労働組合の結成・加入ができるようになるため、労働者の団結権が従前より広く保障されることになったといえる。さらに、企業労働組合が結成される場合、その企業の労働者が加入しなければならないことが定められ、組合組織の多元化による企業内労使関係が複雑化することを回避するために、企業労働組合の数は1つに限定されることとされた（同法7条、9条）。労働組合の組織の自由化について、旧工會法における内部組織（例えば分会、支部など）に関する規定はすべて削除され、工會法8条により、労働組合の連合組織の名称、属性、地域および位置づけにつき労働組合が自由に決定できるようになった。

(2) 組合結成の自由の拡大

また、旧工會法4条では、政府機関、教育機関および軍火工業（軍需産業）の従業員は労働組合を結成することが禁じられた。しかし、大法官第373号解釈（1995年2月24日）は、そのうち教育機関の技工（技術労働者）などの労働者についての労働組合結成の禁止規定は、憲法が保障する結社の自由に違反する

として、違憲であると宣言した。これを受けて今回の法改正では、すべての労働者が労働組合の結成・加入の権利を有することを原則とし、現役軍人と国防部所轄の軍火工業の従業員は従来どおり労働組合結成の禁止が維持されているが、教師については労働組合の結成・加入が認められるようになり、また、政府機関の公務員および公立学校の教員の組合について公務人員協会法の規律に服するものとされた（同法4条）。

(3) 組合費の天引き

組合費の天引きについても、企業労働組合と使用者との間の労使関係を安定化し、かつ組合が組合費の収集の手続を省くために、同法28条2項で明文化された。

(4) 不当労働行為の禁止と罰則

不当労働行為の明確な規制の導入は、今回の法改正のなかでも注目されるポイントである。旧法35条は、使用者は労働者が組合の職務を担当したことを理由に雇用を拒絶したり、解雇または他の不利益取扱いをしてはならないと定めるにとどまり、労働組合を保護するには充分ではなかった。そこで今回の法改正で、不当労働行為について、同法35条は以下のとおりに改正された。

「使用者又は使用者を代表し管理権を有する者は、次の各号に掲げる行為をしてはならない。一　労働者が労働組合を結成しそれに加入し、労働組合の活動に参加し、又は組合の職務を担当することの故をもって、その労働者に対し雇用を拒絶し、解雇し、降格し、減給し、又はその他の不利益扱いをすること。二　労働者又は求職者に対し労働組合に加入せず、又は労働組合の職務を担当しないことを雇用条件とすること。三　労働者が団体交渉をすることを要求し、若しくは団体交渉に関する事務に参加することの故をもって、その労働者を雇用せず、解雇し、降格、減給又はその他の不利益な扱いをすること。四　争議行為に参加し、又は支持することの故をもって、その労働者を解雇し、降格し、減給し又はその他の不利益な取扱いをすること。五　労働組合の結成、組織、又は活動に対し不当に影響、妨害、又は制限すること。使用者又は使用者を代表し管理権を有する者は、前項に掲げる解雇、降格、減給を為した場合、無効とする。」

同条違反の場合、勞資爭議處理法における裁決により、使用者に処罰が科されうる（同法45条）。

(5) 組合職務による有給休暇

工會法36条によると、組合の役員は、就業時間中、組合の職務を取り扱う必要がある場合に、組合と使用者との合意に基づく有給休暇をとることができる。合意がなければ、企業組合の理事長は1日または半日、ほかの理事または監事は月50時間の範囲内で有給休暇をとることができる。これはノーワーク・ノーペイの原則の例外規定である。日本法では、このような組合職務による有給休暇の権利を認める規定はない。

（2）團體協約法

團體協約法は1930年10月28日に中国大陸で公布され、1932年11月1日に施行され、1945年に台湾において施行されて以降、70年余り改正されなかった。社会経済の変化、現行労働法規との整合性、団体交渉の過程に係る規定の欠如等の理由から、全面改正が必要となった。そのため、2008年1月9日に同法が全面改正・公布され、2011年5月1日に施行された。また、2014年6月4日に職権による仲裁に係る規定を追加する改正が行われた。以下、これらの改正のうち、重要な内容を紹介する。

(1) 労働組合が唯一の労働者側の当事者

團體協約法2条は、団体協約を、使用者または法人格をもつ使用者団体と、工會法により成立した労働組合とが、労働関係および関連事項を約定することを目的とし締結する書面契約と定義する。これにより、工會法上の労働組合が、労働者を代表できる唯一の団体協約の当事者であることが確定している。

(2) 不当団交拒否の禁止と誠実交渉義務

團體協約法6条は、労使双方に正当な理由がなければ団交拒否をしてはならないとし、かつ誠実交渉義務を課している。勞資爭議處理法における裁決が、労使のいずれかがこの規定に反したと認められる場合、その違反者に対し過料が科される（同法32条）。また、団交の交渉期間が6カ月間を超え、勞資爭議處理法に基づく裁決により、正当な理由なく団交拒否であると認められる場合、主務機関は職権で仲裁に付することができる（同法6条4項）。

(3) 労働組合の交渉の成果の確保

労働組合の組織の多元化と自由化に対応し、団体協約におけるただ乗りの禁止に関する約定が認められる。つまり、団体協約においては、この団体協約に

拘束される使用者は、正当な理由がなければ、当該団体協約に関係しない労働者の労働条件を当該団体協約の内容に合わせて調整してはならないと約定することができる（同法13条）。

（3）勞資爭議處理法

旧勞資爭議處理法では、労使の紛争処理につき行政の手続として法定の調停と仲裁制度が設けられていたが、今回の法改正で、主務機関の過度の介入をなるべく除くこととされた。以下、今回の法改正のポイントを紹介する。

(1) 専門的な労使紛争処理機関の設置

調停・仲裁手続の規定が見直され、調停人、仲裁人の制度が新設されることにより、より専門的・効率的な労使紛争の処理が期待される（同法9条〜38条）。

(2) 不当労働行為裁決制度の導入

前述のように、工會法45条および團體協約法32条により、不当労働行為が禁止され、それに違反した場合に罰則により実効性が担保されている。また、工會法35条および團體協約法6条1項でいう不当労働行為について、不当労働行為裁決委員会が裁決をもってそれを認定するとされる（同法43条）。

裁決の手続については、受理する前の審査手続、受理後の調査手続、そして裁決を作成する前の尋問手続に大別することができる。

まず、裁決委員会は当事者の申立てを受けてから、7日以内に裁決委員会の会議で受理・不受理を決定しなければならない（同法44条1項）。受理する場合、指名を受けた裁決委員会委員による調査手続が開始される。この調査手続は、20日以内に終了しなければならないが、必要であれば20日を延長することができる（同条2項）。調査を終了したとき、調査報告書が裁決委員会に提出され、7日以内に裁決委員会を開いて、会議が開かれてから30日以内に裁決の決定を作成しなければならない（同法45条）。また、裁決を作成する前に、当事者に口頭で意見を陳述させなければならない（同法46条）。これは、いわゆる尋問手続である。

(3) 争議行為の規制

ストライキの手続が簡略化され、組合員の過半数による直接、無記名投票があれば、ストライキができるとされている（同法54条1項）。ただし、教師、国

防部とその所轄の機関および学校の従業員については、ストライキが禁止されている（同条2項）。また、民衆の生命、安全、国家安全または重大な公共利益に影響を及ぼす事業については、労使双方が必要な服務条項を約定しておけば、ストライキができる。例えば水道事業、電力や燃料提供事業、病院、銀行間の資金清算業務に関する金融情報サービス業などがこの種の事業に該当する（同条3項）。

争議行為の免責規定も今回の法改正で新設された。正当な争議行為について、労働組合とその組合員の民事・刑事責任が免責されている（同法55条）。

(4) 訴訟費用および仮処分における担保の負担の軽減

労働者の訴訟の権利の実質的保障の観点から、労働訴訟（労働関係の確認の訴え、賃金給付請求の訴え）の訴訟費用について半分を徴取しないとされる（同法57条）。また、仮差押えおよび仮処分の担保についても、請求金額の10分の1を上限とされている（同法58条）。

【主要参考文献】

台灣勞動法學會編『勞動基準法釋義―施行二十年之回顧與展望（二版）』（新學林、2009年）

張鑫隆「新勞動三法對台灣工會的意義及未來的課題」台灣勞工季刊第22期38-43頁（2010年6月）

邱駿彥「展望與內省―勞動三法整體評析」台灣勞工季刊第26期59-67頁（2011年6月）

成之約「我國勞資關係及其法治的回顧與展望」台灣勞工季刊第34期10-23頁（2013年6月）

黃程貫編『新學林分科六法―勞動法（4版）』（新學林、2014年）

第14章

紛争解決のしくみ

本章においては、民事紛争（財産法関係）の解決制度について概説する。

【学習ポイント】
　台湾法は、日本法に倣った制度を多く有する反面、相違点も少なくない。例えば、最高法院には7つの民事法廷があり（法廷数は事件数に応じて増減する。法院組織法51条）、それぞれの法的見解は異なりうる。「判例」以外の裁判例の重みも日本ほどではない。法や司法に対する感覚は日本と同一でないことに留意すべきであろう。

I　概　観

　台湾における近代的な裁判所・訴訟制度は、1895年、台湾が日本領土になった翌年に設置された台湾総督府法院にさかのぼる。1945年からは中華民国法制に移行するが、民事訴訟法（以下、「民訴法」という）は、清王朝に招聘された松岡義正東京控訴院部長判事が起草した1910年の大清民事訴訟律草案にさかのぼる。いくどかの大改正を経た民訴法は、訴訟手続、抗告手続、簡易手続、小額手続、再審手続、第三者取消訴訟、督促手続、保全手続、公示催告手続について定めをおく。このほか、非訟事件法、強制執行法、仲裁法、家事事件法といった関係法律が存在する。

　台湾法の特色としてまず挙げられるのは、民事紛争の当事者は制度の主体であって手続処分権・手続選択権を有するという理念が強調される点である（大法官591号解釈〔2005年3月4日〕）。その表れとして、2003年から2008年まで、当事者が合意で法官（裁判官。以下同）を選択できるとする時限立法「民事訴訟合意選定法官審判暫行条例」が施行された。すなわち、当事者が地方法院（裁判所。以下同）・高等法院で法官を合意することができ、合議体の場合、両当事者が各自1人の法官を選択し、選択された2人の法官が第3の法官を選任するという方式もできる。世界でも例をみない斬新な試みではあったが、利用実績が

少なく（75件）、当事者が自分たちの利益に合致する見解をもつ法官を談合して選ぶ現象が指摘され、それが制度趣旨に反するといった理由から、恒久法には移行しなかった。

第2に、台湾の司法の透明性が高いという点である。法院組織法83条に基づき、全国の法院の判決書・裁定（決定。以下同）書はすべて（少年・非訟など一部を除き）実名のまま公開される。これらは、司法院のウェブサイトで、最高法院決議、司法院や法院の法律座談会、司法院・法務部（法務省）の通達や法適用に関する疑義照会回答等とともに、簡単に検索できる。しかし、他方において、法官の汚職は根絶されていない（2015年には、ある高等法院判事に対して懲役19年の有罪判決が下された）。司法院が2015年10月に公表したアンケート調査報告書によると、法官を信頼する者は44.0％で、信頼しないとする意見（48.5％）を下回っている。

紙幅の制約上、以下においては、台湾法に特徴的な部分をいくつか取り上げる。

II　裁判外の紛争解決方法（ADR）

1　調停（原語：調解）

訴訟に代替する紛争解決手段として、地方自治体が運営する調停が多く用いられる。調停は法院においても行われるが、申立手数料・不出頭の効果・現状変更禁止命令などの点に違いがある。また、調停手続を定めた特別法として、例えば消費者保護法44条以下は、地方自治体に消費者紛争調停委員会をおくこととしている。

（1）郷鎮市調停

「郷鎮市調解条例」（法律）によれば、基礎自治体たる郷・鎮・市の長が、法院と共同で地方在住の調停委員を任命し、調停委員会を組織する。紛争当事者は、調停委員会に調停の申立てを行うことにより手続を開始する。第一審法院は、訴訟を停止して事件を調停委員会に移送することもできる。調停は無料であり（同条例23条）、1人か3人以上の委員により行う。調停が成立すれば書類は法院に移送され、調停の内容につき、法令への抵触や公序良俗違反の有無等

が審査される。認可された調停は確定判決と同一の効力を有するが（同27条）、無効・取消の原因がある場合、当事者は調停無効の宣言または調停の取消を求めて訴えを提起できる（同29条）。

（2）法院での調停

　紛争当事者は法院に調停の申立てをすることもできる（民訴法404条1項。なお、強制調停につき、後掲164頁）。申立てには費用がかかるが、目的の価額が10万元（台湾ドル。以下同）未満の場合は無料であり、また、不調後30日以内に提訴すれば、提訴手数料に充当することができる（民訴法77条の20）。調停は簡易廷（後掲164頁）の法官が行うこととされるが、通常、1名の調停委員が調停を試みる。調停委員の日当・旅費・報酬は国が負担する（民訴法411条）。当事者が正当な理由なく出頭しないときは、法院は決定で3000元以下の罰鍰（過料。以下同）を課すことができる（409条。日本の民事調停法〔以下、「日民調」〕34条によれば5万円）。調停の目的を達するため、法院は現状変更の禁止等を命じることができるが、この決定に執行力はなく、違反した当事者には3万元以下の罰鍰が課されうる（409条の1。日民調35条によれば10万円）。当事者の一方または双方が期日に出頭しない場合、法院は期日を改めるか、調停不成立とみなす（420条）。ただし、少額事件の調停では例外がある（後掲165頁）。

　調停が成立すれば、裁判上の和解と同一の効力を有する（416条1項。日民調16条も参照）。しかし、無効・取消の事由があるとき、当事者は、調停無効の宣告または調停の取消を求めて提訴できる（416条2項）。なお、日本民事調停法17条「調停に代わる決定」、同24条の3「調停委員会が定める調停条項」と同様の制度も採用されている（415条の1、417条）。

　両当事者が期日に出頭したが調停が成立しない場合、一方当事者の申出により、法院は即座に訴訟の弁論を命じることができる（手続の転換）。この場合、調停申立ての時点で訴えが提起されたものとみなされるが、他方当事者は期日の延期を申し出ることができる。

2　仲　裁
（1）概　要

　台湾の仲裁法は1961年の商務仲裁条例（法律）にさかのぼり、1998年の全面

改正で「仲裁法」となった。1998年法は UNCITRAL 国際商事仲裁モデル法を参考にしたというが、相違点も少なくない。台湾には中華民国仲裁協会など4つの仲裁機関があり、仲裁が多用され、仲裁判断取消訴訟も多いが、仲裁法の基本を誤解した高等法院の裁判例もみられる。例えば台湾高等法院99（2010）年2月24日98（2009）年抗字2017号裁定・同法院99（2010）年9月15日99（2010）年非抗字122号裁定は、仲裁法が認めるのは機関仲裁のみであり、アドホック仲裁による仲裁判断は確定判決と同一の効力を有しないという。これは学説に批判され、最高法院103（2014）年3月27日103（2014）年台抗字236号裁定（民事第2法廷）は、台湾仲裁法はアドホック仲裁をも認めると判示した。

多くの国の仲裁法と異なり、仲裁人の資格には積極要件と消極要件の制限があり、講習・訓練も義務づけられている（仲裁法6条～8条）。最高法院96（2007）年1月4日96（2007）年台上字6号判決は、仲裁人が積極・消極要件を満たさない場合、仲裁廷の構成に違法があり、取消事由に該当するという。

実務上は、紛争を「仲裁または裁判」により解決するという契約条項もみられる。このような選択的仲裁合意の場合、先に手続を発動する当事者が、訴訟か仲裁かの選択権をもつと解される（最高法院95〔2006〕年6月29日95〔2006〕年台抗字390号裁定）。

仲裁法は「当事者の明示的な合意があれば、仲裁廷は衡平の原則を適用して判断することができる」（31条）というのみで、実体準拠法に関する規定をおかない。仲裁判断は確定判決と同一の効力を有するが（37条）、その執行には法院の執行決定が必要である。その際の要件審査（38条：「仲裁判断が仲裁合意の目的たる紛争と無関係であり、またはその範囲を超えるとき」「仲裁判断書に理由を付さないとき、但し、仲裁廷に補正されたときはこの限りでない」「仲裁判断が当事者に法律上禁止される行為を命じたとき」）は非訟手続によると法院は解しているため（52条、最高法院99〔2010〕年5月19日99〔2010〕年台抗字358号裁定等）、非訟事件法に則って形式審査が行われる。その決定には既判力がなく、仲裁判断取消訴訟に影響しない。

仲裁法40条に規定された事由があれば、当事者は30日以内に仲裁判断取消訴訟を提起することができる。取消事由は「仲裁合意の不成立・無効」、「当事者が仲裁手続において適法に代理されなかったこと」、「仲裁廷の構成又は仲裁手続が仲裁合意又は法律規定に違反すること」等の9つであり、執行不許可事由

（38条）もこれに含まれる。

（2）外国仲裁判断の承認・執行

　旧商務仲裁条例は、外国で下された仲裁判断を外国仲裁判断とする考え方（属地主義）を採用していた。しかし、1998年仲裁法47条は、外国法に従って下された仲裁判断を外国仲裁判断とする考え方（準拠法主義）を併用し、「中華民国領域外において作成された仲裁判断、あるいは中華民国領域内において外国の法律に基づき作成された仲裁判断は、外国仲裁判断である」とした。行政院の原案では、外国で下された仲裁判断に加え、台湾国内において「外国仲裁法規」、「外国仲裁機関の仲裁規則」、「国際組織の仲裁規則」に従って作成した仲裁判断も外国仲裁判断であるとする。そのため、現在の仲裁専門書もそのように解釈し、台北地方法院89（2000）年5月9日88（1999）年仲訴字8号判決も、台湾国内でモデル法の規定に依拠して作成された仲裁判断は外国仲裁判断であるという。これらは、準拠法の意味を誤解したものというべきであろう。

　台湾は仲裁判断の承認・執行に関するニューヨーク条約の加盟国ではないが、「外国仲裁判断は、申立により法院が決定で承認した後、執行名義（債務名義。以下同）となりうる」（仲裁法47条）。仲裁法49条～50条所定の承認拒否事由はニューヨーク条約5条のそれと異ならない。日本商事仲裁協会の仲裁判断を承認した例もある（台湾高等法院104〔2015〕年2月26日104〔2015〕年非抗字12号裁定）。もっとも、条文は「執行名義となりうる」というにすぎないため、既判力も承認されるかどうかが問題となりうる。台湾高等法院102（2013）年6月11日101（2012）年上字1408号判決は、外国仲裁判断が仲裁法47条に基づき承認された場合、「我が国の実務上、既判力と執行力を併せ有すると解されている」という。しかし、別件において、最高法院103（2014）年10月3日103（2014）年台抗字850号裁定（民事第6法廷）は、法院の決定で承認された外国仲裁判断は執行名義となりうるが、内国仲裁判断が確定判決と同一の効力を有すると規定するのとは異なるため、既判力が及ぶ事項の起訴禁止（民訴249条1項7号、後掲167頁）の問題は生じない、という。同決定に対する再審請求を受けて、最高法院104（2015）年3月25日104（2015）年台聲字259号裁定（民事第4法廷）もこの見解を是認した。外国仲裁判断の既判力を承認しないとすれば大きな混乱を生じるため、2015年末の法改正で同法47条2項に「当事者間において

裁判所の確定判決と同一の効力を有する」という文言が挿入され、外国仲裁判断の既判力の承認を明確にした。

中国の仲裁判断は、「台湾地区と大陸地区の人民関係に関する条例」（法律。以下「両岸関係条例」という）74条により、台湾の公序良俗に反しない場合、台湾法院の認可決定を経て、「執行名義となりうる」。最高法院104（2015）年1月8日104（2015）年台上字33号判決は、認可された中国の仲裁判断は執行力のみを有し既判力を有しないとして、原審の高等法院判決を破棄・差戻しした。中国の香港・マカオ特別行政区で作成された仲裁判断の承認については、「香港マカオ関係条例」42条により、仲裁法の規定が準用される。

III　法院による紛争解決

1　調停前置（強制調停）

民訴法403条1項に掲げる紛争（不動産の利用・境界に関する紛争、不動産共有者間での紛争、不動産の賃金改定に関する紛争、地上権の期間・範囲・地代の定めに関する紛争、道路交通事故および医療紛争、雇用契約に関する紛争、組合員同士の紛争、親族間の財産権に関する紛争など）については、起訴前に調停を行う必要がある。これは、訴訟を避けて当事者間の関係を維持するのが望ましいこと、非訟事件の性質を有するため協議による解決が望ましいこと、鑑定が必要となり訴訟が長引くおそれがあること等の理由による。訴訟経済の観点から、目的の価額が50万元以下の財産権に関する紛争についても、一律に調停が強制される。

調停前置事件につき直接に提訴した場合、民訴406条所定の調停除外事由（他の法定調停機関を経たこと等6つの事由、5つは1930年代立法当時のドイツ民訴法495条aに倣ったものである）がなければ、訴えの提起は調停の申立てとみなされる（民訴法424条1項）。調停が成立しない場合、法院は直ちに訴訟手続に転換して弁論を命じる（419条4項）。

2　少額手続と簡易手続
（1）簡易廷

法院組織法10条によると、「地方法院は簡易廷を設置することができ、その管轄事件は法律の定めによる」。簡易廷は地方法院の内部組織であるが、司法

院の「地方法院及其分院處務規程」34条によれば、簡易廷は自分の名義で簡易事件と民事調停を処理し、裁判書に簡易廷の印を押すこととされ、事件の複雑さや訴額の大きさにより簡易手続から通常手続に変更される場合、同一法官が民事廷の名義で審理し、裁判書に法院の印を押す。さらに、簡易廷が行う簡易事件・少額事件の第一審裁判に対しては地方法院が上訴審となり、その審判は合議で行われる（民訴法436条の1、436条の24）。したがって、実質上、簡易廷は一審を担当する簡易裁判所であるといえよう。

（2）少額手続

　金銭・代替物や有価証券の交付を求める訴額10万元以下の請求については、少額手続が強制的に適用される（日本の少額訴訟は金銭請求に限定され、かつ原告の申述に基づく点で、台湾法と異なる）。この場合、簡易廷が単独制で審判を行う。口頭による提訴も可能であり、口頭弁論は原則1回のみとされる。少額事件の当事者の片方のみが法人・商人である場合、約款により定められた管轄合意・履行地合意（後掲166頁）は管轄原因とならない（民訴法436条の9）。

　10万元以下の請求であって強制的に調停に付されるが（50万元以下→強制調停）、当事者の一方が調停期日の5日前までに適法の通知を受けたにもかかわらず、正当な理由なく調停期日に出席しない場合、法院は「出頭した当事者の申立てにより、直ちに訴訟の弁論を命じることができ、また、職権により、その一方の弁論に基づき判決することができる」（436条の12）。これは一方弁論判決と呼ばれるが、欠席当事者がすでに申し出た証拠も、必要があれば調査しなければならない（385条）。

　また、口頭弁論期日に一方当事者が欠席した場合、法院は、職権により、一方弁論判決を下すことができる（436条の23による433条の3の準用）。通常訴訟手続の場合、1回の欠席があれば出頭した当事者の申立てにより、連続2回の欠席があれば職権により、これを行うことができる。

　訴訟経済の観点から、当事者間の合意があり、または証拠調べにかかる時間・費用が訴額と見合わない場合、法院は「証拠調べをせず、全ての事情を考慮して事実を認定し、公平な裁判をすることができる」（436条の14）。

　少額事件の第一審裁判に対しては、法令違反を理由に、地方法院に控訴・抗告することができる。その場合は3人の合議体で審判され、上告・再抗告は認

められない。これも日本の少額訴訟と異なる点である。

（3）簡易手続

　財産権に関する訴訟で訴額が50万元以下の請求は、簡易手続によるものとされ（427条1項）、単独法官が審判する（436条）。427条2項所定の10種類の訴訟（建物の定期貸借に関する紛争、雇用期間が1年以下の雇用関係紛争、旅客と旅館・飲食店・運送人間の紛争、手形・小切手に基づく請求、利息・賃料等の定期給付に関する紛争など）については、訴額を問わず、簡易手続が適用される（ただし、事件が複雑であり、または訴額が50万元の数十倍を超える場合には、通常手続への変更が認められる）。口頭による提訴も可能であり、口頭弁論は原則1回のみである。一方当事者が口頭弁論期日に欠席した場合、法院は職権により一方弁論判決を下すことができる（433条の3）。

　簡易事件の控訴・抗告は地方法院に対して行い、3人合議体で審判される。上告・再抗告は、それにより受けうる利益が150万元を超え、かつ、法適用に明白な過誤があることを理由とする場合にのみ、（高等法院を飛ばして）最高法院に提起することができる。それについては原審（地方法院合議廷）の許可が必要であり、その許可は関係する法解釈が原則的重要性を有する場合に限られる。

3　通常の訴訟手続
（1）第一審
(1)　管　轄

　民訴法1条は自然人、2条は法人の普通裁判籍について定めをおく。日本と違い、台湾では、国と地方政府の行政庁・機関は市民の便宜を図るために当事者能力を有し（民訴法40条4項）、その普通裁判籍は行政機関所在地による（同2条2項）。外国法人の普通裁判籍は、台湾国内にある主たる事務所・営業所の所在地による。

　台湾国内に住所がない者または住所が知れない者に対する財産上の訴えは、差し押さえることのできる被告の財産所在地の管轄法院に提起することもできる（3条）。

　契約に関する訴訟については、当事者が債務の履行地を定めている場合、当

該履行地の法院が管轄することができる（12条）。日本法と異なり、法定の債務履行地は管轄原因とならず、履行地に関する当事者間での合意を要する（日本でも、兼子一・新堂幸司といった著名な学者が立法論としてこれを主張する）。ただし、黙示の合意でもよく、また、合意された履行地が複数ある場合や双務契約において両当事者の履行地が異なる場合、それぞれの地の法院が紛争全体について管轄権を有するものと法院は解している（最高法院98〔2009〕年6月18日98〔2009〕年台抗字第468号裁定）。

合意管轄は認められるが、一方当事者のみが法人・商人であって、約款に定められた管轄合意が明らかに公平を欠く場合、他方当事者は、本案の口頭弁論までに、他の法院への移送を申し立てることができる（28条2項）。

不動産の物権またはその分割もしくは境界に関する訴訟は、不動産所在地の法院の専属管轄に服する（10条1項）。その他の不動産に関する訴訟は、不動産所在地の法院が管轄することができる。

台湾法は、日本民訴法17条（裁量移送）に類した規定をもたない。法院が管轄権なしと認めたときは、原告の申立てまたは職権によって、管轄法院に移送する。

(2) 訴えの提起

訴えの提起は、①当事者、②訴訟物（法院は旧訴訟物理論をとる）、③請求の趣旨（「判決を受けるべき事項の申立て」）等を訴状に記載して法院に提出することによってなされる。2016年8月以後、提訴はインターネットで行うことができるようになった。一審・二審では本人訴訟ができるが、弁護士でない者を訴訟代理人とする場合には裁判長の許可が必要である。

法院は、まず249条1項が列挙する訴えの適法要件を審査する。受訴法院に裁判権・管轄権がなく移送できないとき、当事者能力・訴訟能力・訴訟代理権・訴状の適式性（提訴手数料を含む）等に不備があって補正されないとき、二重起訴・（終局判決後に）取り下げられた訴の再訴に該当するとき、および「訴訟の目的に確定判決の効力が及ぶとき」、法院は決定により訴えを却下する。

適法な訴えに対しては、法院が判決で応答する。判決をするには口頭弁論が必要であるが、「原告の請求が、主張された事実に照らし、法律上明らかに理由がない場合、法院は、口頭弁論を経ず、直ちに判決で棄却することができる」(249条2項)。その際には、6万元以下の罰鍰を科すこともできる。

なお、訴えの利益や当事者適格を欠く場合、法院は、権利保護請求権説という古い訴権理論に基づき、判決で訴えを退ける。

(3) 送　達

送達は、執達吏または郵便機関が行う。出会送達、補充送達、差置送達、公示送達のほか、(日本では大正改正以前にあった)「寄存送達」もある。これによると、住居所等において補充送達もできないとき、文書を交番に預け、送達告知書2通を住居所等の門に貼付しおよび郵便箱に入れることで、10日の経過により送達が発効する (138条)。

(4) 係争物の譲渡

民訴法254条1項は「訴訟係属中、訴訟の目的である法律関係が第三者に移転しても訴訟には影響しない」と定め、当事者恒定主義を採用する。そして、「確定判決は、当事者のほか、訴訟係属後当事者の承継人となった者……に対しても効力を有する」(401条1項)。最高法院61 (1972) 年12月15日61 (1972) 年台再字186号判例によると、訴訟物が物権である場合、係争物件を譲り受けた者は特定承継人にあたるが、訴訟物が債権である場合、当該権利・義務を譲り受けなければ特定承継人にあたらない。学説上は、債権・物権を区別しない見解もある。

他方、第三者は、両当事者の同意により、当事者に代わって訴訟を引き受けることができる。相手側当事者のみが訴訟の引受けに同意しない場合、譲渡の当事者または第三者は、訴訟の引受けにつき法院に許可を求めることができ、法院が決定でそれを判断する。さらに法院は、係争物の移転を知った場合、訴訟係属の事実を第三者に書面で通知しなければならない。係争物 (権利) の取得・設定・喪失・変更の登記が法的に義務づけられる場合、当事者が法院から「起訴の証明」の発行を受け、登記機関に訴訟係属の登記を求めることができる (254条5項)。

(5) 審　理

民事訴訟は直接主義・自由心証主義・処分権主義・弁論主義を採用する。ただし、日本では戦後の改正で削除された職権証拠調べの規定 (旧民訴261条) は、今なお台湾民訴法に残されている (288条:「法院は当事者の申立てた証拠により心証を得ることができないとき、又はその他の事情により必要と認めるときは、職権を以て証拠の取調べをすることができる」)。証拠方法は日本法と同様であるが、

「明らかに公平でない場合」の証明責任の転換を定める一般規定がある（277条但書）。当事者の証明妨害に対処する規定（当該証拠に関する相手方の主張を真実と認める）もあり（282条の1）、文書提出義務の対象文書の範囲も「本件訴訟に関わる事項について作成されたもの」（344条1項5号）に拡大されている。

(6) 判決の効力

確定判決の既判力の主観的・客観的範囲およびその基準時は、おおむね日本法と異ならない。争点効の有無については争いがあり、裁判例も肯定・否定に分かれている。

(7) 裁判上の和解

法院は随時和解を試みることができる。日本民事調停法24条の3「調停委員会が定める調停条項」に倣った制度も導入されている（法官が調停条項を定める。民訴377条の1）。裁判上の和解は確定判決と同一の効力を有するが（380条1項）、和解に無効・取消事由があるとき、当事者は審理の継続を申し立てることができる（380条2項）。

（2） 上訴審

(1) 控　訴

一審判決に不服がある当事者は、判決送達後20日以内に控訴を提起できる。控訴は「厳格な続審制」を採用し、新たな攻撃防御方法の提出は原則として認められない。ただし、当事者の責に帰さない事由がある等の場合には、この限りでない（447条）。控訴人は、口頭弁論終結前に、控訴範囲の申立てを変更（拡大・縮小）することができる。他方、控訴を提起しなかった被控訴人は、口頭弁論終結前に付帯控訴を提起できる。

(2) 上　告

上告は、判決が法令に違背することを理由とする場合にのみ認められる。財産権に関する訴訟については、上告によって受けうる利益が150万元を超えない場合には、上告できない。また、民訴法469条所定の法令違反（日本民訴法312条2項とほぼ一致する）以外の法令違反を上告理由とする場合、上告審法院の許可を得なければならない。その許可は、法の継続的形成（原語は［法之続造］、ドイツ民訴法543条の die Fortbildung des Rechts の訳語）・裁判の一貫性または関係する法律問題が原則的重要性を有する場合に限って認められる（469条の

1)。上告審は弁護士強制主義をとるため、弁護士費用は訴訟費用に算入される。上告審では原則として口頭弁論を開く必要があり、判決は原審の確定した事実を基礎とする。

　2003年の改正理由（478条）によれば、最高法院は、原判決を破棄する場合、原則として自判すべきである。しかし、最高法院が自判することは稀であり、差戻しの回数も多く、これについては批判が少なくない。2014年度に最高法院で終結した上告事件2877件のうち約2000件は上告棄却であり、その余は、全部差戻し629件、一部差戻し80件、全部自判1件、一部自判8.5件である。また、2度目の差戻しは90件、3回目31件、4回目13件、5回目1件である。なお、差戻審では付帯控訴ができないが（450条1項但書）、控訴人はなお控訴する範囲を拡大できると解されており（最高法院民事廷2004年度第3回会議決議）、この点については、当事者平等原則に反するとの批判もなされている。

4　再審と第三者取消訴訟

（1）再　審

　確定した判決に対しては、民訴法496条に掲げる事由を主張して、再審を求めることができる。再審事由には、「法規の適用に顕著な過誤があること」、「除斥・忌避すべき法官が裁判に関与したこと」、「当事者が訴訟において適法に代理されなかったこと」など13ある。

　再審は、判決確定後（もしくは再審事由の発生・発覚後）30日以内に提起しなければならず、判決確定後5年を経過したときは提起できない。適法に代理されなかったこと、虚偽の申立てにより公示送達が行われたこと、過去の確定判決との抵触等を理由とする再審は5年の制限にはかからないが、30日の制限には服する（500条）。

（2）第三者取消訴訟

　日本法にない「第三者取消訴訟」制度は2003年に新設された（起草過程においては、フランス民訴法582条以下の la tierce opposition が参考にされた）。民訴法507条の1は「法律上の利害関係を有する第三者は、自らの責めに帰さない事由により訴訟に参加せず、そのため判決結果に影響しうる攻撃防御方法を提出できなかった場合、両当事者を共同被告として、確定終局判決に対し取消訴訟を提

起し、判決のうち、自らに不利益な部分の取り消しを求めることができる」という。法院は、原判決の当該部分を取り消し、必要があればそれを変更するが、原判決は原当事者間では効力を失わない。この制度には賛否両論がある。

5 特別手続
（1）「本票裁定」
　台湾には手形訴訟の制度はないが、「本票裁定」というものがある。それは、「票據法」（手形・小切手法）123条により、約束手形の所持人が振出人に対して遡求権を行使する場合に、法院が非訟手続により形式審査のみで執行を許可する制度である。

（2）支払督促［原語：支付命令］
　請求が金銭その他の代替物または有価証券の一定数量の給付を目的とする場合、支払督促を申し立てることができる（民訴法508条）。支払督促は「司法事務官」の業務であるが（法院組織法17条の2）、法院への不服申立てができる（民訴法240条の4）。

　債務者が、支払督促の全部または一部に対し、送達後20日以内に督促異議の申立てをしたときは、支払督促は効力を失い、督促異議に係る請求について、支払督促の申立時に訴えの提起（調停前置事件については調停申立て）があったものとみなされる。

　台湾の督促手続は、本来、日本やドイツと同じく二段階構造であったが、1971年の法改正で一段階となり、債務者が督促異議を申し立てない場合、直ちに「支払督促は確定判決と同一の効力」（民訴521条）を有し、既判力をもつとされた。しかし、詐欺事件の多発が社会問題化したことから、2015年7月の改正法により、「支払督促は執行名義になりうる」と改められた。

6 渉外民事訴訟
（1）国際裁判管轄
　国際裁判管轄に関する一般的な法規定はいまだ欠如している（例外として、家事事件法53条は渉外婚姻事件につき規定をおく）。そのため、法院は、おおむね土地管轄の規定を「類推適用」する形で、国際裁判管轄の有無を判断してきた。

ただし、日本の「特段の事情」論やドイツの「二重機能説」を唱える下級審裁判例もみられる。

（2）外国との民事司法共助

1963年「外国法院委託事件協助法」により、台湾の裁判所は外国裁判所の嘱託を受け、送達や証拠調べを行う。その第3条は外交機関による転送を要求するが、中華民国を国家承認した国は少なく、外交経路を通すのは困難であるため、1980年の司法院「司法協助事件処理手続」はこの要件を緩和した。近年、ベトナム・中国は、窓口機関の名義で台湾との民事司法共助協定を締結している。米国・英国・シンガポール等と台湾との間で、民事司法共助が行われた例もある。

（3）国際訴訟競合

民訴法182条の2は「当事者が外国裁判所に係属している事件につき、更に訴えを提起した場合、当該事件に関する外国裁判所の判決が中華民国で効力を承認される可能性が相当な根拠をもって認められ、かつ、被告が外国で応訴することに重大な不便がない場合、法院は、決定により、外国裁判所の判決が確定するまで訴訟手続を停止することができる。但し、両当事者が中華民国の法院に審判させる旨の合意を行った場合はこの限りでない」と定める。日台訴訟競合の事例で台湾の裁判手続を停止した例も存在する。

（4）外国民事判決の承認・執行

台湾法は、日本と同様に自動承認制度を採用し、民訴法402条の掲げる消極的要件（日本民訴法118条とほぼ同様）がない限り、外国確定判決の効力を承認する。外国判決を執行するためには、強制執行法4条の1により訴えを提起し、執行許可を宣告する判決を得る必要があり、日本の判決が承認・執行された例もある。外国裁判所の非訟裁判の承認については非訟事件法49条が適用される。

中国の民事確定判決は、台湾の公序良俗に反しない限り、法院の認可決定を受けて「執行名義となりうる」（両岸関係条例74条）。この規定は民訴法402条の文言（効力を承認）とは異なるため、台湾最高法院は、認可された中国民事判

決は執行力を有するのみであって、既判力をもたないとする（最高法院96〔2007〕年11月15日96〔2007〕年台上字2531号判決、104〔2015〕年1月8日104〔2015〕年台上字33号判決など）。そのため、台湾での再訴は可能であり、執行に際して請求異議訴訟を提起することもできる。中国の統治構造が権力分立ではなく、司法が独立性を有しないという現状に鑑み、これは妥当な扱いであるように思われる。なお、香港・マカオは中国内地とは別の法域であるため、「香港マカオ関係条例」42条により、民訴法402条に準じて判決の効力が承認される。

【主要参考文献】

菊井維大＝兼子一『中華民國民事訴訟法・第一編・第二編・第三編乃至第九編』（中華民國法制研究會，1934・1936・1938年）

張有忠『中華民国六法全書』（日本評論社、1993年）

陳榮宗＝林慶苗『民事訴訟法・下（5版）』（三民書局、2009年）

王欽彦「民事訴訟法第12條『契約履行地管轄』之一考察」輔仁法學40号143頁～211頁（2010年12月）

王欽彦「我國只有機構仲裁而無個案（ad hoc）仲裁？―最高法院99年度台抗字第358號裁定背後之重大問題」台灣法學雜誌171号193頁～198頁（2011年3月）

王欽彦「台湾における国際離婚訴訟競合の規整と日台離婚訴訟競合」立命館法学2011年第5・6号712頁～735頁（2012年3月）

中野俊一郎＝王欽彦「日台間での司法共助と判決の相互的執行の可能性」国際商事法務Vol.40 No.4（通巻598）525頁～536頁（2012年4月）

王欽彦「中國大陸人民法院判決效力之承認與憲法之訴訟權保障」成大法學23号83頁～140頁（2012年6月）

王欽彦「台湾第四原発仲裁事件から見た台湾仲裁法の特殊性と問題点」国際商取引学会年報15号66頁～77頁（2013年）

吳明軒『民事訴訟法（10版）』（三民書局、2013年）

第15章

犯罪と法

　本章では、犯罪およびその処罰を規定内容とする刑法について概説する。

【学習ポイント】
　台湾の刑法学は、全体として、ドイツ、日本刑法学に強く影響されているといわれている。ただ、個々の論点や犯罪構成要件の規定・解釈論にまで踏み込むと、日本法との相違点は少なくない。したがって台湾刑法を理解するには、具体的な規定や解釈論レベルで日本法との異同を正しく把握する必要がある。とりわけ台湾独自のものや日本法との相違点については、比較法研究の好材料ともなろう。

I　沿　革

　刑法の近代化については、清王朝末期の1908年の「新刑律草案」にさかのぼる。この草案は、清王朝に招聘された、岡田朝太郎東京帝国大学教授の協力を得て、日本旧刑法をモデルに起草された近代的刑法典草案であった。しかし、保守勢力の反対と1911年の辛亥革命により施行には至らなかった。
　中華民国成立後、1927年より当時の西欧諸国の刑法学を参照し刑法典の編纂作業が開始された。翌1928年3月10日に（旧）「中華民国刑法」が制定され、同年9月1日に施行されたが、1935年1月1日には全面改正が行われた。その後、中国大陸で制定された刑法典は、1945年以降、中華民国の台湾統治により、台湾で施行されることになった。台湾での施行後、法典の全面改正はないものの、各則の法改正が数回行われ、2005年には同法第1編「総則」の大幅な改正がなされた。
　以下では、現行刑法の規定を中心に紹介する。

II　中華民国刑法の基本構造

現行刑法である中華民国刑法（以下、「法」という）は、「総則」（1条～99条）および「分則（各則。以下同）」（100条～363条）の2編からなる。この基本構造は、「新刑律草案」から維持されてきたものである。

「総則」編は「法例」、「刑事責任」、「未遂犯」、「正犯及び共犯」、「刑」、「累犯」、「数罪併罰（罪数）」、「刑の酌量及び加重減軽」、「緩刑（執行猶予）」、「仮釈（仮釈放）」、「時効」、「保安処分」の12章（1章～12章）からなる。

「分則」編は、①国家法益に係る罪（内乱に関する罪、外患に関する罪、国交を妨害する罪、汚職の罪、公務の執行を妨害する罪、投票を妨害する罪、秩序を妨害する罪、犯人逃走の罪、犯人蔵匿及び証拠隠滅の罪、偽証及び虚偽告訴の罪）、②社会的法益に係る罪（公共危険の罪、貨幣偽造の罪、有価証券偽造の罪、度量衡偽造の罪、文書偽造の罪、性的自主権を妨害する罪、風俗を妨害する罪、婚姻及び家庭を妨害する罪、宗教記念建築物の冒涜及び墓・死体への侵害の罪、農工商業活動を妨害する罪、アヘンの罪、賭博の罪）、③個人的法益に係る罪（殺人、傷害、堕胎、遺棄、自由妨害、名誉及び信用毀損、秘密妨害、窃盗、強奪・強盗・海賊、横領、詐欺、背任及び重利、脅迫及び身代金目的誘拐、贓物、器物損壊、コンピュータ使用妨害の罪）の36章（1章～36章）からなる。

III　刑法総論（「総則」）の概要

1　基本原則

本法では、最重要基本原則として、「罪刑法定主義」および「責任主義」を挙げることができる。

（1）罪刑法定主義

罪刑法定主義は、近代法の原理として確立した法治国原則（法治主義）を、刑法において最重要基本原則として確立したものであり、法1条および2条1項により明文化されている。すなわち、1条では「行為の処罰は、行為の時の法律に明文規定があるものに限る。人身の自由を制限する保安処分について

も、同様である」、2条1項では「行為の後に、法律の変更があったときは、行為時の法律を適用する。ただし、行為後の法律が行為者にとって有利である場合は、行為者に最も有利な法律を適用する」と定められる。

　1条は、法律によらなければ処罰されてはならず（法定主義）、その「法律」には慣習法は含まれず（慣習法の禁止）、また類推解釈、遡及的に処罰されることも禁じられること（類推解釈の禁止、遡及処罰の禁止）などが含まれる。2条1項においては、法律の変更による処罰の事後的加重が禁じられるが、これはまた行為者にとって最も有利な処遇とすべきであることを意味するものである。その他、犯罪と刑罰に関する規定が明確でなければならないという「犯罪・刑罰規定の明確性の原則」も含まれると解されている。

（2）責任主義

　もう1つの基本原則である責任主義を明文化したのが法57条1項である。同条項では「刑を科す際には、行為者の責任を基礎としなければならない」と定められる。すなわち、刑罰を科すには行為者の責任が要求され、また、その刑罰の重さについても責任の程度にふさわしいものでなければならないことを意味する。

2　犯罪論の基本構造

　台湾刑法学は、全体として、ドイツおよび日本刑法から強い影響を受けている。そのうち特に、刑法における中核概念である構成要件、それに基づいて構成される犯罪論は、ドイツ・日本刑法の色彩を強く帯びている。犯罪の定義については、一般に、ドイツ・日本刑法と同様に、構成要件に該当し、違法で有責な行為と理解されており、解釈論レベルでもドイツ・日本刑法理論が主要な参照対象である。

3　現行刑法の特徴

　台湾刑法学がドイツおよび日本刑法の色彩を強く帯びる点については前述したとおりだが、現行刑法においては、台湾独自の規定もあり、それらが将来的にドイツ・日本刑法と異なる展開をする可能性も秘めている。以下では、日本刑法学と比較対照しながら、刑法総則における6つの特徴的な規定を挙げて説

明することとする。

（1）故意・過失に関する規定

　法12条では、行為が故意または過失によるものでなければ、それを罰しないという故意・過失に関する原則が定められる。故意について13条で、いわゆる確定的故意について「行為者は犯罪を構成する事実に対し、認識し、かつそれを発生させる意思を有する場合は、故意である」（1項）とされ、いわゆる未必の故意については「行為者は犯罪を構成する事実に対し、その発生を予見し、かつその発生が行為者の本意に反しない場合は、故意とする」（2項）と定められる。また、過失について14条では、いわゆる認識なき過失について「行為者が、故意でない場合であっても、その情状により注意すべきであり、かつ、注意できるにもかかわらず、注意をしなかった場合は、過失である」（1項）とされ、いわゆる認識のある過失については「行為者は、犯罪を構成する事実に対し、その事実が発生しうることを予見したにもかかわらず、発生しないと確信した場合は、過失とする」と定められる（2項）。

　前掲の諸規定のうち、故意の捉え方について、通説は、それを犯罪構成要件の実現に対する認識および意欲として把握するとする、いわゆる「認容説」である。これに対して、故意をもっぱら犯罪構成要件事実の認識として理解するとする、いわゆる「表象説」ないし「蓋然性説」という有力説もある。前掲の通説的な考え方によれば、過失と故意（特に未必の故意）の区別では、構成要件事実を発生させようとする意欲的要素がその基準となろう。

（2）不真正不作為犯に関する規定

　法15条では、不真正不作為犯に関する規定がおかれ、「犯罪結果の発生に対し、法律上防止の義務があり、かつ、防止できるにもかかわらず、それを防止しなかったときは、積極的行為により結果を発生させたときと同様である」（1項）、「自らの行為によって犯罪結果の発生の危険を生じさせたときは、その発生を防止する義務を負う」（2項）とされる。

　これらの規定について、学説は、不真正不作為犯を作為による結果発生を予定している犯罪構成要件を不作為によって実現させるものとして把握している。また、不作為と作為は本質的には異質のものであり、上記の規定は単に刑

法において同様の評価をするにすぎないと一般的に理解されている。日本法と比べると、上記の条文があることにより、不真正不作為犯に関する罪刑法定主義違反の問題についての議論は少ないが、一方で、作為と不作為の区別基準および不作為犯の保障人的地位に関する議論が多いという点で、特徴的である。

(3) 結果的加重犯に関する規定

法17条では、結果的加重犯に関する規定がおかれ、「犯罪により発生した結果につき、その刑を加重する規定がある場合に、行為者がその結果の発生を予見できなかったときは、これを適用しない」とされる。この規定について、学説では、加重結果の発生について行為者は少なくとも主観面での過失があることを要すると一般的に理解されている。しかし、近年、最高法院において、加重結果の発生と行為者の先行する基本行為とに客観的な相当因果関係があれば足りるとした判決も現れている（最高法院97〔2008〕年7月3日97〔2008〕年度台上字第3104号判決）。

(4) 不能犯に関する規定

法26条には、いわゆる不能犯に関する規定がおかれ、「行為が犯罪の結果を発生させることができず、かつ危険がない場合は、これを罰しない」とされる。この規定は、2005年の法改正により、不能犯について、可罰的ではあるが、刑の減免が必要であることから、不可罰としたものである。ここでいう「危険がない場合」の意味について、近年、学説においてはドイツ刑法学の通説を援用し、行為者が著しい無分別により行為をした場合に限るとする見解が多くなってきている。一方、少数説ではあるが、理性的第三者が行為者の目的ないし特別な認識に基づき結果の発生を予期できるか否かという（いわゆる具体的危険説に近い）基準をもって「危険」の有無を判断すべきだとする見解もみられる。

(5) 責任能力に関する規定

法19条では、精神障害または知的障害による責任能力の欠如または減退に関する規定がおかれ、「行為時に精神障害または知的障害により、その行為が違法であることを弁識できず、又はその弁識に従い行動する能力を欠いている者

は、罰しない」（1項）、「行為時に前項の原因により、その行為が違法であることを弁識する能力又はその弁識に従って行動する能力が著しく減退した者は、その刑を減軽することができる」（2項）、「前二項の規定は、同規定の状態を故意又は過失により自ら惹起した場合には、これを適用しない」（3項）とされる。

上記の規定の1項および2項は責任能力の欠如または著しい減退に関する規定であり、精神医学、心理学および法学の観点を混合する形で定められたものである。また、3項は「原因において自由な行為」に関する規定であり、2005年の法改正により新設されたものである。しかし、原因において自由な行為の性質、すなわちそれを責任能力と行為の同時存在の原則の一例外として位置づけるべきか否かについては条文上明らかではなく、今後の課題となろう。

（6）刑罰に関する基本規定

犯罪の法律効果、すなわち刑罰に関する基本規定は、法32条から46条において定められている。刑罰の種類は、日本刑法と同様に、主刑と附加刑（「従刑」。以下同）に分けられる（法32条）。主刑には死刑、無期懲役、有期懲役（2月以上15年以下）、拘役（拘留。1日以上60日未満の自由刑）および罰金の5種類がある（法33条）。附加刑には公的権利の剥奪、没収および追徴の3種類がある（法34条）。以上の刑罰のうち、実際に大きな役割を果たしているのが長・短期の自由刑および罰金刑である。

また、刑罰の転換制度（原語は［易刑］）もある。例えば自由刑について、短期自由刑の弊害を回避するために、①法定刑が5年以下の有期懲役であって、②宣告刑が6カ月以下の有期懲役または拘役である場合、自由刑を罰金刑に切り換えることができる（原語は［易科罰金］。法41条1項）。また、前掲の2要件を満たしているが罰金刑の申立てがない場合（同条2項）、または法定刑は5年以下の有期懲役ではないが上記②の宣告刑の要件のみを満たしている場合（同条3項）においては、自由刑を社会奉仕活動に転換することもできる（原語は［易服社会労動］）。

罰金刑について、罰金を支払う資力のない者は、2カ月の納付期間の満了後、その信用または経済的状況に応じて1年以内の分割払いが認められ、あるいは罰金を労役に転換することもできる（原語は［易服労役］。法42条1項）。こ

のような労役も、基本的に社会奉仕活動に転換することができる（法42条の1第1項）。

IV 刑法各論（「分則」）の概要

1 総　説

　刑法分則は個々の犯罪とそれに対応する刑罰を個別的・具体的に定めるものである。この分則における個々の罪の解釈論を展開するには、総則との整合性、具体的な妥当性を念頭におく必要がある。

　現行刑法分則の基本構造は、日本刑法とほぼ同様で、保護法益ごとに類型化し個々の犯罪ごとに章立てがなされている。保護法益の類型について、学説では「二分説」と「三分説」があるが、現行刑法分則では国家・社会・個人法益の三分説がとられる。刑法制定当時、主流とされた考え方に基づくものと思われる。

　この三分説の区分に基づいて、第1類型（100条～172条）は国家的法益を保護することを目的として規定され、主に国家の存立やその主な権限・職務を侵害する犯罪に、第2類型（173条～270条）は社会的法益を侵害する犯罪に、第3類型（271条以下）は個人的法益を侵害する犯罪に、それぞれ分類される。また2003年の法改正により、コンピュータ犯罪（358条～363条）に関する規定が新設された。以下では、この3類型の順に沿って各類型の犯罪の概要を紹介する。

2　国家法益に係る罪

　国家法益に係る罪とは、国家に係る重要な法益を保護することを目的として規定される犯罪と刑罰をいう。具体的には、国家の存立、公務員の職務行為、公務と投票と社会秩序、司法権と犯罪訴追の適正な行使などが、その主たる保護の対象である。

（1）国家の存立を保護する諸犯罪

　法100条以下には、内乱、外患および国交に関する罪がおかれる。ここで特筆すべきは100条の内乱罪である。この内乱罪の規定は、かつて非常法制時期

において、特別法である「叛乱懲治条例」（反乱者懲罰法）と並んで、台湾独立論者を含む反政府者を弾圧し死刑を含む過酷な刑罰を科する道具として（台湾独立を主張する言論により死刑に処された事例がある）、乱用・悪用されていた。当時、この規定により、数多くの政治犯が犠牲になった（「白色テロ」と呼ばれる）（第4章参照）。

　1980年代後半から社会の民主化が進み、刑法学者がリードする、「叛乱懲治条例」廃止と法100条改正を訴える社会運動が盛んに行われた結果、同条例が廃止されるとともに、1992年の法改正により、内乱罪の構成要件に関する規定が「暴行又は脅迫をもって内乱を実行する」ことへと改められ、言論による内乱罪成立の余地はすでになくなっている。現在の実務において、統計上、内乱罪の件数はほぼゼロに近い。

（2）公務員の汚職に係る罪（原語は［瀆職罪］）

　公務員の汚職については、非常法制時期から重視されてきた。普通刑法のほか、「貪汚治罪条例」と称する特別刑法もあり、厳罰に処される罪である。刑法では、公務員への贈賄、公務員の収賄はもちろん、公務員が公務を遂行するにあたって、金銭または不正な利益を強要しまたは約束させることも禁じられている（121条）。また、台湾刑法の特徴として、金銭または不正な利益との対価関係がなくても、職権または公務の機会を利用し、自分や他人に利益を与える行為についても処罰される（原語は［図利罪］。131条）点が挙げられよう。この規定については、かねてより公務員の裁量行為と人民に便利を与える行為との区別が曖昧であるという批判がみられたことから、2001年の法改正により、本条に「利益を得た」という要件が付された結果、「図利罪」は結果犯となった。

（3）公務執行・投票・社会秩序を妨害する罪

　法135条から142条では、公務執行を妨害する罪について定められている。その中で実務上重要なのは、公務員が法令に基づき職務を遂行するにあたり、暴行や脅迫を加えて職務の執行を妨害する罪である。また、142条から148条には投票を妨害する罪が規定されているが、これらの規定は、法律に基づく選挙における投票の公正さ、清潔さを確保するためのものである。

149条以下の社会秩序を保護する諸規定については、構成要件の内容に不確定な法律概念が多用されるため、しばしば問題となる。とりわけ149条の集会に関する行為が、表現の自由との関係で問題となる。台湾では集会・デモの規制について、根拠法である集会デモ法（原語は［集会遊行法］）では、非常法制時期以降、届出制ではなく許可制がとられてきた。不許可の事由の一部について、大法官445号解釈（1998年1月23日）により、思想・言論の自由を制限するものとして違憲とされたことから、これを受けて、許可の要件は緩和されたものの、許可制自体については同解釈により合憲とされたため、民主化以降も一貫して許可制が維持されてきた。ところが、最近になって、大法官718号解釈（2014年3月21日）により、集会デモ法は、集会デモに対し一律に許可を要求しており、緊急の事情がある場合、または偶発的な集会・デモであっても、許可の対象から排除されないとする規定は違憲であると判示された。この解釈からは、許可制自体が違憲だと読み取ることが可能であり、今後、集会に関する犯罪の成立要件は、さらに緩和されることが予想される。

また、153条の違法行為煽動罪も、裁量性の広い規定である。2014年3月に、中国との貿易協定に反対するために起こった学生運動（通称「向日葵〔ひまわり〕運動」）で、参加した学生につき同条の犯罪が成立するか否かについても広く議論されている。

（4）司法に関する罪

このカテゴリーに属する罪は、司法作用を保護する規定であり、犯人逃走罪、犯人蔵匿と証拠隠滅の罪、偽証と虚偽告訴の罪などがおかれ、日本刑法とほぼ同様である。

3 社会的法益に係る罪

社会的法益とは、不特定者または多数者の集団的法益を指し、公共安全と公共危険または社会信用をいう。それを侵害する行為としては、放火罪、決水罪、貨幣・有価証券・文書などの偽造罪、社会風俗を害する罪などがある。全体として日本刑法と類似する規定は少なくないが、以下では特徴的なものを紹介する。

（1）姦通罪

日本ではすでに廃止された姦通罪（配偶者以外の人との姦淫に関する罪）の規定は台湾ではまだ現行刑法に残っている（239条）。かつてはこの条文の合憲性が争われたことがあったが、大法官553号解釈（2002年12月27日）により、憲法違反とまではいえないと判示された。この判断の背後には、台湾社会では家庭や婚姻制度が依然として非常に重視されていること、姦通罪を撤廃することで不倫を助長しかねないこと、家庭や婚姻制度をどのように保護するかについては立法裁量に委ねられるべきであるとする考えがあるものと思われる。

（2）刑法における飲酒運転の厳罰化

台湾では、1999年以降、交通刑法の再整備が行われており、ハイジャック罪（185条の1、同条の2）、交通事故のひき逃げ罪（185条の4）が新設された。また、日本と同様に飲酒運転が社会問題となっており、同年に飲酒運転の罪（185条の3）も新設された。しかし飲酒運転事件が後を絶たないため、飲酒運転の撲滅という社会の強い要請に応え、これまでに本条は3回の改正を経て、厳罰化されてきた。最終改正である2013年の改正により、アルコール呼気検査における1リットルに0.25mgという濃度の要件が明文化された。それに加えて、飲酒運転致死傷罪の法定刑も大幅に引き上げられ、過失犯罪のそれを数倍上回るものへと改められた。しかし、刑法学界においては、厳罰化による飲酒運転抑止の有効性を疑問視する意見が根強い。

（3）環境保全および食品安全に対する刑法的保護

近年、様々な公害事件や食品の有害物質添加事件がきっかけとなり、環境保全や食品安全が社会の大きな関心事となってきた。刑法では、これらの問題にある程度対処できる刑罰規定はあるものの、構成要件が厳しく容易に適用されるわけではない。しかし、社会においてはこれらの問題に対する刑法の役割が大いに期待されていることから、環境保全や食品安全における刑法上の保護のあり方が今後の課題となろう。

4 個人的法益に係る罪

個人的法益に関わる罪については、生命・身体・健康、意思・行動の自由、

名誉・プライバシー・秘密、財産の4つのカテゴリーに分類される。また、新設のコンピュータ犯罪がある。

（1）人の生命・身体・健康に関する罪

　人の生命に関する犯罪について、まず論点となるのが人の始期と終期に関する問題である。台湾刑法においても、日本刑法と類似する議論がみられるが、人の始期については、学説では様々な見解があるものの、実務においては、日本の実務で採用される一部露出説とは異なり、独立呼吸説を採用している。また、人の終期についても、自発呼吸、心臓機能停止および瞳孔反射機能停止の3徴候説が通説であるが、最近では、臓器移植法の施行により、一定の条件を満たしていれば、脳死も人の死亡として認められるようになった。

　殺人罪については、271条に一般規定がおかれるとともに、272条に直系尊属殺人罪に関する重刑規定もある。この直系尊属殺害の重刑規定については、日本では平等原則違反により違憲であるとする最高裁の判断が示されており、この規定はすでに削除されている。これに対して台湾では、反対意見は少なくないものの、儒教思想の観念が根強いため、その正当性は今なお認められている。また、これとは逆に、生母による嬰児殺害罪について、ドイツ法的な考え方をとり、情緒不安定による心理状態で行われた行為という理由により、一般殺人罪より軽い刑が定められている（274条）。

　そのほか、自殺関与罪や過失致死罪はもちろん、生命を危険にさらす行為に関する罪、例えば中絶罪や遺棄罪などもある。中絶罪について、特別法である優生保護法で比較的緩やかな中絶の要件が認められているため、実際の立件数はきわめて少ない。また、遺棄罪についても、前掲185条の4の交通事故ひき逃げ罪の新設により、遺棄罪の事件数も激減する結果となっている。もともと（一般）遺棄罪は交通事故で人を死傷させ逃走した場合に適用されることが多いが、このような場合には185条の4のひき逃げ罪にも該当するため、新規定が優先的に適用されることになるからである。

　身体・健康に関する罪については、10条4項の重傷の定義規定に合わせて、分則において普通傷害罪と重傷害罪に分類されている。最近では、医療行為と傷害に関する議論が展開されている。

(2) 意思・行動の自由に関する罪

　意思・行動の自由に関する犯罪行為の基本類型は、強制力をもって人を脅す行為である。例えば304条の強要罪や305条の脅迫罪は、日本のそれとほぼ同じ構成要件である。また、最近は、人身売買防止の国際的潮流に鑑み、296条の奴隷使役罪に加えて、人身売買罪なども新設されている（296条の1）。さらに2009年には、労務や性交易を目的とする人身取引を全面禁止・予防するための人身売買防止法が制定され、刑罰規定が設けられている。

　性的自主権ないし性的自由に対する犯罪については、従来は社会的法益を侵害する犯罪として考えられていたが、1999年の法改正により、個人法益である性的自由を保護するものであると理解されるようになり、このような解釈が定着するようになった。また、性交行為の定義についても2005年の法改正により拡大された（10条5項）。すなわち性交行為の態様について、従来の性器の接合からアナルセックスとオーラルセックスに拡大され、かつ性的侵害行為で使用する道具には、性器官のほか、人体の一部やその他の道具を含むものとされた。さらに近年、性的犯罪が社会の大きな関心事となっているなか、様々な社会監視措置も設けられている。

　強制わいせつ罪、特に被害者が未成年者である場合の構成要件についても、大きな問題となっており、2008年には最高法院刑事法官会議において、被害者の意思に反してさえいれば、強制的手段がなくても強制わいせつ罪が成立しうるとする決議がなされた。この決議では被害者が未成年者である場合の適用のあり方について、必ずしも明確には示されていないが、2011年に起こった未成年者への性的犯罪事件判決では、7歳の未成年被害者の意思に反するか否かが不明である場合であっても、227条の児童との合意的性交罪にあたると判示された。しかしこの判決は社会からの強い批判を受け、大規模デモにまで発展した。このような事態を受けて、最高法院刑事法官会議は、改めて、7歳未満の者を対象に性的行為を行った場合には、合意の有無にかかわらず、すべて強制性交やわいせつ行為とみなすとする決議を出すに至った。しかし、この決議についてもまた、刑法学者から罪刑法定主義違反であるとの批判がなされている。

（3）名誉・プライバシー・秘密に関する罪

　侮辱罪と名誉毀損罪の構成要件については、日本のそれとほぼ同じであるが、表現したことが事実であることを証明できる場合、または善意による言論である場合には、罰しないとする規定もおかれる（310条3項、311条）。この事実であることの証明について、大法官509号解釈（2000年7月7日）は、確実に事実であることの証明を要せず、被告人の提出した証拠資料により、被告人が相当の根拠に基づく確信をもって表現したものであれば足りるとした。これは、言論の自由と名誉保護との調和を図る重要な憲法解釈である。

　秘密保護に関する罪について、従来の315条の信書開封罪（日本刑法133条に相当）、316条の業務秘密漏えい罪（日本刑法134条に相当）、318条の公務秘密漏えい罪などの規定に加えて、1997年の法改正により、コンピュータ秘密漏えい罪（318条の1とその2）、盗聴・盗録罪（315条の1とその2）が新設された。秘密保護法や個人情報保護法においても、秘密漏えい等の場合の刑罰規定もある。

（4）財産に関する罪

　財産に関する罪については、窃盗罪、横領罪、詐欺罪、背任罪、重利罪、贓物罪、強盗罪、脅迫罪などがある。これらの罪の構成要件は、日本刑法のそれとおおむね同じである。例えば詐欺罪において、財産上の損害が必要か否かにつき、必要であるとすれば、その損害の内容をいかに解するかについて、日本刑法では諸説あるのに対して、台湾刑法ではドイツ法を援用する肯定説とその他の学説はあるが、実務においては肯定説が定着し、その内容は日本の実質的個別財産説に類似する。

　また、1997年の法改正により、機械に対する欺き行為の犯罪性を肯定し、3つの形態のコンピュータ詐欺罪が新設された。集金設備に対する詐欺罪（339条の1）、ATMのような自動取引設備に対する詐欺罪（339条の2）、コンピュータ使用詐欺罪（339条の3）である。いずれも、日本においても処罰の対象とされ、339条の3のコンピュータ使用詐欺罪は日本刑法246条の2とほぼ同じ内容である。ただ、これらの犯罪の構成要件における「不正な方法」の意味については、意見が分かれている。多数の学説は、これらの犯罪が詐欺罪と位置づけられる以上、不正な方法を欺く手口と解するのは当然だとしている。これに対して、実務ではそれより広く、正当とはいえない方法のすべてがここの

「不正な方法」にあたると解されている。

しかし、台湾と日本刑法とは、以下の諸点において、若干の相違がある。

第1に、身代金要求目的の誘拐に相当する「攎人勒贖罪」の位置づけである。この犯罪は意思・行動の自由の法益をも侵害するが、台湾では財産犯罪として位置づけられている。第2に、不法領得の意思の要否について、日本では明文規定がなく争いがあるが、台湾では「自分又は第三者のための不法所有の意図」という主観的成立要件がほとんどの財産犯罪に設けられているため、それを肯定することで定着している。第3に、329条の準強盗罪の構成要件と強盗罪との関係について、準強盗罪は、窃盗犯人は財物を得た後、財物を取り返されることを防ぎ、逮捕を免れ、または証拠を隠滅する目的で、暴行または脅迫を加えた場合には強盗罪とする、というものである。日本刑法238条の事後強盗罪とほぼ同じである。ただ、強盗罪との関係について、かつて準強盗罪は強盗罪とは独立の構成要件とされていた。しかし、大法官630号解釈(2007年7月13日)は、同条の合憲性につき肯定したものの、その構成要件については、暴行・脅迫の程度は強盗罪のそれと同程度のものでなければならないとしている。

なお、台湾では、犯罪事件数統計をみると、単一罪名で飲酒運転罪と薬物犯罪(麻酔剤犯罪)件数が最も多いが、その次は窃盗罪と詐欺罪である。後者の2罪を合計した財産犯罪事件数が犯罪事件総数に占める割合はなんと約4分の1に上る。したがって財産犯罪は台湾で最多の犯罪類型といっても過言ではない。

5 コンピュータ使用を妨害する罪

コンピュータ使用を妨害する犯罪(原語は[妨害電脳使用罪])は、2003年の法改正により新設された。これにより保護される法益には、個人法益だけではなく、コンピュータまたはそれらがつながるインターネット、ないし両者の使用利益という社会的法益まで含まれる。その主要な規定は、以下のとおりである。①コンピュータへの不法アクセスに関する罪(358条)。他人のコンピュータのパスワードやその他の安全措置を無効にさせ、無断にそのコンピュータに侵入する行為がこれにあたる。日本の不正アクセス禁止法とほぼ同じである。②一般的な電磁的記録の取得・変更・削除に関する罪(359条)。ここでいう電

磁的記録とは、10条6項で「電子的方式、磁気的方式及び光学的方式などで製作され、コンピュータの処理の用に供する記録」をいう。③コンピュータやネットワークの使用を妨害する罪（360条）。コンピュータプログラムまたはその他電磁的方法でコンピュータやネットワークを擾乱し、攻撃する行為がこれにあたる。④コンピュータ犯罪用に供するプログラムやウイルスの製作に関する罪（362条）。③および④の2カ条は、日本刑法168条の2および168条の3に近いといえよう。

第16章

犯罪と法的手続

　台湾では、刑事手続に係る法規範は、一般法である刑事訴訟法のほか、迅速な裁判を促進することを目的とする刑事迅速裁判法、少年事件を対象とする少年事件処理法、通信の自由やプライバシーの保護を目的とする通信保障及び監察法、そして戦時立法として軍事裁判法などがある。本章では、刑事訴訟法を中心に紹介する。

【学習ポイント】
　台湾の刑事手続は、何回もの法改正を経て折衷的、混合的、かつ独自色をもつまでに発展してきた。捜査段階では、検察官を頂点とする糾問的捜査構造の下で、適正な手続や黙秘権の保障、弁護人立会い権、および取調べの可視化など被疑者の防御権の保障を向上させている。他方、公判段階では、職権主義と当事者主義とを兼ねる訴訟構造の下で、検察官に立証責任を負わせて、証拠法則を整備し、証拠調べについては当事者に委ね、裁判所による職権調査を補充的なものとするほか、公訴提起にあたり一件記録の送致と公訴不可分の原則などが維持されたままである。しかし、捜査の適正化や起訴の精密さ、公平な裁判等の課題は本質的に相互に影響し合って緊密に関連するものであるため、折衷的、段階的に改正を経た現行法において、役割の矛盾だけでなく、運用上における不都合・不整合の問題も生じており、法改正の限界もみえつつあるのが現状である。

I　刑事手続の沿革とその構造

1　日本法の影響

　台湾は、日本統治時代には、刑事訴訟特別手続が施行されていたが、1945年以降、中華民国に統治されたことにより、1928年に中国大陸で制定された刑事訴訟法が施行されることとなった。ただ、当時の刑事訴訟法は、主として日本の大正刑事訴訟法を参考にして作られたものだといわれている。その意味で、台湾では、植民地支配によるいくつかの特則を除き、当時の中国よりも先に近代的刑事裁判制度が実施されたことになろう（第1章参照）。

　制定当初の刑事訴訟法の構造的特徴としては、以下の数点がある。①犯罪の

訴追については、公訴と私訴（自訴）の並存制度、いわゆる二元主義がとられた。すなわち、犯罪被害者は、捜査機関に告訴することができるだけでなく、自ら当事者の地位（自訴人）に立ち、加害者を被告人として裁判所に対し直接訴訟を起こすことも認められた。②捜査段階においては、検察官には裁判官とほぼ同様の強制処分令状の発付権限が認められたのに対して、被疑者は捜査の客体と位置づけられた。全体として、頂点である検察官と、その捜査の補助として被疑者と対立する立場にある司法警察職員と、捜査の客体である被疑者との三面関係の構造となっていた。③起訴段階においては、一件記録送付の原則がとられた。すなわち、検察官が公訴を提起する場合、裁判所に起訴状だけでなく、証拠物や証拠書類等をも提出し引き継がせることが義務づけられた。④裁判の範囲については、いわゆる訴因制度がとられず、不告不理の原則に違反しない範囲（事件同一性の範囲内）であれば、裁判所は検察官の主張した具体的事実や罰条には拘束されなかった。⑤証拠調べの範囲、順序や方法については、裁判所が主導的に行うことや、直接審理の原則が規定されたが、公判外の捜査書類など多くの伝聞証拠も事実認定の証拠として採用するものとされた。⑥上訴に関しては、控訴審（第二審）は覆審で、上告審（第三審）は法律審とされた、などがそれである。

　以上のように、刑事訴訟法の制定当初には、積極的真実発見主義に基づく真実の究明および犯罪者の必罰が刑事訴訟法の主たる目的とされ、検察官に強力な強制処分権限が認められていた。したがって、糾問的検察官司法が形成されるのと同時に、訴訟モデル論でいえば、職権主義的な色彩の濃厚な訴訟構造がとられていたことになろう。

2　特色ある独自の発展

　刑事訴訟法（以下、「法」という）は、その後、数回の改正を経て糾問的捜査と職権主義的な構造が改められるようになった。法改正のポイントとしては、捜査手続の適正化および被疑者の権利保護ならびに当事者主義的色彩の訴訟構造への移行などの点が挙げられる。なかでも被疑者の取調べについては、弁護人の取調べ立会い権をはじめ起訴前弁護制度の確立や黙秘権告知制度、取調べ過程のテープ録音化、夜間警察取調べの禁止などが明文化された点は特筆に値する。また、強制処分の適正化に関して、勾留制度の見直しがなされ、捜索差

押えの令状主義の義務づけが定められた。一方、公判段階において最も重要な法改正としては、検察官が当事者としての立証責任を負うとともに、証拠調べの範囲、順序や方法につき当事者の意思に委ねられるとした点が挙げられよう。そして証拠法則の整備については、証拠能力に関して伝聞法則、違法収集証拠排除の原則が採り入れられ、証拠調べに関しては交互尋問および異議申立てなどの詳細な規定が設けられた。

　総じていえば、台湾の刑事訴訟法は、憲法上の人権保障の理念や公平な裁判の原則が次第に重視されるようになり、また、それまで糾問的捜査構造の下で、違法な取調べを防止するため、被疑者の正当な権利の保護を段階的に充実させるとともに、訴訟構造についてはいくぶん当事者主義的要素を採り入れることにより、いわゆる職権主義と当事者主義的な色彩を兼ねるものへと改められたことになる。したがって台湾の現行刑事手続の構造は、折衷的、混合的な色彩を色濃く帯びており、独自の特色をもつものとみることができよう。

　以下では、捜査、公訴の提起、公判、上訴および刑事私訴の順でそれぞれの手続的な特徴を概観するものとする。

Ⅱ　捜　査

1　捜査機関と捜査の原則

　捜査は、捜査機関の告訴や告発、または現行犯逮捕などにより開始される。捜査機関には検察官と司法警察があるが、検察官が主要な捜査機関であるのに対して、司法警察は検察官の捜査を補助する者としてその指揮命令に服さなければならないとされる（法230条以下）。捜査の方法は、原則として任意捜査であり、強制捜査については法律の定める手続によらなければ、これをすることはできない。また、捜査にあたっては、関係者の名誉などの保護に努めなければならないほか（法89条、124条）、捜査により得られる利益と、それにより制約される被疑者の権利との間に合理的な均衡が保たれなければならず、必要な程度を超えてはならないとされる（法90条、132条）。

2　捜査の流れと被疑者身柄の送致

　捜査の実務では、司法警察は第一次的な捜査に携わっており、証拠の隠滅を

防止し証拠を保全する必要があると認める場合、検察官の許可を得たうえで、裁判所に対し捜索差押令状（原語は［捜索票］）を請求することができる。また、被疑者の逃亡を防ぐためにその身柄を確保しておく必要があると認める場合には、検察官に対し逮捕令状（原語は［拘票］）を請求することができる。そして、警察は通常逮捕や現行犯逮捕で被疑者の身柄を確保したときは、速やかにその身柄を検察官に送致しなければならない。送致を受けた検察官は、被疑者の取調べを行ったうえで、被疑者を勾留する必要があると認める場合には、被疑者逮捕時から24時間以内に裁判所に対し勾留を申し出なければならない（法91条～93条）。この逮捕から勾留の申出までの24時間制限は憲法8条1項の人身自由の保障規定によるものであるが、身柄送致の途中にかかる時間や取調べへの弁護人の立会いを待つ所要時間などは、この24時間には算入されない（法93条の1）。

　警察の捜査が終了した場合、すべての事件は検察官へ送付されなければならない。次に、検察官がいわば二次的な捜査を行うこととなる。検察官は、捜索や差押え、通信傍受を行う必要があると認める場合には、原則として事前に裁判官の審査を受けその発する令状によらなければ、これらの強制処分を行うことはできない。しかし、検察官は犯罪捜査のため被疑者を取り調べる必要があると認めるときには、これを召喚することができ、被疑者が正当な理由なくこれに応じない場合には、被疑者を勾引することができる（法71条、75条）。また、被疑者の犯罪の嫌疑が重大で、かつ、その逃亡を防ぐ必要があると認める場合には、検察官は自ら逮捕状（拘票）を発して警察官にその逮捕を執行させることもできる（法76条）。このように、台湾の刑事手続における検察官の役割は、いわば捜査機関と予審裁判官とを兼ねた顔をもっているという点で非常に特徴的である。また、捜査の構造では、検察官を頂点とし警察と被疑者がその下におかれることから、形式的には三面関係の構造がとられるようにみえるものの、実質的には被疑者を捜査の客体とする性格が強く、濃厚な糾問的な色彩を帯びるものとなっている。

3　被疑者取調べの規制

　このような糾問的捜査構造の下では、いかにして違法な捜査を防止し被疑者の権利を保護するかが重要な問題となる。そのうち、とりわけ被疑者取調べの

過程への規制が最重要課題とされ、数回の法改正を経て、台湾における被疑者取調べは、刑訴法において類をみないほど、明確、詳細かつ厳格に規制されるようになった。具体的には、取調べ前の規制として、刑訴法95条は、取調べに先立って被疑者に黙秘権および弁護人選任権などの権利が告知されなければならない（法95条）。また、取調べ過程の可視化の一端として、取調べの全過程のテープ録音が義務づけられ（法100条の1）、取調べへの弁護人立会い権も認められた（法245条2項）。さらに、警察は原則として夜間の取調べをしてはならない（法100条の3）。一方、事後の規制としては、自白の任意性法則が定められ、捜査機関が不当な取調べ方法によって取得した自白は排除されなければならず（法156条1項）、また、権利の告知や夜間取調べ禁止の規定に違反して取得した自白は、原則として証拠能力を有しない（法158条の2）。

以上の規制の諸規定を受けて、刑事手続における検察官の役割はどうあるべきか、例えばその捜査機関としての任務を縮小して、原則として補充的な捜査活動しか行わせず、公判中心の立証活動に移行させてしかるべきかどうか、また、適正な手続の原則から、検察官の行う勾引や逮捕などの捜査にも令状主義を要するかといった諸課題が残されている。

Ⅲ 捜査の終結と公訴の提起

1 検察官による起訴裁量

検察官は捜査を終了すると、収集された証拠を踏まえて犯罪嫌疑の有無などによって事件を起訴するかどうかの決定を行う。犯罪の嫌疑が充分で、起訴要件を満たしている場合であっても、すべての事件について、検察官がその公訴を提起しなければならないわけではない。一定の軽微な事件につき刑法57条に定めた犯人の性格や境遇、犯罪の軽重および犯行後の情状などを斟酌したうえ、訴追を必要としないときは公訴を提起しないことができる（法253条）。これを微罪不検挙（起訴便宜主義）という。また、死刑、無期または短期（下限）懲役3年以上の罪を除いて、たとえ犯罪の嫌疑が充分で起訴要件を満たしていても、検察官は上記の諸情状および公共利益を考慮したうえで、1年から3年までの観察期間を付けて起訴を猶予することも可能である。そして、その猶予期間中には、被疑者の同意があれば、被害者への賠償や社会奉仕活動、精神治

療、薬物依存症治療など再犯防止の措置を命ずることができる（法253条の2）。これを緩起訴制度（起訴猶予）と呼ぶ。被疑者がこれらの措置に従わなかったとき、または再犯が発覚したときには、検察官はその起訴猶予処分を取り消すことができるとされる（法253条の3）。

2　強制起訴制度

ところが、近年になり、捜査終結事件総数のうち、約15％が微罪不検挙と緩起訴処分により事件が終結していたことが明らかになった。そのため、このような強大な起訴裁量権限をもつ検察官にいかに厳正に訴追決定を行わせるかが起訴裁量の統制として大きな課題となり、違法または不当な微罪不検挙や緩起訴処分に対する救済措置として、強制起訴制度が導入されることとなった。この制度は、検察官による微罪不検挙や緩起訴処分につき、告訴人は、上級検察庁の長に対し不服申立てをすることができ、また、その申立てが却下された場合、地方裁判所に対し事件を公判審理に付すよう申し立てることができるという救済制度である（法258条の1）。その申立てを受けた裁判所が告訴人の申立てに理由ありとした場合には、当該事件は公訴を提起したものとみなされ、検察官は当該事件の原告として公訴を進行していかなければならない。

しかし、こうした起訴裁量権濫用への司法統制に対しては、実務の運用においても、告訴人の申立てに対する審査決定をした裁判官と同一の裁判官が、その後の公判手続にもあたることになるため、被告人に対して著しく偏見をもつおそれがあり、無罪推定の原則に反する疑いがあるとする批判的意見もみられる。

3　公訴提起の特徴と起訴審査制度

検察官が公訴を提起するにあたって、どこまでの書類・記録などを管轄裁判所に提出しなければならないか、言い換えれば、起訴状一本主義を採用すべきかどうかについては、長年、刑訴法改正の課題として激しい議論がなされてきた。現行法では、起訴状一本主義は採用されず、検察官が管轄裁判所に提出するのは起訴状だけでなく、捜査一件記録も送付しなければならない点で特徴的である（法264条）。しかし、裁判所は、捜査記録をはじめ一件記録を読み通したうえで公判手続に臨むことから、被告人に偏見を抱きやすく、公平な裁判が

確保されないという問題が残る。また、いわゆる訴因制度は採用されず、公訴提起の効力について公訴不可分の原則がとられており、実体上一罪の範囲内であれば裁判所に審理義務が及ぶとされるため、検察官の起訴した具体的事実の主張は裁判所の判断を拘束するものではない（法267条、300条）。この点に関しては、公平な裁判の原則に反するおそれがあるという問題点も指摘される。

　また、糾問的な色彩を和らげるために、公訴の提起に対するチェック方法として、起訴審査制度が設けられている。この制度は、裁判所は公訴の提起が明らかに証拠不十分であると認めたときは、期限を付して検察官に証拠を補強するよう求めなければならず、期限が経過したにもかかわらず検察官がこれに応じなかった場合には、決定により公訴を棄却することができる、というものである。もっとも、そもそも裁判所は証拠不十分と認めたときは検察官に証拠の補強を求める必要はなく、直ちに公訴を棄却すべきであって、改めて証拠補強の機会を検察官に与えるのでは、糾問的色彩を払拭することにはならず、これではたして公平な裁判といえるのか疑問であるとする意見もある。

　なお、捜査を終結するにあたって、被告人の自白などに基づき犯罪が明らかであり、かつその事件につき刑の執行猶予を宣告しまたは罰金を科すことが妥当と認められる場合に限って、検察官は地方裁判所簡易法廷に対し、公判を開かず書面審査のみによる略式判決を請求することができる。近年、起訴事件のうち、約半数近くがこの手続により効率的に処理されたとされる。

Ⅳ　公　判

1　簡易公判手続と司法取引

　公訴の提起により、事件は管轄裁判所に係属する。裁判所は公判の審理を迅速かつ集中的に行うため、第1回公判期日の前に、事件の争点や証拠の整理を主な目的とする準備手続を行う。準備手続において被告人が起訴事実に対し有罪の答弁をした場合には、死刑、無期懲役または3年以上の有期懲役の罪を除いて、裁判所は検察官、被告人および弁護人の意見を聴き、簡易公判手続による審理とすることができる（法273条の1、同条の2）。

　また、当事者主義的特徴として注目されるのは、取引により被告人に罪を認めさせて事件を迅速に処理することを目的とする司法取引制度である。この制

度は、公訴提起後において、死刑、無期懲役または短期（下限）3年以上の有期懲役の罪、高等裁判所の管轄する第一審事件を除き、検察官は被告人の請求を受けて、裁判所の同意を得たうえで、懲役2年以下の範囲内の量刑や賠償金の支払い、公益団体等への寄付などをもって被告人と交渉し、その結果に基づいて裁判所に対し取引判決（協議判決）を求めることができるものである（法第7編の1）。しかし、重大事件や争いのある事件については、準備手続による審理計画を踏まえて、冒頭手続、証拠調べ手続、最終弁論を経て終局判決に至るという公判手続が行われる。その中心をなすのは証拠調べ手続である。

2　厳格な証明と当事者進行原則

　公判審理については、前述したように、2002年と2003年の法改正により、検察官の立証責任や当事者主義、伝聞法則および交互尋問などの原則や制度が採り入れられた。被告人は裁判により有罪が確定するまでは無罪と推定される旨の規定が明文化され（法154条）、いわゆる無罪推定原則が刑事手続の指導原則として掲げられたのである。これに基づいて、検察官は公訴提起のあった犯罪事実につき、証拠の提出と実質的立証の責任を負わなければならない（法161条1項）。また、証拠調べについては、当事者主義の原則が採り入れられ、裁判所は基本的に、客観的かつ中立的立場に立ち、証拠調べに介入することなく、証拠調べの範囲や方法などは当事者に委ねられるものとされ、裁判所による職権調べはあくまでも補充的、後見的な役割にとどまるとされた（法163条）。

　また、証拠調べについては、厳格な証明が要求される。厳格な証明とは、犯罪事実の存否を認定するにあたって、法の定める取調べ手続に従って証拠能力のある証拠をもって論証することである（法155条2項）。証拠能力については、①公判期日における供述に代わる書面、または公判期日外における他の者の供述を証拠とすることはできないとする伝聞法則（法159条1項）、②強制、拷問、脅迫その他不正な方法により取得した自白は、これを証拠とすることはできないとする自白任意性法則（法156条1項）、③黙秘権や弁護人依頼権の告知の規定や夜間取調べ禁止の規定に違反したことにより取得した自白は原則としてこれを証拠とすることはできないという自白排除法則（法158条の2）、④適正な法的手続に違反し収集された証拠については人権保障と公共利益との均衡を考慮したうえで、これを証拠資料から排除することができるという違法収

集証拠排除の原則（法158条の4）などの規定、が設けられている。なお、証拠物や電子記録媒体などの取調べ方、証人尋問における交互尋問のルールについても詳細に明文化されている（法166条以下）。

　公判手続が終了すると、裁判所は判決の宣告によりその手続を終結させる。第一審公判裁判所が言い渡す判決には、有罪、無罪、不受理（公訴棄却）、免訴、管轄違いの5種類がある。統計データによれば、2014年の第一審終結事件のうち、有罪率が87.9％、無罪率が2.39％、不受理率が7.47％、その他が2.24％となっている。

3　さらなる法改正の課題

　以上みてきたように、台湾の現行刑事公判手続には、一連の法改正により当事者主義の重要な原則が採り入れられるようになったが、当事者主義への全面的な移行にはいまだ至っておらず、職権主義的色彩がいまなお残存する。例えば、前述したように、検察官は公訴提起と同時に、捜査一件記録を裁判所に送付しなければならず、また、検察官の具体的事実の主張が裁判所の判断を拘束せず、公訴事実の同一性を害しない範囲内で裁判所は起訴罰条を変更することが可能であるという諸点には、いずれも職権主義的な色彩が色濃く残っているといえよう。また、当事者の反対尋問権を保障し交互尋問制度の実施に役立てるために、伝聞法則が導入されているが、その例外として、検察官の面前で録取した取調べ調書は緩やかながら証拠として認められる。このことにより、被告人の反対尋問権は不当に制限されることになりかねない。というのは、裁判官が一件記録を読み通していれば、すでに一定の心証を形成しており、いくら当事者や弁護人が証拠調べを真剣に行ったとしても、裁判官の心証を変えることは困難であり、また、裁判官はこのような既成の心証に基づいて、当事者による交互尋問に介入したり、その立証方法を変えたりすることがありうるからである。

　以上の法改正について、法改正に関わった司法関係者は改良的当事者主義を採用したものとするが、むしろ改良的職権主義にとどまると評したほうが現実に即していよう。したがって、無罪推定や公平な裁判の原則を刑事手続のあらゆる場面に実質的に反映させ、当事者主導の証拠調べを基本とする公判中心の実りあるものにするために、起訴状一本主義の採用や訴因制度の導入、伝聞法

則の厳格化および法的援助を含む弁護体制の充実などの改善策が、今後の課題として残されている。もっとも、現在では一件記録が裁判所に送られるために、起訴後において弁護人は事前に裁判所でこれを随時閲覧・謄写することができる。しかし、起訴状一本主義を採用することになれば、この時点で証拠のほとんどが検察官の手元に残っているため、弁護人が裁判所に赴いてもそれを閲覧できない可能性が出てくる。こうした防御側の不利益が生じないよう対処するために、証拠開示制度を同時に検討しなければならないことは言うまでもない。

V 上　　訴

1　覆審と法律審

　裁判の結果に満足しない者が、原判決を不服として、原裁判所と異なる裁判所にその変更や取消を求める権利は、憲法16条の訴訟権として保障されている。ただ、不服のある者がどこまでの裁判所を対象としうるか、言い換えれば審級制度がどのように設計されるべきかについては、立法裁量に委ねられるべきものである。すなわち、立法機関が各種訴訟事件の性質や内容に応じてそれぞれの審級制を定めるべきであるといえよう。

　現行刑事訴訟法では、第一審判決に不服があれば、被告人および検察官は高等裁判所に対し控訴を申し立てることができる。第二審への控訴理由については、訴訟手続の法令違反に限らず、法令の解釈適用の誤りや事実誤認、量刑不当などの主張も認められている。控訴の申立てがあった場合には、事件の審理をゼロから始める覆審制がとられている。また、被告人が控訴によってかえって不利な結果になることをおそれて控訴を差し控えることのないように、被告人が控訴した場合、第一審判決より実質的に被告人に不利な量刑を言い渡すことはできない。ただし、原判決に法令の適用の誤りがあるとして原判決を破棄する場合はこの限りでないとされる（法370条）。

　また、控訴人・被控訴人（一審被告人・検察官）は高等裁判所判決や訴訟手続に法令違反があることを理由に、最高裁判所に対し上告することができる。上告審は、原判決に法令違反があったかどうかを審理するものであるため、法律審と呼ばれる。もっとも、注意を要するのは、刑事迅速裁判法において、無罪

推定の原則や検察官の立証責任を実効的なものにするために、検察官の上告に対する制限規定がある。すなわち、高等裁判所が第一審の無罪判決を維持した場合には、検察官はその控訴審の無罪判決に対して、憲法違反または判例違反があることを理由とする場合を除いて、上告することはできない（同法9条）。また、事件が裁判所に係属してから6年が経過し、最高裁判所が当該事件につき3回以上破棄差戻しをし、その最後の差戻しを受けた高等裁判所が第一審の無罪判決を維持した場合などには、もはや検察官は上告することはできないとされる（同法8条）。

　もっとも、控訴審としての高等裁判所では覆審制がとられていることにより、当事者が控訴による救済の可能性を見込んで、かえって第一審の事実審理を軽視する傾向が生じたり、控訴を乱用したりするおそれがあるといった問題もつとに指摘されており、第一審の訴訟構造の改正やその運用状況を踏まえて、上訴制度をさらに改革すべきとする声も高まっている。そこで司法院は、2015年10月に、第一審の事実審理の当事者主義への移行と上訴審の負担軽減などを図るため、控訴審につき現行の覆審制を事後審査制に改め、最高裁についてもその上告理由を憲法違反や判例違反などに限る厳格法律審へと移行させる改革案を公表した。上訴制度に関する今後の法改正の動きについては、大いに注目されよう。

2　非常救済手続

　通常の上訴の方法が尽きて裁判が確定し刑事手続が終了した場合、再度同じ事件を争って蒸し返すことは原則として認められない。しかし、確定した裁判に重大な誤りがあり、それを是正しなければ明らかに訴訟の重要原則または実体的正義に反する場合に限り、限定的な救済措置が例外的に認められている。これが非常救済手続である。刑訴法で認められる非常救済は、事実誤認について新証拠の発見などにより原判決が不当な誤判であることを理由とする再審と（法第5編）、法令違反について法令の解釈適用の統一を目的とする検事総長による非常上告（法第6編）とがある。また、再審については、確定判決の言渡しを受けた者に有利となる救済のみならず、不利益となるものも認められる（法422条）。しかし確定判決の言渡しを受けた者に不利になる再審が認められることは二重の危険の禁止という適正な手続の原則に反するおそれがあり、不利

益再審を廃止すべきとする意見も早くからみられ、今後の法改正の課題として残されている。

VI 刑事私訴とその他

1 刑事私訴

前述したように、台湾の犯罪訴追については、検察官による公訴のほか、犯罪被害者が自ら原告の当事者として（自訴人）、被告人を直接訴追することもできる（法319条以下）。しかし、この被害者による刑事私訴には制約がある。例えば、事件につき検察官がすでに捜査を開始した場合には、原則として刑事私訴を提起することができないとされる（法323条1項）。また、刑事私訴を提起するには、弁護士を訴訟代理人として依頼して被告人の氏名、犯罪事実および証拠を記載した自訴状を管轄裁判所へ提出することが義務づけられている。さらに刑事私訴の乱用を防ぐために、裁判所は、第1回公判期日前に自訴人などを尋問して刑事私訴を利用して被告人を恫喝する意図があったと認める場合、その私訴を取り下げさせるよう諭すことができるほか、明らかに嫌疑がなく、起訴要件を満たさないと認める場合には、決定をもってその私訴を棄却することができる（法326条）。

ところが、一般に犯罪被害者は自ら証拠を収集し保全する能力に乏しく、弁護士を依頼する場合の経済的負担も重いことから、直接裁判所に刑事私訴を提起する事件は減少傾向にある。近年、被害者による刑事私訴事件数が第一審裁判所の全受理事件数に占める割合は1％未満にとどまることが明らかにされた。この数字にも示されるように、刑事私訴制度の存在意義をめぐっては以前から議論が絶えず、廃止論さえみられるほどである。しかし、最近では、公務員の職権濫用罪の訴追に有用であるなど、その存在意義を肯定する意見が新たに唱えられるとともに、刑事私訴制度の実効性の強化を図る必要があるとの指摘もみられるようになっている。

2 附帯民事訴訟

犯罪によって損害を被った者は、刑事訴訟手続を利用して、被告人に損害賠償を請求するための民事訴訟を提起することができる（法第9編）。いわゆる附

帯私訴制度である。附帯私訴の審理は、原則として刑事訴訟事件の審理後に行われ、刑事被告事件と同時に判決が言い渡される（法496条、501条）。しかし、実際には、刑事裁判所は損害賠償額の算定の繁雑さやそれによる刑事訴訟の遅延を避けるために、附帯私訴のほとんどを民事訴訟手続に移行しているのが実状である（法504条）。したがってこの制度はほとんど機能していない。

3　国民による司法参加

　最後に、国民による司法参加の動きについて触れておく。台湾では、以前から、司法に対する国民の信頼を確保するために、一般の国民も訴訟手続と裁判の決定に実質的に関与する必要があるとされ、欧米諸国の陪審や参審制度を参考に、刑事訴訟事件の国民参加制度の導入に向け議論が重ねられてきた。その結果として、2011年6月に、司法院は「人民観審試行条例草案」（法案）を立法院に送付するに至った。

　同草案の「観審制度」は、「司法の透明性を高めることによって、司法に対する国民の理解と信頼の向上」に資することを目的とし、日本の裁判員制度と韓国の国民参与裁判制度を参考にして考案されたものである。同条例案の詳細は、以下のとおりである。適用対象事件は一定の重大事件に限られ、裁判の組織については裁判官3名と観審員5名から構成される合議体により証拠調べや事実認定、法の適用などを行う。もっとも、評議において観審員の示した有罪か無罪かの意見は裁判官を拘束するものではなく、構成裁判官の合議体の多数意見が観審員の多数意見と異なる場合には、構成裁判官の合議体は、その理由を判決書に示したうえで、観審員の意見を受け入れないことも可能である。

　また、立法院では、前掲の司法院の提案のほか、立法委員の提案（議員立法）として陪審制や参審制に関する法案も上程されている。制度自体の合憲性をはじめ陪審、参審または観審のいずれかの選択、対象事件の範囲、審理に関わる国民の権利義務、および評決の仕方などについて様々な考え方やスタンスの違いがあることから、法案成立の見通しはいまだ流動的である。だが、近い将来、刑事司法制度に大きな変革をもたらしうる国民による司法参加制度の導入には、大いに期待が高まっているのも事実である。

【主要参考文献】

黄東熊『刑事訴訟法論』26頁（三民書局、1987年）

何頼傑「訊問被告未全程連続録音録影之法律効果」月旦法學雜誌第62期161頁（2000年7月）

陳運財「日本と台湾における被疑者取調べの規制」比較法第38號51頁以下（日本東洋大學比較法研究所、2001年3月）

王兆鵬『當事人進行主義之刑事訴訟』4頁以下（元照出版、2002年）

陳運財「刑事訴訟制度之改革及其課題」月旦法學雜誌第100期26頁（2003年9月）

三井誠・陳運財「被疑者取調べにおける弁護人立会い権——中華民国（台湾）の新しい制度——（1）〜（9）」捜査研究第467号以下関係各号

陳運財「台湾刑事訴訟制度の改革とその課題」日本台湾法律家協会雑誌第6号55頁以下（2006年10月）

陳運財「台湾における接見交通権の法改正の動向について——日本法との比較検討を踏まえて」三井誠先生古希祝賀論文集、839頁以下（有斐閣、2012年）

陳運財「台湾における人民観審試行条例草案について」論究ジュリスト2012年夏号90頁以下（有斐閣、2012年9月）

第17章

弁　護　士

　本章では、弁護士の資格、養成、弁護士公会、弁護士倫理、法律扶助および外国法弁護士（国際法律弁護士）等について概説する。

【学習ポイント】
　台湾の弁護士について、その資格取得に関して裁判官・検察官とは別に独自の弁護士試験が設けられること、試験の合格率が法定化されること、自主規範として研修が設けられること、倫理規範として裁判官・検察官評価への参画が推進されていることなどが特徴であるが、弁護士を取り巻く環境が厳しく、いかに弁護士の職域を拡充するかが日台の当面の共通課題である。

I　弁護士の資格および養成

1　弁護士制度の沿革
　弁護士の基本法である弁護士法（原語は［律師法］。以下、「法」という）は、1941年に中国大陸で制定され、1945年以降、台湾で施行されることになった。1990年までに、弁護士の地位が法曹の中で裁判官および検察官より劣位におかれ、司法を補助する者として位置づけられ、弁護士公会（弁護士会。以下同）の自治が保障されず、弁護士の懲戒権限についても裁判所および検察官にあるとされた。1990年以降、弁護士制度改革が進められ、1992年に弁護士法が全面改正された。改正弁護士法の改正重点は、弁護士懲戒委員会の組織構成につき弁護士が過半数を占めること（法41条）、弁護士公会の定款（原語は［章程］）につき許可事項から届出事項に変更すること（法15条1項）等々であり、これにより弁護士公会の自治が保障されるようになった。

2　弁護士の資格
　弁護士の資格を取得するには、2001年までは以下の2つの方法があった。①弁護士試験に合格し司法修習を終えていること、②法務部（法務省。以下同）が

試験に代わる特例の審査（原語は［検覈］）をして資格を認定することである。しかし、後者については、不公平である点が長らく指摘されていた。2001年に専門職及び技術人員高等試験弁護士試験規則（以下、「試験規則」という）の制定により、弁護士資格の取得方法について、後者の特例審査制度が廃止され、前者の弁護士試験に一本化し、特例とされた者について一部または全部の試験が免除されることに変わった（後述）。したがって、現在、弁護士資格を取得するには、原則として前者の方法によることとなっている。

（1）弁護士試験

弁護士試験について、日本の司法試験は裁判官、検察官および弁護士の3者を統一する一元的制度がとられ、弁護士には独自の試験はない。これに対して台湾の司法試験は、裁判官及び検察官試験（原語は［公務人員特種考試司法官考試］）と、弁護士試験（原語は［専門職業及技術人員高等考試律師考試］）という二元的制度がとられ、弁護士には独自の試験が設けられている。

弁護士試験は2次試験制がとられる（試験規則3条1項）。第1次試験は選択式問題がとられ、広範な法律の基本知識が試される。試験科目は①「綜合法学(1)」（配点は300点で、その内訳は憲法40点、行政法70点、刑法70点、刑事訴訟法50点、国際公法20点、国際私法20点、法学倫理30点）と「綜合法学(2)」（配点は300点で、その内訳は民法100点、民事訴訟法60点、会社法30点、保険法・手形法・海商法・証券取引法各20点、法学英語30点）であり、合計600点である（同規則12条3項）。第1次試験の合格者のみが第2次試験を受験することができ、また、第1次試験の合格者数は全日程受験者数の上位の33％であり、最下位者に同点が2名以上の場合、いずれも合格とされる（同規則19条1項）。この第1次試験は2014年より裁判官・検察官試験の第1次試験と合同で行われ、試験問題も同様とされた（同規則3条2項）。

第2次試験は論述式問題がとられ、試験科目は5科目（合計点1000点で、その内訳は憲法・行政法200点、民法・民事訴訟法300点、刑法・刑事訴訟法200点、商事法〔会社法・保険法・証券取引法〕100点、1選択科目100点〔知的財産法・労働社会法・財税法・海商法および海洋法のうちから〕、国語100点）である（同規則12条6項）。また、この第2次試験の合格者数は全日程受験者数の上位の33％であるが、1科目が零点の場合、または選択科目を除き、試験科目の点数が全日程受験者の上

位の50％の点数に達しない場合は不合格とされる（同規則19条3項）。

（2）試験の免除

　前述したように、2001年まで、特例審査制度が試験制度と併行していた。その特例審査制度の対象者は法曹（裁判官、検察官および公設弁護人）経験者および学者とされた（法3条2項）。2001年以降、特例審査制度の廃止の代わりに、法曹経験者が弁護士に転任する場合、試験のすべてが免除され（試験規則7条）、学者が弁護士に転任する場合、第1次試験が免除されるが、第2次試験の受験が必要となっている（試験規則6条1項）。

　なお、外国人は弁護士試験を受験することができる（試験規則20条）。ただし、台湾で執務しようとする場合、法務部の許可が必要である（法45条）。

3　司法修習

　弁護士試験合格後、司法修習が義務づけられる。ただし、法曹（裁判官、検察官および公設弁護人）経験者には司法修習が免除される（法3条3項、7条2項）。この司法修習の実施方法、修習の辞退、停止、再修習などについて、法務部が全国弁護士公会聯合会の意見を聴取したうえ、司法修習規則を定める（法7条3項）とされる。これに基づき法務部は「弁護士司法修習規則（原語は［律師職前訓練規則］）」を制定した。同修習規則により、中華民国弁護士公会全国聯合会（以下、「全聯会」という）が法務部の委任を受けて弁護士の司法修習を行うこととなっている。

　司法修習は基礎修習および実務修習からなり、それを以下の2段階で合計6カ月間行う。第1段階は執務前で、全聯会の弁護士研修所で1カ月の基礎修習を受ける。第2段階では、弁護士事務所または財団法人法律扶助基金会で5カ月の実務修習を受ける（同修習規則5条）。司法修習段階において指導する弁護士の資格は、5年以上執務している者、または法曹経験者で、戒告もしくは執務停止処分歴のない者に限られる（同修習規則9条3項）。

4　弁護士研修

　全聯会において、自主規範として弁護士の研修が実施されている。弁護士倫理規範5条では、弁護士は全聯会所定の研修辦法により、毎年、研修を受けな

ければならないとされる。具体的には、65歳以下の弁護士は、1年ごとに6時間以上の研修課程を、2年に2時間以上の法律倫理または弁護士倫理課程を修習しなければならない（同規範2条）。また、2年ごとに弁護士公会の研修調査を受けなければならず、所定の研修時間に達しない弁護士に対し、弁護士公会は書面で期限を設けて研修を受けるよう通知することができる（同規範6条）。

一方、全聯会は弁護士の専門性を高めるために専門弁護士制度を推進している。2014年、専門弁護士証書授与辦法が策定された。同制度の概要は以下のとおりである。不動産、家事、労働、建設及び公共工事、金融証券、税務、知的財産の分野（同辦法3条）について、6年以上執務する弁護士は全聯会に対し専門弁護士証書を申請することができる（同辦法2条）。弁護士は専門弁護士証書を申請する場合、その専門分野の知識および実務経験を有することを証明するに足りる資料等を審査委員会に提出し審査を受けなければならない（同辦法4条）。全聯会は同辦法3条1項各号の専門分野ごとに審査委員会を設け、専門性の有無を審査・認定する（同辦法3条3項）。各専門分野証書審査委員会は委員5名をおき、全聯会の理事および監事聯席会議により選出される弁護士3名と、学者または専門家および裁判官または検察官2名から構成され、委員の任期は2年である（同辦法8条2項）。証書審査委員会の審査に合格した弁護士は、全聯会がその専門分野の専門弁護士証書を授与する。専門弁護士証書の有効期間は6年である（同辦法14条）。

しかしながら、同制度についての批判も少なくなく、以下のような指摘がなされている。①全聯会が専門弁護士証書を授与する権限をもつかが疑わしいこと、②執務歴6年という線引きによりそれ以下の若手弁護士の申請資格が制限され、不公平であること、③都市部と非都市部により業務の内容が異なり、伝統的な案件が中心である非都市部では、専門弁護士資格の必要性がなく、同制度が導入されると、案件処理能力の不足の誤解を招くおそれがあること、等。それゆえ、同制度の施行は見送られた。

II　弁護士公会

1　弁護士の弁護士公会の加入義務

弁護士は、執務するには、事務所を設立し当該事務所の所在地および執務所

在地の弁護士公会に加入しなければならない。すなわち弁護士公会に加入しなければ執務することができず、それに違反した場合、懲戒の事由になる。

また、事務所の設置について、地方裁判所管轄区域単位で、1所のみを設置することができる（法21条）。2つ以上の裁判所管轄区域で執務するには、それぞれその域内の県市の弁護士公会にも加入しなければならない。例えば台北市内の事務所の弁護士は、台南または（および）高雄で執務する場合、台南弁護士公会または（および）高雄弁護士公会にも加入しなければならず、会費等の経済的負担が生じる。これに対して、台北弁護士公会は「単一入会で全国執務できる」という執務の原則を主張してきたが、一部の地方弁護士公会の反対により、改革案が頓挫した。

2　弁護士公会

弁護士公会について、地方裁判所管轄区域を単位とする各弁護士公会と各弁護士公会からなる全聯会の2つがある。

（1）弁護士公会

前述したように、弁護士が執務するには弁護士公会に加入しなければならず、弁護士公会が加入を拒否してはならない。また、弁護士は執務所在地の地方裁判所に登録しなければならない（法11条）。地方裁判所に登録される弁護士が15名以上になった場合、当該裁判所所在地において地方裁判所管轄区域を単位とする弁護士公会を設立しなければならない（法11条2項）。現在、基隆、台北、桃園、新竹、苗栗、台中、南投、彰化、雲林、嘉義、台南、高雄、屏東、台東、花蓮、宜蘭の16弁護士公会がある。そのうち、台北弁護士公会が最大規模であり、2015年12月現在の会員数は6629名である。

（2）全国弁護士公会聯合会

7以上の弁護士公会が発起人として発起し、弁護士公会総数の過半数の同意を経て、全国弁護士公会聯合会を設立することができる。（法11条3項）。このように全聯会は各弁護士公会からなるものであり、その組織や権限等については以下のとおりである。①会員代表大会は全聯会の最高意思決定機関であり、全聯会の定款および弁護士倫理規定の改正、理事・監事の選挙と罷免、理事・

監事の補選等の権限を有する（全聯会定款16条の1）。会員代表大会の組織について、弁護士公会の人数に応じた定数の代表から構成される（同定款4条）。また、同大会は毎年1回、理事長の招集により開催する（同定款16条）。②全聯会の執行機関としての理事会は理事35名から構成され、会員代表大会の決議および定款に基づいて全聯会の全会務を執行する。理事の任期は3年で、理事長の任期が1年である（同定款9条1号、10条1項）。運営の実際については、地域代表の均衡性の観点から、台北弁護士公会、中部地区弁護士公会、南部弁護士公会から1名ずつ理事長を選出し3名が輪番で全聯会の理事長を1年ずつ務める。③監事会には監事11名をおき、全聯会の会務を監察する（同定款9条3号）。

　全聯会において、会務の発展を図るため各種の委員会を設置することができる（同定款14条）。現在、弁護士倫理、人権保護、司法革新、憲政改革の研究、民事法、刑事法、行政法規、民事手続法、刑事手続法、裁判実務、非訟手続、財経法、消費者保護法、環境法、知的財産権、社会法、法規整理、労使関係、国際事務、中国関連事務、国会連携、弁護士の権益保護及び業務発展、法律扶助、各弁護士公会との連携、出版編集、福利厚生、婦女及び幼児問題の研究、二二八司法公益金管理、図書資料、行政訴訟実務の30委員会がある。

　なお、弁護士公会の主管庁は社会団体としての主管庁と業務の主管庁とがあり、前者は社会行政主管庁の内政部（総務省に近い）であり、後者は法務部（法務省）および所在地の地方裁判所検察署である（法12条）。

Ⅲ　弁護士倫理

1　弁護士倫理

　弁護士倫理の意義や重要性について、法曹間では1990年代以降論じ始められたものの、その内容については定かではなかった。2011年に弁護士試験および裁判官・検察官試験の第1次試験に法律倫理が必須試験科目として増設されたことが契機となり、法律倫理が法学界や法実務で重視されるようになった。

　弁護士倫理の法的根拠について、弁護士法に若干の規定があるほか、自主規範として全聯会が法15条2項に基づいて定めた「弁護士倫理規範」が主たる根拠となる。同倫理規範には「総則」、「綱紀」という基本の倫理規範がおかれるほか、司法機関、依頼人、案件の関係者との関係、弁護士間の関係において、

それぞれの倫理規範が定められる。例えば依頼人との関係では、忠実義務（26条、27条）および守秘義務（33条）が課され、また一定の案件の受任が禁じられている（30条）。

　司法機関との関係では、同倫理規範21条の裁判官・検察官評価への参画に関する規定が特徴的である。同条は「弁護士は、弁護士公会またはその他の機関若しくは団体の行う裁判官及び検察官評価に積極的に参画しなければならない」と定める。裁判官および検察官評価については、1991年より台北弁護士公会および民間司法改革基金会が共同で裁判官評価を 2 回行い、台北地方裁判所および台湾高等裁判所の優良裁判官を公表し、台湾で最も早く裁判官評価を推進してきた。また、1998年に実施された裁判官評価において初めて不適任裁判官リストが公表され、裁判官に大きな衝撃を与え、社会においても多大な余波が引き起こされた。現在、台北弁護士公会、高雄弁護士公会などが当該弁護士公会所在地の地方裁判所裁判官および検察官を対象に定期的に評価を行い、評価の結果を公表している。

2　弁護士の懲戒
（1）懲戒の事由

　弁護士が以下のいずれかの事由に該当する場合、懲戒に付されなければならない。①法令または弁護士公会の加入義務等に違反した場合、②犯罪行為による有罪確定判決を受けた場合、ただし過失による犯罪はこの限りでない。③弁護士倫理規範または弁護士公会の定款に違反し事情が重大である場合（法39条）。

（2）懲戒の手続：二審制

　弁護士の懲戒は、①高等裁判所とその支部または検察署の職権による移送、②各主管庁による移送、③全聯会会員大会または理事・監事聯席会議の決議によって開始する（法40条）。これらの移送または決議を受けて、懲戒の手続は弁護士懲戒委員会による懲戒と弁護士懲戒覆審委員会による再審査との二審制がとられる。

　まず一審としての弁護士懲戒委員会は、高等裁判所の裁判官 3 名、高等裁判所検察署検察官 1 名および弁護士 5 名から構成される。委員長は委員で互選す

る（法41条）。

懲戒を受けた弁護士、懲戒に付した検察署、主管庁または弁護士公会が弁護士懲戒委員会の決議に対し不服があるときは、弁護士懲戒覆審委員会に再審査を申し立てることができる（法42条）。二審・終審としての弁護士懲戒覆審委員会は、最高裁判所の裁判官4名、最高裁判所検察署の検察官2名、弁護士5名および学者2名から構成される。委員長は委員で互選する（法43条）。また、弁護士自治の尊重の観点から、弁護士懲戒委員会委員長および弁護士懲戒覆審委員会の委員長は、慣行上、弁護士が務める。

例えば台北弁護士公会における弁護士懲戒の場合、自主規範として「会員綱紀違反案件の処理手続」が策定されている。会員、政府機関または市民は、会員の執務につき懲戒をすべきと思料するときは、台北弁護士公会に告発することができる。理事、監事も職権で懲戒手続を発議することができる（同処理手続2条）。公会は前条の告発または発議を受け取った後に、倫理綱紀委員会委員3名による調査チームを組織し調査を行う（同処理手続3条）。調査チームが懲戒に移送すべきとの認定をした場合、調査報告書とともに、懲戒処分書および懲戒理由書の原案を提出しなければならない。懲戒に移送する程度に達していないと認められた場合は、注意、厳重注意または訓告を下すことができる（同処理手続7条）。理事長は、調査チームの調査報告書を受け取った後、理事・監事聯席会議を開催しなければならず、理事・監事聯席会議の出席者数の3分の2以上の同意を得た場合、懲戒に付す決議を行うことができる（同処理手続8条、9条）。

（3）懲戒の種類

懲戒処分の種類には警告、戒告、2年以下の執務停止、除名の4つがある（法44条）。

Ⅳ　法律扶助

1998年から、台北弁護士公会、民間司法改革基金会および台湾人権促進会が母体となる法律扶助制度推進団体が長年不断の努力を重ねた結果、2004年に「法律扶助法」（以下、「扶助法」という）が制定された。

本法の目的は、無資力またはその他の原因で法律による保護を受けられない者に対し必要なリーガル・サービスの提供を確保することにある。扶助の対象者は、①無資力者、または②その他の原因で法律による保護を受けられない者に限られる。「その他の原因で法律による保護を受けられない者」とは、以下のいずれかに該当する者とされる。(i)本刑の最軽3年以上懲役の罪を犯した者、または高等裁判所管轄の一審事件で、捜査の初回尋問もしくは審判において、弁護人の選任がされない者、(ii)被告もしくは被疑者が原住民で、捜査または審判において弁護人の選任がされない者、(iii)精神障害により十分に陳述することができない者で、捜査もしくは裁判において弁護人が選任されない者、または裁判において代理人が選任されず選任が必要と裁判長が認めた者、(iv)重大な公益事件、社会関心度の高い事件、重大繁雑な事件またはその他の類似事件で、基金会の決議で弁護人の選任を必要とされた者など（扶助法5条）。

　また、法律扶助の財政的基盤は、司法院の予算および民間の寄付で支えられ、運営主体は司法院の予算により設立された財団法人法律扶助基金会である（扶助法6条）。現在、各県市におかれる21支会がある。

　リーガル・サービスを提供するのが弁護士である。基金会では専任弁護士および契約弁護士の2種類を併用している（扶助法23条）。現在、基金会の規定では、専任弁護士18名をおき、特別事件または重大複雑事件を扱う。それ以外のほとんどのリーガル・サービスは契約弁護士が扱う。また、扶助弁護士の指定について、申請者が弁護士を指定しない場合、基金会は案件の特性、弁護士の専門および希望等を勘案して扶助弁護士を指定するとされる（扶助法25条）。

　法律扶助の運用実態について、2014年度報告書のデータによれば、全国21支会での申請案件総数は14万3889件で、法律扶助の提供件数は12万283件であった。その内訳は、法律コンサルティング8万1840件、各種訴訟扶助3万550件、検察および警察の初回捜査の弁護士立会い1190件、原住民の捜査の弁護士立会い1165件、債務整理2318件、労働訴訟扶助1613件、原住民への法律扶助特別案件1607件となっている。

　法律扶助制度は、弁護士が法律扶助を通じて社会貢献に寄与するものと評価される一方で、弁護士を委任すべき案件の一部が法律扶助に流れることにより弁護士の業務に影響を与えかねないとの懸念もある。

V　外国法弁護士（国際法律弁護士）

　リーガル・サービスのグローバル化に伴って、台湾でも外国の弁護士資格をもつ者、国際法律事務を扱う弁護士が増えつつある。そのため、1998年に弁護士法は、これに対応するための改正がなされた。

1　外国の弁護士資格を取得した者

　外国の弁護士資格を取得した者とは、以下のいずれかに該当するものとされる。①原資格取得国で5年以上執務した経験を有し証明文書がある者。ただし、過去に中華民国の弁護士に雇われ、中華民国で原資格取得国の法律事務の助手もしくは顧問に相当する業務に従事した者、または第三国もしくは地域で原資格取得国の法律業務を執務した者の場合は2年とし、かつ、執務経験に算入するものとする。②世界貿易組織協定の中華民国域内での発効日以前に、「外国人弁護士の雇用における許可及び管理に関する辦法」に基づき、助手もしくは顧問として申請時に2年以上雇用された者（法47の3条）。

　また、外国の弁護士資格を取得した者が台湾で執務するには、法務部の許可を得てから6カ月以内に、その事務所所在地の弁護士公会に加入しなければならず、当該弁護士公会はその加入を拒否してはならない（法47の2条、47の6条）。

2　国際法律事務に従事する弁護士（国際法律弁護士）

　国際法律事務を扱う弁護士が台湾で執務するには、法務部の許可を得てから6カ月以内に、その事務所所在地の弁護士公会に加入しなければならない（法47条の1第2項）。それに違反した場合、許可の取消の事由になる（法47条の11第5号）。

　国際法律弁護士の執務については諸々の制約がある。まず執務できる法律事務の範囲は、原資格取得国の法律事務または当該国で認められる国際法律事務に限られる。また、以下の案件のいずれかを扱う場合、中華民国の弁護士と共同執務するか、または書面意見を提出するにとどまるとされる。①婚姻、親子関係に関する法律案件であって、当事者の一方が中華民国の国民でその代理人もしくは文書の作成に係る案件。②相続の法律案件であって、中華民国の国民

が当事者の一方となる場合における代理人、もしくは中華民国内の遺産の代理人または文書の作成に係る案件（法47の7条）。それに違反した場合、懲戒の事由になる（法47条の12第1号）。

また、国際法律弁護士が執務する場合、国際法律事務弁護士の名称および原資格取得国の国名を使用しなければならない。雇用される場合を除き、執務所在地に事務所を設立しなければならず、国際法律事務所であることを標示しなければならない（法47の9条）。それに違反した場合、懲戒の事由になる（法47条の12第1号）。

さらに、国際法律弁護士は、中華民国の弁護士を雇用すること、中華民国の弁護士と合資で法律事務所を経営することが禁止される。ただし、国際条約の義務を履行するために、法務部の許可を得た場合は、この限りでない。その許可の条件、手続およびその他の順守事項については、法務部がこれを定めるとされる（法47の10条）。

国際法律弁護士の懲戒は、全聯会会員大会または理事・監事聯席会議の決議によって始まる（法47条の13）。この決議を受けて、懲戒の手続および懲戒の種類は台湾弁護士のそれと同様である（法47条の14、47条の12第2項）。

国際法律弁護士の現状については、2015年9月現在、許可を取得した国際法律弁護士が94名で、台北弁護士公会で登録された者は51名である。

なお、中国の弁護士の台湾での執務はいまだ認められていない。これに対して2008年より、台湾出身者が中国で弁護士試験を受験する資格が認められ、しかも試験合格後、1年の司法修習を経て中国の弁護士資格を取得することができるようになった。ただし、中国での執務の範囲等については制約があり、①中国の非訴法律事務についての法律顧問、代理人、コンサルティング、代理事務など、②訴訟代理人として執務する場合は、台湾の親族の相続事件のみに限られる。また、事務所の設置地域については、中国福建省福州市および廈門市のみが認められている。ネットのデータによれば、2014年時点で、中国の弁護士試験に合格した台湾出身者は合計約300名で、司法修習を経て執務資格を取得した者は100名未満である。その大半が台湾の弁護士資格を取得した者である。

VI　弁護士の現状と課題

　現在、台湾の大学総数は158校である（その内訳は総合大学124校、独立学院21校、専門学校13校）。そのうち、法律・法学系学科のある大学数は、2014年の時点で40校である。在籍学生数については、2014年度の法学系学生（学部および大学院を含む）は2万名弱である。

　法律・法学系学科学生に裁判官・検察官または弁護士を志望する者が多いが（第18章参照）、弁護士試験は、長い間、合格率がきわめて低い難関の資格試験となっている。1950年から1978年までの29年間で、合格者数は410名であったが、1999年以降、合格率の緩和により合格者数はやや増加し、2002年から2010年までの合格率は8％前後となった。2012年以降、合格率（約11％）が法定化され、今日に至っている。

　近年の合格者数をみると、2011年から2013年までは毎年900名であり、2014年は892名である。この4年間の合格者数は合計3685名であり、平均年間合格者数は921名である。また、2015年9月現在、全国の弁護士資格取得者数は1万5042名（男性1万54名、女性4988名）で、弁護士として登録された者は8834名である。

　弁護士数の増加に伴って新しい動きもみられる。①執務の形態について、これまで単独執務が多かったが、大型弁護士事務所を設立する動きがみられるようになっている。現在、50名以上の弁護士の所属する事務所は5所ある。また、台北地域において、合資もしくは合同形態の法律事務所数および所属弁護士人数はともに増加している。②民間企業（特に電子業、金融保険業）においても社内弁護士を雇い入れる動きがみられる。③リーガル・サービスの高度専門化が進んでいる。とりわけ知的財産法、科技法、労働法などの分野に特化する専門事務所が少しずつ出現している。

　他方で、訴訟制度の改正（刑事訴訟における起訴猶予制度の導入、最高裁判所の差戻し事件の比率削減など）による訴訟事件の減少や経済景気の低迷等によりリーガル・サービスのニーズも減少している。にもかかわらず、現在、台湾における弁護士数は8834名で、人口2300万人の台湾での比率は米国と比べ多いとはいえないものの、弁護士活用について米国とは異なっており、台湾における

リーガル・サービスの職域を拡充しない限り、弁護士数はすでに飽和状態に達しているといえよう。

　このような弁護士の過剰供給の結果として、司法修習制度にも大きな問題が生じている。司法修習は、試験合格後、法律事務所または財団法人法律扶助基金会で5カ月間受けるものとされるが、修習を提供できる法律事務所が不足しているため、司法修習を受けられない者が少なくない。また、司法修習を修了して弁護士資格を取得した後も、就職難という問題に直面しており、いわゆる浪人弁護士が出現している。全聯会は合格率を引き下げるよう提言しているが、政府の見解はいまだ明らかでないのが現状である。

　弁護士就職難の問題の打開策として、弁護士市場、すなわちリーガル・サービスの範囲・職域を拡大することが考えられる。この点について、2つの案の可能性が議論されている。1つは民間企業における弁護士の活躍である。民間企業で法務人材として弁護士を起用することであるが、台湾ではいまだ普及しておらず、課題とされている。この法務人材には、伝統的なもの、ないし新しいリーガル・コンプライアンス人材も含まれるであろうが、とりわけ金融、保険、証券などの分野で、大量の法務人材のニーズが考えられよう。また、例えば上場企業等を対象に弁護士の雇入れを義務化するなど、リーガル・コンプライアンス制度を創設することにより、企業経営の常軌化を図ると同時に、弁護士の就職機会を拡大することも可能であろう。しかし、この案の法制度化は現実には容易ではない。もう1つは、政府関連の法律事務を担う公職（政府）弁護士制度を創設することである。ただし、政府機関が公職弁護士を雇用しようとする場合、公募方式で弁護士市場からニーズに見合った弁護士を探すことができるため、公職弁護士制度を設ける意義は薄いと思われる。

【主要参考文献】
黃旭田「律師大量増加對律師執業及台北律師公會之影響」律師雜誌第251期第90頁～第99頁（2000年8月）
魏千峰「當前律師制度與律師界的若干議題」全國律師月刊2011年9月號、第27頁至第35頁
董保城「司法官、律師考試改革與展望」台灣法學雜誌第257期第1頁～第23頁（2014年10月）
謝銘洋「大學法律系所設立、評鑑之檢討與改進」中華民國律師公會全國聯合會・司法院・教育部・考選部・法務部等共同舉辦「法學教育及律師考試、訓練與執業檢討改進研討會」（2015年10月1、2日）

第18章

大学における法学教育

　本章では、台湾における大学の法学教育について紹介する。ここでいう大学には、従来の大学のみならず、1990年代以降、旧専門学校から科技大学・技術単科大学という技術系大学に改制した大学も含むものとする。ただし、法学教育の範囲については、大学で通識中心と呼ばれる教養教育（または共通教育）センターにおいて実施される教養法学教育（例えば憲法概論や法学入門）は含まない。

【学習ポイント】
　台湾の法学教育は、歴史、社会、政治の構造の変化とともに変遷・発展してきた。そのため、各時代・時期における法学教育機関や法学教育の内容などを理解するには、それぞれのおかれる時代的背景、社会や政治の構造を把握することが必要となる。また、米国のロースクールや日本の法科大学院の制度を採用しない台湾では、法学院（法学部。以下同）における法学教育の目的は必ずしも明確とはいえないものの、法曹養成教育に近いのが実態である。しかし、法学院学生の8割以上が法曹になれないという現状からすれば、法曹教育偏重という現在の法学教育の妥当性が強く問われているのも事実である。

I　法学教育機関の起源および発展

1　日本統治時代における大学法学教育機関

　日本統治時代（1895年～1945年）の1928年に、台北帝国大学（現在の国立台湾大学）文政学部政学科が台湾で最初の法学研究教育機関として設置された。政学科は、当時の東京帝国大学などの旧帝国大学と同様に、行政官僚や企業家の養成を主たる目的とし、その組織は法学、政治学および経済学の3分野から構成されるものであった。

　また、日本統治初期には、台湾人の抵抗を防ぐため、台湾人の法学学習は禁じられたが、1920年代に入って政策変更がなされ、台湾人が法学を学び、日本内地で裁判官を務めることができるようになり、台湾での法学教育機関の設置も認められるようになった。こうして台湾における大学法学教育機関は日本統

治時代の台北帝国大学から始まったが、この法学教育機関の先駆者としての台北帝国大学の位置づけは、後述するように社会や政治の構造が激変した今日においても、なお揺らいでいない。

2 非常法制時期における法学教育機関

第1章や第4章等で言及されたように、台湾は1945年より中華民国に統治され、1949年に国民党政府が台湾に遷都することによって、中華民国化されたと同時に、非常法制時期に突入した。1990年代の憲法改正や非常法制の改廃までの約40年間は、国民党政府による教育への全面的関与や大学・法学教育機関設置の抑制により大学法学教育機関の進展はみられず、法学教育についても非常法制的な色彩が濃厚であった。以下、この非常法制時期における法学教育機関の設置状況を一瞥する。

（1）国立大学法学教育機関

1945年の中華民国による台湾統治開始後、日本統治時代の1928年に設立された台北帝国大学は台湾大学に改められるとともに、文政学部は文学院と法学院に改組された。その際、法学院に法律、経済および政治の3学科が設置され、台湾大学法律学科は戦後においても大学で最初の法学教育機関となった。しかし、当時の法学教育の進展は必ずしも順調ではなく、社会の混乱のなか、台湾を統治する中華民国が法学教員の台湾派遣を行わず、法律学科の運営が1年以上停止されたこともあった。

次に設置されたのが台北大学法律学院である。台北大学法律学院に至るまでの変遷はやや複雑であり、その過程は以下である（台北大学ホームページを参照。http://www.ntpu.edu.tw/chinese/about/about1.php）。1955年に、公務員養成機関としての台湾省立行政専門学校（1949年設置）と国の公務員研修機関としての台湾省行政専修班（1950年設立）を統合して、4年制大学としての台湾省立法商学院が設立され、法律学科、法科行政学科等が設置された。省立法商学院は、1961年に省立農学院との合併により、総合大学として省立中興大学に改組・改名され、1971年に省立から国立中興大学に改隷された。そのうち法律学院と商学院は、新設された国立台北大学に2000年に編入され、今日に至っている。

その後設けられたのが、政治大学法学院である。政治大学は、1946年に中国大陸で中国国民党の党校（中央党務学校、中央政治学校、中央幹部学校）を統合して設立されたが、1954年には台湾で復校された。さらに1961年には法律学科が設置され、今日に至っている。

ほかにも、軍系法学教育機関である国防大学国防管理学院法律学科があるが、本学科に至るまでの変遷は以下のとおりである。まず1957年に軍法学校が設置され、1967年に軍法学校が政戦学校に編入されるのと同時に、法律学科が設置される。1989年には法律学科が国防管理学院に改隷され、2000年に国防大学に編入され、今日に至っている。

（2）私立大学法学教育機関

他方で、私立大学には以下の4校がある。まず①東呉大学法学院である。東呉大学は1900年に中国・蘇州で設立されたが、1954年に台湾で復校され、法学院も再び設置された。特筆すべきは、東呉大学法学院の標準修業期間が5年とされる点である。次に、②輔仁大学法律学院である。輔仁大学は、1925年に中国・北京で「北京公教大学付属輔仁社」として設立され、その後1927年に輔仁大学に改名され、1952年に北京師範大学に編入された。1963年に台湾で復校されたと同時に、法律学院が設置された。また、ほぼ同時期に設立されたものとして、③中国文化大学法学院がある。中国文化大学の前身である中国文化学院は1962年に設置され、1964年に法学研究科が、1966年に法律学科が設置された。その後1980年には中国文化大学に改制された。ほかにも、④東海大学法律学科がある。本学科は1980年に設置された。それまでの法学教育機関の設置所在地は台北一極集中であったが、台中にある東海大学に法律学科が設置されたことで、法学教育機関が台北以外に拡げられることとなった点も、特筆に値する。

以上概観したように、1990年までは、台湾の法学教育機関はわずか8校にとどまっていた。中華民国史観と国民党政府の支配の下で、教育政策に対する全面的な介入がなされ、法学教育機関の設置が厳しく抑制されたからである。国立大学は、日本統治時代から引き継がれた台湾大学を除いて、非常法制を執行するための人材養成を主たる目的として設置されたものであり、私立大学についても、そのほとんどが中華民国史観により設置されたものであった。また、

法学教育に関する国家政策は不透明で、法学教育機関の設置も、東海大学を除き、すべて台北に集中していたため、法学研究や法学教育の局地化の要因ともなった。

3　1990年代以降の法学教育機関の発展

第4章で述べたように、台湾社会は1980年代後半から民主化・自由化・台湾化へと向かい、1990年代以降、民主化・自由化・台湾化のための憲法改正や非常法制の改廃を実現した。このような社会、政治ないし法制の変容・転換のプロセスと成果はまた、法学教育にも著しい進展をもたらした。非常法制時期に非常体制を批判し民主化・自由化・台湾化を目指して社会運動を興した法律家たちが、後に若者の憧れの対象となり、若者の法学への関心を呼び起こしたのである。

1990年代になると、法律家を志望する若者が急増し、社会における法学学習のニーズが高まることとなった。そのため、教育部（文部科学省。以下同）の大学・学部学科等設置基準が緩和され、1991年から法学類教育機関が次々と新設されるようになった。1991年には国立海洋大学、国立中正大学および中原大学に、1993年銘傳大学に、1996年には国立成功大学、玄奘大学および世新大学に、1999年には真理大学に、2000年には国立中興大学、国立清華大学、国立交通大学、国立高雄大学および開南大学に、2002年には国立東華大学、中央警察大学、亜洲大学、稲江科技及管理学院および育達科技大学に、2003年には逢甲大学、静宜大学および南台科技大学に、2004年には以降国立雲林科技大学、国立台北科技大学、大葉大学、国立台湾科技大学および国立金門大学などに、それぞれ法律学科または法学類学科・大学院が新設された。教育部が管理する大学検索システム（http://ulist.moe.gov.tw/Query/GetComplexQuery）によれば、2014年度（2014年8月〜2015年7月）に、法律学科・法学類学科・大学院を設置している大学は40校（国防大学、中央警察大学、高雄市立放送大学を含む）に達している。そのうち2000年以降新設された学科のほとんどが財経法律学科・大学院である。また、2014年度に大学の法学院・法学類大学院に在籍する学生数は1万9870名（内政部所轄の中央警察大学と国防部所轄の国防大学を除く）である。全体として、法学院法律学科・法学類学科は人気が高く、比較的優秀な学生を集めることができるようになっており、非常法制時期とは隔世の感がある。

また、2010年以降、社会の変容を反映して、新しい社会問題を多角的視点からアプローチすることを研究教育の対象とする法学類学院の新設が目立つようになっている。例えば、2012年に設置された金門大学海洋辺境管理学科は、移民問題について法学や行政学の視点から教育研究を行うことを主たる目的とする。また、特許、IT 情報関係や医学などの特殊専門分野と法学との有機的連携を目的とする大学院の新設もある。例えば大葉大学と国立台湾科技大学には、知的財産に特化する大学院修士課程がある。最も特徴的なのは、2014年に台北医学大学で設置された生命科学（Health and Biotechnology）法律大学院という大学院修士課程である。当該大学院は法学院修了者を対象に医学・バイオテクノロジー分野の教育研究を行う点を特色とする。

II　法学教育の変遷

1　日本統治時代における法学教育

　前述したように、日本統治時代後期の1928年に台北帝国大学文政学部政学科が台湾で最初の法学教育機関として設置された。政学科は、法学、政治学および経済学の3つから構成され、そのカリキュラムについても3つの分野の科目がバランスよく編成されていた。そのうち、法学科目については、憲法、行政法（総論と各論）、民法（総則、債編総論、債編各論）、商法（総則、商行為、会社法、手形法、小切手法、保険法、海商法）、刑法、法哲学が必修科目とされ、商法関係科目の単位が最も多く、全体として今日の法学院の専門基幹科目とさほど差はない。また、法曹志望者については、家族法、相続法、民事訴訟法、刑事訴訟法および各法学科目の演習が選択科目として設けられた。そして社会科学の総合的学習の観点から、法学、政治学および経済学に関する選択科目についても、1つの分野に偏らず3つの分野を均等に履修するものとされた。なお、修業期間は3年で、修了する者には法学士の学位が授与された。

　また、政学科の法学教員組織は、すべて学士の学位をもつ日本人男性によって構成されていた。教員には、東京帝国大学出身者が少なくなかった。授業の内容については、当時の「台湾法」の状況（第1章参照）から、多くの日本法令が台湾で施行されたため、日本法（内地法）を主たる教育内容としていた。教育方法については、日本国内の各法分野（内地法）における名著を教材とし

て講義をするものがほとんどであった。例えば行政法に関しては、美濃部達吉氏の著作が採用され、現在でも同氏の著作は台湾大学図書館に数多く所蔵されている。また当時の日本法は西欧法をモデルに受け継いだものであったことから、西欧法の教育も実施されていたと推測される。このように日本統治時代の法学教育は、日本法および継受された西欧法を中心とするものであった。ただ、台湾慣習法（漢人慣習法）が維持された部分もあり、とりわけ民商法についての台湾慣習法も採り入れられていた（第1章参照）。一方で、今日重視される原住民法については、研究教育の対象とはされなかったといってよい。

2　非常法制時期における中華民国史観支配下の法学教育

　繰り返し言及されたように、1945年以降、中華民国による台湾統治により、中華民国法制が台湾に施行されることとなった。そのため、法学教育の内容は、日本法や西欧法から中華民国法制へと変更された。しかし、1990年代までの中華民国法制は、戦前の日本法の影響を強く受けており、日本法的な色彩が濃厚であった。とりわけ行政法における日本法的な色彩は顕著であった（第1章、第6章参照）。また、非常法制が敷かれ、中華民国史観による支配が続いたこの時期は、法学教育を通じて、非常法制の正統性を疑うことができず、非常法制を前提とする内容にとどまらざるをえなかったため、リベラルな法学教育を行うことはきわめて困難であった。それゆえ、法学分野の研究教育に関しては明暗が分かれ、非常法制に対し比較的影響が弱い民商法の研究教育についてはある程度の進展をみたが、非常法制から強く影響を受ける公法分野の研究教育は、停滞ないし衰退する傾向にあった。

　また、この時期における法学教育の目的は、必ずしも明確であったとはいえないものの、当時まだ少数の法学教育機関では、法曹人材や公務員の養成に重きをおく状況がみられた。学生の志望進路についても法曹や公務員を目指す学生が大半を占めた。

3　民主化・台湾化後の法学教育

　前述したように、1990年代以降、台湾社会の民主化・自由化・台湾化に伴って法学は若者の人気分野となり、これを背景に、多数の法学教育機関が新設された。法学への関心が高まるなかで、法学研究や法学教育の内容も大きく変容

した。とりわけ、これまで停滞・衰退していた公法分野の研究は著しい発展を遂げており（第4章、第6章参照）、公法教育における着実な進展がみられる点においては、非常法制時期とは隔世の感がある。それを支えてきたのが、留学先であるドイツ、フランス、米国、英国、日本等から帰国した多くの公法研究者たちである。違憲法令審査機関である司法院大法官会議（第5章参照）の組織構成では、公法学者出身の大法官が半数またはそれに近い割合を占めたこともあり、最も重大な法的紛争の解決を公法学者の判断に期待するという社会通念さえ形成されるに至っている。公法学者出身の大法官もまた、人権保障の進展に大きな役割を果たしてきたことは、第4章で述べたとおりである。

また、特筆すべきは、1990年代以降、台湾史観の台頭や社会の台湾化により台湾の地を基軸とする台湾法史観が確立された結果、台湾法史の研究・教育が活発になってきている点である。また、これまでの中華民国法制が台湾の現状に適合するように転換・再構築されたことや、台湾で蓄積された裁判例を研究教育の対象とするようになったこと等により、実質的な台湾法の研究教育の基盤が築かれ、各法学分野における教育内容に反映されている。さらに、日本では、実務家による法学教育については、法科大学院を除いて一部の法学部が進めつつあるものの、全体としては少数にとどまる。これに対して台湾では、裁判官、検察官、弁護士、公務員などの実務家が非常勤教員として法学院・大学院の法学教育を担当するのはごく一般的であり、その意味で実学教育が広く実施されているといえよう。これにより、法学者と実務家との交流も日常的に行われ、理論と実務を兼ね備えた法学の研究・教育の発展に資するものとなっている。

4　法学教育改革の新たな試み

　法学学習のニーズが高まるなか、近年、法学教育についての新しい試みがみられるようになっている。まず注目されるのが、1991年に東呉大学が法律学科以外の大卒者を対象に、米国のロースクールに準ずる「碩乙組」（現在の「専業法律碩士班」）と呼ばれる修士課程（3年制）を設置したことである。他の専門分野に精通する人材を受け入れ法学教育を実施した結果、医者・弁護士、会計士・弁護士、建築士・弁護士を兼ねた学際的専門家を輩出し、特殊専門分野に精通する裁判官も育成されるようになっており、その法学教育の成果について

は、高い評価を得ている。その後、2003年には政治大学においても、法律学科以外の大卒者を受け入れる「碩士在職専班」（在職者修士専門コース）と呼ばれる修士課程が設置された。

　また、日本でもみられるように、法学教育を受けられなかった社会人のニーズに応えるために、社会人を対象とする「学分班」（単位認定制コース）または「学分学程」と呼ばれる社会人教育プログラムも設けられている。例えば台湾大学には、「法律学分班」と呼ばれる社会人法学教育プログラムがある。

　さらに、近年、日本では地方を中心に国公立大学の統合が進められているが、台湾でも複数大学の連合化の動きが目立つ。例えば2011年には、台北大学、台北科技大学および台北医学大学からなる台北連合大学システム（University System of Taipei。2014年に台湾海洋大学が加わった）が成立した。その構成大学の一校である台北大学は、この連合大学システムを生かして、連合大学システム内の学生を対象とする「医療科技及法律学分学程」や「企業買収学分学程」と呼ばれる学際プログラムを開設している。

　なお、2007年には、一部の法学者（米国留学経験者）が米国のロースクール制度を全面的に採り入れるよう政府に強く主張して法学教育改革案を提出するに至った。この改革案は既存の法律学科を段階的に廃止しロースクールのような専門の法律学院の導入を要望するものであった。しかし、この改革案に反対する意見も多く、結局、2008年に改革案は廃案となった。

5　法学教育と法曹養成・法曹試験

　法学教育と法曹養成・法曹試験との関係性については、日本では2004年の法科大学院制度の成立前に活発に議論されていたが、それ以降、法科大学院の教育や司法試験のあり方に関心が集中する反面、法学部における法学教育については関心が薄れているのが現状である。これに対して、米国のロースクール制度や日本の法科大学院制度を採用しない台湾では、法学院における法学教育の目的と法曹養成・法曹試験との関係について、長年にわたり検討課題とされてきた。

　前述したように、過去の日本統治時代および非常法制時期においても、台湾の法学教育の目的は必ずしも明確とはいえなかった。しかし、当時はきわめて少数の法学教育機関しか存在しなかったことから、法学教育は少数エリート教

育であり、法曹養成や公務員養成が主たる目的であるという社会観念は根強く残っていた。民主化後も、社会や統治の構造の変革が求め続けられ、それらの変革を中心的にリードする法学・法曹人材の力が大きく評価されたことから、このような社会観念にはいまだに大きな変化はみられない。また今日、法学院の在籍学生数は年間約2万人で、卒業者数も4200人以上であり、そのうち法曹を志望する学生の割合は7割近くに上る。それゆえ、法学院における法学教育は、法曹養成に重きをおいているのが現状である。しかし、日本の法科大学院でもみられる現象であるが、法曹試験科目でない法学科目に学生の目が向けられない等の問題が継続してみられることや、法曹試験の合格率の低さ等から、法学界では、法学教育と法曹養成・法曹試験との関係、法曹試験のあり方について長年議論されてきた。その結果として、ついに法曹試験改革が実現したのである。

　台湾の法曹試験は、日本と異なり、裁判官・検察官試験と弁護士試験の二元制度がとられる。非常法制時期から、いずれも合格率はきわめて低く、難関試験とされてきた。ちなみに、近年の裁判官・検察官試験の合格率は、2000年2.88％、2001年3.27％、2002年3.44％、2003年3.00％、2004年3.10％、2005年4.77％、2006年3.37％、2007年3.33％、2008年4.64％、2009年2.34％、2010年2.76％である。弁護士試験の合格率については（第17章参照）、2000年までは2％台以下で、2001年および2002年には7％台に上昇し、2003年から2010年には8％台となっている。なお、両試験については、2011年大きな改革が行われた。

　改革後の新しい法曹試験制度は、以下のとおりである。裁判官・検察官試験では3次試験制が、弁護士試験は2次試験制が、それぞれとられる。両試験の第1次試験は、2014年より合同で行われており、選択式問題の出題形式がとられる（共通試験。詳細は第17章参照。弁護士試験の第2次試験についても同章参照）。裁判官・検察官試験の第2次試験は論述式問題の出題形式がとられ、試験科目、配点と試験時間は、①国語（100点〔その内訳は小論文60点、公文書作成20点、選択問題20点〕2時間）、②憲法および行政法（200点。3時間）、③民法および民事訴訟法（300点。4時間）、④刑法および刑事訴訟法（200点。3時間）、⑤商法（200点。3時間）で、合計1000点である。第3次試験は面接試験である。

　裁判官・検察官試験の合格率・合格者数については、弁護士試験とともに

(第17章参照)法定化されている。第１次試験の合格者数は、弁護士試験第１次試験と同様で、全日程受験者数の上位33％であり、最下位と同点の者が２名以上の場合、いずれも合格とされる。第１次試験の合格者のみが第２次試験を受験することができる。第２次試験合格者数は、第２次試験受験者のうちから採用定員の110％とされ、また、最下位と同点の者が２名以上の場合、いずれも合格とされる。ただし、１科目が零点である場合は不合格となり、受験しない科目は零点とされる。第３次試験は60点以下の場合、不合格とされる。

なお、合格率・合格者数の法定化以後の両試験の合格率は、以下のとおりである。裁判官・検察官試験の合格率は、2011年0.99％、2012年1.15％、2013年1.17％、2014年0.67％である。合格率が低迷した原因には、採用定員の低減のほか、零点となった科目があり不合格とされた者が多かったことが考えられる。また、弁護士試験の合格率は、2011年10.64％、2012年10.62％、2013年10.38％、2014年10.17％であり、法定合格率とほぼ同様の結果となっている。

III　法学教育の課題

台湾の高等教育機関の数は、1999年の大学設置基準の緩和等により大幅に増えており、現在、総数158校(専門学校を含む)に達している。他方、大学入学者数が減少するなかで、大学進学率はすでに９割を超えており、日本よりも先に「大学の超ユニバーサル化」が進んでいる。また、前述したように社会的ニーズの高まるなかで、法律学科・法学類学科が多く新設され、同学科のある大学数はすでに40校に達しており、非常法制時期と比べ、法学教育機関は全国各地に広く設置されるようになっている。前述したような法学教育改革の新たな試みもあわせて、「法学教育のマス化」段階に入ったといえよう。法学の知識が広く人々に理解され身近な存在となることは法治国家の深化につながるが、一方で法学院における法学教育の目的・あり方が強く問われるようにもなっている。

法学院の学生の７割が法曹志望であることはすでに述べたが、近年の法曹試験の合格率が１割強という現状からみれば、８割以上の学生が法曹以外の進路を選択している(あるいは選択せざるをえない)ことになる。この８割以上に上る多数の学生のことを考えた場合、法曹養成以外にも、他の職種職業にも通用

する、法的素養や法的思考能力を身につける人材の養成を目的とする法学教育へとシフトする必要があろう。

【主要参考文献】
劉恆妏「從知識繼受與學科定位論百年來台灣法學教育之變遷」台大法研所博士論文（2005年）
陳惠馨「從近年來台灣法學教育改革發展趨勢談台灣法曹養成與法學教育」月旦法學雜誌145期156頁（2006年）
王泰升「台灣法學教育的發展與省思─一個法律社會史學者的分析」台北大學法學論叢68期1頁（2008年）
考試院考選部考選統計年報
　http://wwwc.moex.gov.tw/main/content/wfrmContentLink.aspx?menu_id=268
教育部統計處大学学部学科システム検索　https://stats.moe.gov.tw/bcode/default.aspx

台湾主要立法および法史関連事項年表

注1：ここで挙げる立法は、国民政府・国民大会が制定する憲法（改正を含む）、および国民政府・立法院が制定する法律を指す。重要な司法院大法官解釈も適宜に入れた。
注2：記載した年は、憲法・法律・大法官解釈を公布した年である。
注3：憲法・法律名は、原語で表記し、日本語として理解が困難だと思われるものについては日本語訳を付した。
注4：政治や社会などの重要な国内外の出来事についても適宜挿入した。

1624年	オランダ統治（1662年まで）
1626年	スペイン統治（1642年まで）
1661年	漢人・鄭成功上陸、「開国立家」と自称。翌1662年オランダ政権撤退、同氏執政開始（その子孫・鄭經・鄭克塽が1683年まで継ぐ）（鄭氏政権）
1683年	清王朝統治（1895年まで）
1895年	下関条約に基づき日本が清王朝から台湾の主権を取得
1896年	日本法律（法63号）に基づき「特別統治」開始。台湾の刑事事項につき、日本刑法典による。台湾総督府法院運用開始
1898年	台湾人に係る民商事事項や台湾の土地事項につき、台湾の旧慣による。ただし日本内地人に係る民商事項につき、日本民商法典による。匪徒刑罰令の台湾施行
1912年	中華民国成立
1919年	日本帝国による「内地延長」政策の採用
1923年	台湾人に係る民商事事項につき、日本民商法典が適用される。ただし身分法事項につき、なお台湾の慣習による。日本行政法律の多くの台湾施行
1925年	日本治安維持法の台湾施行
1928年	中華民國刑法。刑事訴訟法。勞資爭議處理法。著作權法
1929年	民法總則編。債編、物權編。公司（会社）法。海商法。保險法。票據（手形・小切手）法。工會（組合）法。國籍法
1930年	民法親屬（親族）編、繼承（相続）編。民事訴訟法。訴願法。船舶法。商標法。土地法。團體協約法。霧社事件
1931年	公務人員懲戒法
1932年	法院組織法。行政訴訟法。行政執行法
1934年	戒嚴法
1935年	州・市・街庄制改革により、州会・市会・街庄協議会組織における「半数民選」方式の導入
1937年	商業登記法
1938年	日本国家総動員法の台湾施行
1939年	公務人員服務法。都市計劃法
1942年	（中華民國）國家總動員法。人民團體法
1943年	カイロ宣言
1944年	專利（特許）法
1945年	日本敗戦後、同盟国を代表する中華民国政府が台湾を接収。中華民国法制の台湾施行

1947年	中華民國憲法公布・施行。「二・二八事件」。司法院組織法
1948年	全國緊急戒嚴令発令（1992年まで）。動員勘亂時期臨時條款（動員反乱鎮定時期臨時条項）
1949年	台灣戒嚴令発令（1987年まで）。中華民国政府の台湾台北遷都
1950年	公務人員任用法
1951年	耕地三七五減租條例（耕作地小作料軽減条例）
1952年	サンフランシスコ平和条約。日華平和条約
1953年	「耕者有其田」政策
1954年	大法官31号解釈（第1期国民代表の任期延長の容認）
1955年	郷鎮市調解（調停）條例
1957年	大法官76号解釈（3つの国民代表機関の宣告）
1958年	司法院大法官案件審理法。勞工（労働者）保險條例
1961年	商務仲裁條例（1998年仲裁法に改名）
1962年	少年事件處理法
1968年	證券交易（取引）法
1970年	中央法規標準法
1971年	国連による中国代表権決議。中華民国の国連からの脱退
1972年	日台国交断絶。國家公園法。飲用水管理條例
1974年	區域計劃法。水污染防治法。廢棄物清理法
1975年	蔣介石逝去・蔣經國の總統就任。空氣污染防制法
1977年	土地税法
1979年	美麗島事件
1980年	公職人員選舉罷免法。國家賠償法
1983年	噪音管制（騒音規制）法
1984年	勞働（労働）基準法
1986年	民主進歩党結成
1987年	戒嚴令解除
1988年	蔣經國逝去・李登輝の總統就任（2000年まで）
1990年	大法官261号解釈（第1期国民代表の任期満了および第2期国民代表の改選の宣告）。権威主義体制を打破するよう訴える学生運動（野百合運動）
1991年	第1回中華民國憲法改正。動員勘亂時期臨時條款廃止。社會秩序維護（維持）法。公平交易（公正取引）法。「懲治判乱条例」廃止と刑法100条改正を訴える社会運動
1992年	第2回中華民國憲法改正。刑法100条改正
1993年	貿易法
1994年	第3回中華民國憲法改正。省縣自治法。直轄市自治法。國民健康保険法。消費者保護法。環境影響評估（評価）法
1995年	兒童及び少年性交易（取引）防止法
1996年	台湾人民による初の總統・副總統の直接選挙。公務人員保障法。信託法
1997年	第4回中華民國憲法改正。性犯罪防治法
1998年	政府採購（調達）法。家庭暴力防治法
1999年	第5回中華民國憲法改正。行政程序（手続）法。地方制度法。立法院職權行使法。立法委員行為法。出入国及び移民法。通訊（信）保障及び監察法

2000年	憲政史上初の政権交代・民進党執政・陳水扁の総統就任（2008年まで）。第6回中華民國憲法改正。大法官499号解釈（第6回憲法改正の無効宣告）、警察職権行使法。土壌及び地下水汚染整治法。海洋汚染防治法
2002年	公務人員協會（組合）法。企業合併法。環境基本法
2003年	大量解雇における勞工（労働者）保護法
2004年	中央行政機関組織基準法。勞工（労働者）退休金條例
2005年	第7回中華民國憲法改正。行政罰法。政府資訊（情報）公開法。性騷擾（セクハラ）防治法
2006年	國民投票法
2007年	智慧財産（知的財産）法院組織法
2008年	二度目の政権交代・国民党政権の復権・馬英九の総統就任（2016年まで）。野草莓学生運動
2009年	公務人員政治中立法
2010年	刑事妥適審判（刑事迅速裁判）法。環境教育法
2011年	金融消費者保護法
2012年	少年及び家事法院設置
2014年	台中自由貿易協定反対の学生運動（ひまわり運動）
2015年	温室効果ガス減量及び管理法
2016年	三度目の政権交代・民進党執政・蔡英文の総統就任

台湾法学習のための文献案内

1　台湾法全般・法史

増田福太郎『未開社会における法の成立』（三和書房、1964年）
台灣法學会『台灣法制一百年論文集』（台灣法學会、1996年）
鈴木賢「現代台湾における法の本土化―『中華民国在台湾』法から台湾法への転換」北大法学論集51巻4号（2000年）
王泰升『台灣法的斷裂與連續』（元照出版、2002年）
鈴木賢「外来法支配の終焉―法律家の変容に着目して」『アジア遊学』48号（勉誠出版、2003年）
王泰升『台灣法的世紀變革』（元照出版、2005年）
王泰升・曾文亮『二十世紀台北律師公會史』（台北律師公会、2005年）
王泰升『台灣法律史的建立〔第2版〕』（自版、2006年）
鈴木賢「台湾のアソシエーション法―民主化との相互作用と国際的孤立のなかで」比較法研究69号（2007年）
王泰升著・法務部編『臺灣檢察史：制度變遷史與運作實況』（法務部、2008年）
後藤武秀『台湾法の歴史と思想』（法律文化社、2009年）
西英昭『「台湾私法」の成立過程の層位学的分析を中心に』（九州大学出版会、2009年）
王泰升『具有歷史思維的法學：結合台灣法律社會史與法律論證』（自版、2010年）
王泰升著、後藤武秀・宮畑加奈子訳『日本統治時期台湾の法改革』（東洋大学アジア文化研究所、2010年）
王泰升・曾文亮『台灣法學會四十年史：自由民主法治的推手』（台灣法學會、2011年）
松田恵美子「台湾法制史と土地法研究」法制史学会年報61号（2011年）
台灣法學會台灣法學史編輯委員會編『戰後台灣法學史 上冊』（台灣法學會、2012年）
鈴木賢「比較法学の視角から見た台湾法の特殊な位置づけ」新世代法政策研究18号（2012年）
周婉窈著、石川豪・中西美貴訳『図説 台湾の歴史〔増補版〕』（平凡社、2013年）
台灣法學會台灣法學史編輯委員會編『戰後台灣法學史 下冊』（台灣法學會、2014年）
王泰升・薛化元・黃世杰編著『追尋臺灣法律的足跡：事件百選與法律史研究〔增訂第3版〕』（五南圖書、2016年）

2　公　　法

Ng, Yuzin Chiautong. "Historical and Legal Aspects of the International Status of Taiwan (Formosa)" (Tokyo: World United Formosans for Independence, 1971)
彭明敏・黃昭堂『台湾の法的地位』（東京大学出版会、1976年）
湯德宗「我國環境法與政策的現況及展望」『翁岳生教授六秩誕辰祝壽論文集　當代公法理論』（月旦出版、1993年）
湯德宗『權力分立新論』（自版、1998年）

陳隆志『當代國際法引論』（元照出版、1999年）
陳春生「行政法學上之風險決定與行政規則」台灣本土法學5号（1999年）
李建良「論環境法上之公民訴訟」法令月刊51卷1期（2000年）
葉俊榮『環境行政的正當法律程序〔再版〕』（翰蘆圖書、2001年）
葉俊榮『面對行政程序法』（元照出版、2002年）
李震山『警察法論―警察任務編』（正典出版、2002年）
陳慈陽『環境法總論』（元照出版、2003年）
湯德宗『行政程序法〔第2版〕』（元照出版、2003年）
李惠宗『憲法要義』（元照出版、2004年）
陳新民『行政法總論〔修訂八版〕』（三民書局、2005年）
翁岳生編『行政法（上、下）〔第3版〕』（元照出版、2006年）
蔡茂寅『地方自治之理論與地方制度法』（新學林、2006年）
林錫堯『行政法要義』（元照出版、2006年）
洪家殷『行政罰法論〔增訂二版〕』（五南圖書、2006年）
吳庚『行政法之理論與實用〔增訂10版〕』（自版、2007年）
李惠宗『行政法要義〔增訂三版〕』（五南圖書、2007年）
林子儀・葉俊榮・黃昭元・張文貞『憲法　權力分立〔2版〕』（學林、2008年）
李震山『行政法導論〔修訂七版〕』（三民書局、2008年）
張正修『地方制度法理論與實用（綜合版）』（新學林、2009年）
陳隆豐『台灣與國際組織』（自版、2011年）
丘宏達著・陳純一修訂『現代國際法〔修訂三版〕』（三民書局、2012年）
姜皇池『國際公法導論〔3版〕』（新學林、2013年）
蔡秀卿「台湾における大学の自治の現状―校務会議（University Council）を中心に」立命館法学2013年2号（2013年）

3　刑事法
林山田『刑法各罪論（上、下）』（自版、2006年）
林山田『刑法通論（上、下）』（自版、2008年）
林鈺雄『刑事訴訟法』（元照出版、2013年）
王兆鵬・張明偉・李榮耕『刑事訴訟法』（承法數位文化出版、2013年）
黃朝義『刑事訴訟法』（新學林、2014年）
王皇玉『刑法總則』（新學林、2014年）
陳子平『刑法總論』（元照出版、2015年）
陳子平『刑法各論（上、下）』（元照出版、2015年）
甘添貴『刑法各論（上、下）』（三民書局、2015年）

4　民商法
王澤鑑『法律思維與民法實例』（王慕華、1999年）
邱聯恭『程序選擇權論』（林雅英、2000年）

孫森焱『新版民法債編總論』（三民書局、2004年）
邱聯恭『程序利益保護論』（林雅英、2005年）
曾宛如『公司管理與資本市場法制專論』（元照出版、2008年）
王澤鑑『民法概論』（王慕華、2010年）
西英昭「台湾における現行民法典の特徴」ジュリスト1406号（2010年）
許士宦『訴訟理論與審判實務』（元照出版、2011年）
沈冠伶『訴訟權保障與裁判外紛爭處理』（元照出版、2012年）
黃國昌『程序法學的實證研究』（元照出版、2012年）
戴炎輝・戴東雄・戴瑀如『親屬法』（元照出版、2012年）
宮畑加奈子「台湾法の歴史展開と現状―台湾物権法を素材として」アジア法研究2013・第7号（2014年）
謝在全『民法物權論』（自版、2014年）
林秀雄『繼承法講義』（元照出版、2014年）
清河雅孝教授榮退紀念論文集編輯委員會編『民商法制與現代法學理論　清河雅孝教授榮退紀念論文集』（新學林、2014年）
蔡秀卿「台湾における外国判決の承認及び執行の現状」産大法学48巻3・4号（2015年）

Horitsu Bunka Sha

台湾法入門

2016年10月10日　初版第1刷発行

編著者	蔡　秀卿・王　泰升
発行者	田靡純子
発行所	株式会社 法律文化社

〒603-8053
京都市北区上賀茂岩ヶ垣内町71
電話 075(791)7131　FAX 075(721)8400
http://www.hou-bun.com/

＊乱丁など不良本がありましたら、ご連絡ください。
お取り替えいたします。

印刷：中村印刷㈱／製本：㈱吉田三誠堂製本所
装幀：前田俊平

ISBN 978-4-589-03792-3

Ⓒ2016 SAI shukei, OU taishou Printed in Japan

JCOPY 〈㈳出版者著作権管理機構 委託出版物〉

本書の無断複写は著作権法上での例外を除き禁じられています。複写される場合は、そのつど事前に、㈳出版者著作権管理機構（電話 03-3513-6969、FAX 03-3513-6979、e-mail: info@jcopy.or.jp）の許諾を得てください。

後藤武秀著
台湾法の歴史と思想
A5判・188頁・2400円

統治と抵抗の図式にとらわれない台湾法の鳥瞰図を提示する。第1部は日本統治下の台湾人固有の祭祀公業をよむ。第2部は第二次大戦後の国民党政権下の政治と法を紹介。第3部は文化から独自の法概念を探る。

石岡 浩・川村 康・七野敏光・中村正人著
史料からみる中国法史
四六判・240頁・2500円

初学者にとって理解困難な史料を、現代日本語訳とやさしい語り口で読み解くユニークな入門書。中国法の変遷を概観したうえで、法学入門的なトピックを切り口に現代日本法との比較のなかで中国法史をわかりやすく叙述する。

植田 淳著
国際ビジネスのための英米法入門〔第2版〕
―英米法と国際取引法のエッセンス50講―
A5判・306頁・2900円

インコタームズ2010に対応したルールや、近時の海上保険実務の動向をふまえロイズ海上保険証券(MARフォーム)の約款解説など、2010年の初版以降に改正された法律・条約・判例等を盛りこむ。実践上の論点にも論及。

大石 眞著
統治機構の憲法構想
A5判・388頁・7200円

統治機構に関する憲法上の諸問題を考究した20論考を、憲法総論、自衛権、天皇関係、選挙制度・立法府、内閣、違憲審査制、地方自治の七部にわけて構成。集団的自衛権など憲法論議に一石を投じる。

西谷 敏著
労働法の基礎構造
A5判・354頁・4000円

戦後労働法学の第二世代を理論的に牽引してきた著者の労働法基礎理論の集大成。「本質と発展」(1章)から「将来」(12章)まで12の問題をとりあげ、歴史的に形成されてきた構造を解明。基本的な価値と原則を確認する。

―――法律文化社―――

表示価格は本体(税別)価格です